조선을
새롭게
하라

권경률의 역사다큐 **조선의 재건자들**

조선을
새롭게
하라

권경률 지음

조선의 리빌딩, 마치 새로 나라를 세우듯

"우리 함께 역사해요!"

필자가 팟캐스트 〈역사채널 권경률〉 방송을 진행하며 청취자들께 건네는 인사말이다. '역사한다'는 것은 즐거운 일이다. 대학에서 역사를 전공할 때는 몰랐는데, 사십 줄에 접어들어서야 뒤늦게 그 재미에 빠져들었다. 신문 칼럼과 도서관 강의로 역사 이야기를 시작하여 팟캐스트와 유튜브 방송까지 진행하게 되었다.

역사 이야기의 매력은 묻고 상상하고 현실에 빗대어 보는 데 있다. 깊은 역사 지식이 없어도 함께하는 데 문제가 없다. 세상 돌아가는 이야기와 다르지 않으니, 눈높이를 맞추고 시시콜콜한 궁금증부터 하나씩 풀어 나가면 된다. 이 책도 그런 시시콜콜한 궁금증에서 출발했다.

'조선은 어떻게 500여 년이나 이어졌을까?'

그것이 알고 싶었다. 숨 막히는 유교 윤리와 신분 질서, 지배층이 휘두른 특권과 반칙, 그리고 치명적인 전란과 격렬한 당쟁에 휘청거리면서도 조선은 쓰러지지 않고 계속 역사를 써 나갔다. 1392년부터 1910년까지 518년간(대한제국 포함) 존속했다. 세계사에서 그 유례를 찾아보기 힘든 생명력이다. 그 질긴 생명력의 원천은 과연 무엇일까?

* * *

그 비결은 '나라를 새롭게' 하는 힘이었다. 그것은 개혁이나 혁신보다 훨씬 전면적이고 높은 수준의 새로움이다. 사실상 나라를 다시 만드는 '재건再建'이다. 스포츠에서 팀의 미래가 보이지 않으면 리빌딩rebuilding을 단행하듯, 나라도 큰 틀을 뜯어고치고 새 인물들을 키워야 할 때가 있다. 500여 년 동안 기둥이 흔들리고 대들보가 무너지는 위기를 여러 차례 겪은 조선은, 그때마다 나라를 재건하여 새로 태어났다.

이는 시대정신의 발로다. 나라를 재건 수준으로 새롭게 하라는 시대의 요구는 새 기둥, 새 대들보가 돼 줄 인물들을 역사 무대로 불러냈다. 조선에서 시대정신을 받든 인물로는 누가 있을까?

서울 한복판 광화문광장에 세종대왕과 이순신 장군의 동상이 괜히 모셔져 있는 게 아니다. 세종은 한글, 천문역법, 예악 등 제도와 문물을 이룩함으로써 조선을 비로소 나라답게 만들었다. 임진왜란 때 왜적의 결정적 공격을 저지한 이순신이 없었다면 조선의 운명이 어찌 되었을지 장담하기 어렵다. 재조산하再造山河! 실로 나라를 통째로 새롭게 한 재건의 주인공들이다.

태종 이방원은 아직 군건히 뿌리내리지 못한 신생국의 기틀을 다졌다는 점에서 조선의 '실질적' 창업자라 할 만하다. 이황은 평이하고 명백한 도道와 겸허하고 사양하는 덕德, 곧 도덕으로 사화를 극복하고 조선을 '성리학의 나라'로 이끌었다. 붕당의 치우침 없는 탕평의 나라, 더불어 잘사는 백성의 나라를 추구한 영조도 조선을 재건한 인물로 평가할 수 있다.

나라를 새롭게 하라는 시대정신을 대변했지만 아쉽게 재건에 실패한 인물들도 타산지석으로 삼을 만하다. 대전란 직후 성리학적 지배의 모순을 통렬하게 질타하고 유교 윤리와 신분 질서의 억압이 없는 나라 율도국을 꿈꾼 허균을 빼놓을 수 없다. 백성과 외세 가운데 누구와 손잡을 것인가? 이에 대한 명성황후의 오판은 부정부패 속에 조선을 망국으로 이끌고 말았다.

이 일곱 명의 이야기를 '역사 다큐' 형식으로 구성했다. 각 장의 도입부마다 해당 인물의 가장 드라마틱한 순간을 약간의 상상을 가미해 재현해 보았다. 정몽주를 죽인 이방원의 전율과 각성, 한글을 둘러싼 세종과 신하들의 갑론을박, 백의종군에 나선 이순신의 죽음을 초월한 행로, 사도세자를 뒤주에 가둔 영조의 독심毒心, 구중궁궐에서 벌어진 명성황후 시해 사건의 전말 등이 그것이다.

이외에도 조선의 흥망성쇠에 관여하고 시대의 다양한 색깔을 보여 주는 여러 인물들을 '연관검색어'로 정리하여 그들의 이야기를 들여다보았다. 연산군, 조광조, 문정왕후, 신사임당, 김개시, 유몽인, 최명길, 박문수, 박규수, 홍경래 등이 그들이다. 책을 다 읽고 나면 조선이 어떤 나라인지, 전체 맥락과 윤곽을 파악할 수 있을 것이다. 그런 의미에서 이 책은 인물로 보는 조선 통사이기도 하다.

원고 집필이 막바지에 이르렀을 무렵 초유의 국정 농단이 밝혀지면서 현직 대통령이 탄핵당하는 사건이 벌어졌다. 500년에 한 번 있을까 말까 한 역사적인 시간을 보냈다. 광화문을 환하게 비춘 촛불의 물결은 결국 나라를 새롭게 하라는 시대정신의 분출이다. 이 나라를 다시 만드는 수준으로 새롭게 하라는 국민의 염원이다. 시대는 또다시 '재건자'를 원하고 있다. 현재와 과거의 대화는 지금 이 순간에도 계속되어야 한다.

※　※　※

"뿌리 깊은 나무는 바람에 흔들리지 않기에 그 꽃이 아름답고 그 열매 풍성하도다. 샘이 깊은 물은 가뭄에 마르지 않기에 흘러서 시내가 되어 바다에 이르는도다."

조선의 창업을 노래한 〈용비어천가龍飛御天歌〉의 한 소절을 가만히 읊조려 본다. 나무와 물의 미덕은 무엇인가? 나무는 뿌리에서 양분을 흡수해 꽃과 열매로 사시사철 모습을 바꾼다. 물은 끊임없이 샘솟아 흐르기에 고이지 않고 시내로, 바다로 방방곡곡 뻗어 간다. 새롭게 함으로써 더욱 풍성해지고 더 멀리 나아가는 것이다.

인생도 마찬가지여서 살다 보면 새롭게 태어나야 할 때가 있다. 대학 시절 전공을 살려 역사 이야기에 발 벗고 나선 것도 개인적으로 인생의 재건이라고 할 수 있겠다. 역사 이야기 덕분에 삶이 더할 나위 없이 즐겁고 재미있어졌다. 어린 시절 할머니의 옛날이야기에 흠뻑 빠졌던 기억이 난다. 여름이면 계곡에서 수박을 베어 물고, 겨울이면 화롯불에 군밤을 구우며 귀를 쫑긋 세웠다. 유년기 최고의 오락이었다.

그 이야기들을 오늘날 다양한 매체를 활용하여 사람들의 눈높이에 맞게 풀어 나가는 것을 소임으로 삼으려 한다. 묻고 상상하고 현실에 빗대면서 함께 '역사하려' 한다. 팟캐스트 〈역사채널 권경률〉을 플랫폼 삼아 책, 칼럼, 유튜브, 페이스북을 접목하여 꾸준히 역사 이야기를 쌓아 나가고 학우님들과 소통의 재미를 나눌 생각이다.

소속사인 씨세븐 플래닝즈의 정규영 대표님, 김진희 PD님은 나의 소중한 길동무다. 굳건한 믿음으로 함께 나아갈 것이다. 정성과 열의로 책에 생명을 불어넣어 주신 앨피출판사에도 감사를 전한다. 끝으로 내 인생을 새롭게 만들어 준 아내와 다섯 살배기 아들에게 이 책을 바친다. 고맙습니다. 사랑합니다.

2017년 6월 화이재和而齋에서

권경률

3   **이황**
선비의 탄생   117

영조
무당무편왕도편평

1

태종 이방원

국가란 무엇인가?

이방원李芳遠(1367~1422)은 피로 범벅이 된 조영규의 철퇴를 아무 말 없이 바라보았다. 그것이 누구의 피인지, 무엇을 의미하는지 그는 잘 알고 있었다. 고려의 마지막 버팀목 정몽주鄭夢周(1337~1392)를 죽이라고 지시한 사람이 바로 자신이었으므로.

1392년 4월 4일 밤, 이방원은 자신의 모든 것을 걸고 일생일대의 도박을 벌였다. 474년간 이어져 온 왕조의 숨통을 끊는 일이었다. 그로서는 피할 수 없는 결정이기도 했다. 아버지 이성계가 해주에서 사냥을 하다가 큰 부상을 입은 틈을 타, 정몽주가 정도전·조준·남은 등 역성혁명파를 모조리 잡아들였다. 이방원이 긴급히 아버지를 개경으로 모셔 왔으나, 그의 가문은 물론이고 공들여 거사를 준비해 온 동지들까지 바람 앞의 등불처럼 위태로운 지경에 내몰렸다.

1388년 위화도 회군 전까지만 해도 정몽주는 아버지 이성계와 함께 고려의 개혁에 앞장섰다. 신진사대부의 정신적 지주였던 정몽주는, 유학儒學

을 공부하고 과거에 급제한 이방원에게 스승과도 같은 인물이었다. 그러나 이성계가 위화도 회군으로 권력을 잡고 반역의 조짐을 보이자, 정몽주는 단호하게 돌변했다. 고려의 사직을 지키기 위해 옛 동지들에게 칼을 겨눈 것이다.

정몽주는 천생 학자였지만 얌전한 샌님은 아니었다. 외교관으로서 목숨을 걸고 일본으로 건너가 왜구에게 납치된 고려 백성들을 되찾아 왔고, 명나라 사행(사신 행차)길에 풍랑을 만나 표류하다가 13일 만에 구조된 일도 있었다. 삶에 대한 강인한 의지가 없다면 불가능한 일이었다. 그 의지와 책임감으로 정몽주는 이성계 세력에 맞서 싸웠다.

정몽주의 '반역 도당' 소탕 계획은 거의 성공할 뻔했다. 하지만 그는 이방원의 존재와 역할을 과소평가하는 우를 범했다. 하기야 그이의 위상을 고려해 볼 때 스물여섯 살의 애송이는 눈에 들어오지 않았을 것이다. 역성혁명파 대부분의 손발을 묶으면서 이방원을 빼놓은 건 그래서였으리라. 결국 이 사소한 실수가 철퇴로 이어졌다.

정몽주가 이성계를 문병하러 온 그날 밤, 이방원은 마지막으로 그에게 손을 내밀었다.

이런들 어떠하며 저런들 어떠하리
만수산 드렁칡이 얽어진들 어떠하리
우리도 이같이 얽어져 백 년까지 누리리라.　　_이방원, 〈하여가何如歌〉

그러나 정몽주는 끝까지 충절을 지키겠다는 단호한 의지를 밝혔다.

이 몸이 죽고 죽어 일백 번 고쳐 죽어

백골이 진토 되어 넋이라도 있고 없고

님 향한 일편단심이야 가실 줄이 있으랴.   _ 정몽주, 〈단심가丹心歌〉

시대의 물결에 휩쓸린 인간의 엇갈린 운명! 그것이 역사가 보여 주는 세상사의 진면목이다. 하물며 한 나라가 무너지고 새로운 나라가 일어서는 격동의 시간이 아닌가!

이방원은 비정해지기로 했다. 국가란 무엇인가? 백성을 안전하게 지켜 주고 먹고살게 해 주는 것. 시대를 막론하고 나라의 존재 이유는 여기에 있다. 그렇다면 부패와 무능에 찌들어 백성을 죽음의 구렁텅이로 몰아 넣는 고려를 더는 용납할 수 없다. '최후의 고려인' 정몽주의 뜨거운 피로 새 시대를 여는 수밖에 없다. 젊은 이방원은 전율했다. 그것은 조선의 '실질적' 창업자로서 그가 각성하고 다시 태어나는 순간이었다.

변방 초령한 경계인의 핏줄

"해동海東 육룡이 나르샤 일마다 천복天福이시니."

조선 세종 때 지은 〈용비어천가龍飛御天歌〉의 첫 구절이다. 육룡은 이성계와 이방원, 그리고 네 명의 선조들을 일컫는다. 이들이 변방을 개척하며 누대의 공을 쌓아 조선을 창업했음을 찬양하는 것이다.

이방원은 동북면(함경도 지역)에 뿌리내리고 힘을 키워 온 변방의 군벌 태조太祖 이성계李成桂(1335~1408)의 다섯째 아들로 태어났다. 이들이 고려·원나라·여진족, 어디에도 속하지 않은 변방에서 북소리를 울리며 새로운 세상의 중심으로 행진하여 세운 나라가 조선이었다.

이성계의 고조부 이안사李安社는 본래 전주에 살다가 지방관과 시비가 붙는 바람에 일족을 이끌고 원나라에 투항했다. 그는 두만강 하류 알동의 '천호千戶' 겸 '다루가치'에 임명되었다. 이 관직은 이성계의 증조부 이행리, 조부 이춘, 부친 이자춘에게 대물림되었다.

이성계 집안은 이후 알동에서 함흥으로 근거지를 옮기며 세력을 키웠다. 이 일대에 섞여 살던 고려인과 여진족을 끌어모아 부를 축적하고 정예군을 육성했다. 그들이 훗날 이성계가 불패의 무공을 쌓고 역성혁명을 이끌 수 있도록 뒷받침한 사병 집단 '가별초家別抄'였다. 가별초의 경제력과 군사력을 밑천 삼아 변방의 군벌로 자리매김한 것이다.

이러한 배경을 고려해 볼 때 이성계는 청년기까지 고려와 원나라, 여진족이 혼재된 경계인의 삶을 살았으리라 짐작된다. 근거지인 함흥에서 두만강 너머까지 말달리며 여진족의 젊은 추장 이지란과 우정을 나누고 전매특허인 궁술과 기마술을 갈고 닦았다.

그가 국적 불명의 변방에서 고려 사회로 진입한 계기는 1356년의 쌍성총관부雙城摠管府 축출이었다. 쌍성총관부는 원나라가 함경도 일대에 설치한 직할령이었다. 공민왕은 즉위 직후 대대적인 반원反元운동을 펼치며 국토 수복에 심혈을 기울였는데, 이 지역의 토착 세력가인 이성계의 아버지

이자춘이 공민왕을 도와 쌍성총관부 축출에 크게 공헌하였고, 이성계의 인생도 이때 반전을 맞았다.

얼마 후 아버지가 세상을 떠나면서 집안의 당주가 된 이성계는 본격적으로 고려 무장의 길을 걷기 시작했다. 때마침 외적의 침입이 빈번해지자 조정에서는 사병 집단을 보유한 세력가나 군벌에게 도움을 청했다. 이성계도 그중 한 사람이었다. 장수로서 그의 활약은 눈부셨다. 그는 말 잘 타고, 활 잘 쏘는 당대 최고의 용사였다. 의형제 이지란과 함께 무적의 가별초를 거느리고 전장에서 연전연승을 이어 갔다. 1362년 만주의 원나라 군벌 나하추가 쫓겨난 쌍성총관 조소생의 부추김을 받아 고려 땅을 침범했을 때, 이성계는 동북면병마사로서 여러 차례의 전투 끝에 함흥평야에서 나하추 군을 격퇴했다. 이 승전은 그가 무장으로서 명성을 얻는 발판이 되었다.

이어 1370년에는 1차 요동 정벌의 선봉장이 되어 만주 벌판에서 무용을 떨쳤다. 1370년 1월 이성계는 1만 5천여 명의 병력을 이끌고 압록강을 건너 요동성의 길목이자 전략적 요충지인 오녀산성五女山城으로 쳐들어갔다.(오녀산성은 오늘날 옛 고구려의 첫 도읍지인 졸본卒本으로 추정하는 곳이기도 하다.) 만주 벌판을 호령하던 선조들의 본거지에서 그는 압도적인 무력을 뽐내며 손쉬운 승리를 거두었다.

"이때 태조가 종자의 활로 아기살 70여 발을 쏘았는데, 모두 적의 얼굴에 맞았다. 성안에서 저항하던 사람들이 놀라 기운이 빠졌다."

_《고려사절요高麗史節要》〈공민왕〉 권4

아기살은 짧고 예리한 화살로 갑옷과 투구를 잘 뚫는다. 이성계가 다루기 까다롭다는 아기살을 자유자재로 쓰자 추장 고안위는 한밤중에 도망쳤고 부하들은 이튿날 투항했다. 이성계는 1만 호가 넘는 가구를 확보하고, 원나라 기황후의 친정 조카인 기샤인 테무르가 웅크린 요동성에 칼을 겨눴다.

전초전의 쾌승으로 자신을 얻은 고려는 병력을 보강하여 그해 11월 본격적인 요동 정벌에 나섰다. 그것은 역발상 전략이었다. 음력 11월 한겨울 요동의 추위는 살인적이다. 요동성의 친원 세력은 이 계절에 고려가 쳐들어올 거라고 예상치 못했을 것이다. 고려는 시중 이인임을 도통사로 삼고 동북면도원수 이성계, 서북면도원수 지용수 등을 앞세워 대군을 편성했다. 압록강에 놓은 임시 다리를 건너는 데만 사흘이 걸렸다고 하니 규모를 짐작할 만하다.

고려 원정군은 압록강 너머에 군수물자를 놔 두고 7일분의 양식만 챙겨 요동성으로 신속하게 진군했다. 살을 에는 추위와 바람을 뚫고 하루에 100리씩 이동하는 기적의 강행군이었다. 고려군이 압록강 도하 이틀 만에 들이닥치자 요동성의 적은 싱겁게 무너졌다. 이로써 고려는 발해가 멸망한 지 445년 만에 요동성을 차지했다.

그러나 승리의 여운이 채 가시기도 전에 고려군은 위기를 맞았다. 요동성을 공략하는 과정에서 실수로 군수 창고에 불을 놓는 바람에 적의 식량을 손에 넣겠다는 계획이 틀어진 것이다. 한겨울이라 먹을거리를 구할 방도도 없었다. 고려군은 어쩔 수 없이 회군을 결정했다. 퇴각 행로는 가혹했다. 추위와 굶주림 속에 많은 병사들이 죽었는데 그 수가 전사자를 상회했다.

1차 요동 정벌은 그렇게 막을 내렸다. 다 잡은 물고기를 놓친 아쉬운 결과였다. 이듬해 내란을 평정한 명나라가 요동에 지방관과 군대를 파견했다. 고려는 원나라 잔당 때문에 요동 정벌에 나선 것이라고 해명하며 한 발 물러서는 태도를 취했다. 명나라의 영유권을 인정하고 요동을 범하지 않겠다는 메시지였다. 이성계는 못다 이룬 과제를 가슴에 묻고 훗날을 기약했다. (하지만 이후 우리 민족에게 고토회복古土回復의 기회는 더 이상 오지 않았다.)

북방에서 전공을 쌓은 이성계는 공민왕 사후 왜구들을 상대하기 위해 남방으로 달려갔다. 우왕 재위기는 한반도 역사를 통틀어 왜구가 가장 왕성하게 활동하던 때였다. 기존의 해적뿐 아니라 지방 호족까지 가세해 노략질의 규모와 빈도가 크게 늘어났다.

1377년 이성계는 지리산에서 절벽 위로 말달리는 기마술을 선보이며 혼비백산한 적군을 닥치는 대로 베었다. 1378년에는 최영과 힘을 합쳐 강화도를 유린하고 개경으로 진군하던 왜구들을 섬멸했다. 이성계의 기마 군단은 왜구에게 공포의 대명사로 떠올랐다.

그러나 왜구의 도발은 끊임없이 계속되었다. 1380년 왜구 2만 대군이 500척의 배에 나눠 타고 진포(지금의 군산)에 나타났다. 최무선이 새로 개발한 화포를 앞세워 적의 수군을 격파하긴 했지만(진포대첩), 더 큰 문제는 내륙으로 들어온 육군이었다. 고려 조정은 아홉 명의 장수를 파견해 뒤쫓았으나 사근내 전투에서 대패하며 사기가 땅에 떨어졌다.

이제 고려의 마지막 희망은 이성계였다. 가별초와 중앙군을 이끌고 운봉에 이른 이성계는 일단 왜구의 동향을 정탐했다. 그들은 험악한 황산(남원 근방)에 주둔하면서 고려군의 배후를 기습하려고 했다. 사전에 적의 의도를 간파한 이성계는 도리어 그것을 역이용했다. 왜구의 습격 경로를 거꾸로 치고 들어간 것이다.

왜구는 필사적으로 저항했다. 특히 적장 아지발도는 신기에 가까운 기마창술로 고려군을 혼란에 빠뜨렸다. 결국 이성계가 직접 활을 들고 나섰다. 아지발도는 두꺼운 갑옷과 투구를 쓰고 있어서 화살로 공략하기 어려웠다. 이성계는 이지란에게 아지발도의 투구를 겨냥해 활을 쏘도록 했다. 그 충격으로 투구가 떨어지며 아지발도가 입을 벌린 순간, 이성계의 화살이 아지발도의 목구멍을 파고들었다. 순식간에 왜장의 숨통을 끊은 것이다.

지휘관을 잃고 사기가 떨어진 왜구는 오합지졸이었다. 이성계 군은 그들을 무자비하게 밀어붙였다. 살아서 본국으로 도망친 인원은 고작 70여 명. 역사는 이 쾌거를 '황산대첩'이라고 기록하고 있다. 황산대첩으로 이성계는 북방과 남방을 아우르는 '전국구 인사'로 발돋움했다. 그가 후일 조선의 창업자가 될 수 있었던 출발점이 바로 이 승전이었다.

외척과 신진사대부를 양 날개 삼아

외적은 나라와 백성에게는 큰 괴로움이었지만 변방의 군벌 이성계에게는 출세의 발판이었다. 전장에서 승승장구하면서 벼슬길도 활짝 열렸다. 그는 조정의 대소사를 결정하는 도당에 이름을 올림으로써 무장에서 정치가로 변신했다. 그러나 정치는 또 다른 전장이었다. 변방 출신인 이성계에게 무엇보다 필요한 것은 세력이었다.

이성계는 경처京妻(개경의 아내) 강씨(훗날의 신덕왕후)의 도움을 받아 중앙 정계 진출의 교두보를 구축했다. 고려 후기 지방의 유력자들은 본처인 향처鄕妻(고향의 아내)와 별도로 개경에서 경처를 얻곤 했다. 사실상 '혼외혼婚外婚'으로서 이를 중앙 정계 진출의 통로로 활용한 셈이다.

경처 강씨의 집안은 몽골 지배기에 요직을 두루 섭렵한 권신 가문으로, 이성계의 큰아버지 이자흥과도 사돈을 맺고 있었다. 어찌 보면 '부원배附元輩'(원나라를 등에 업고 출세한 무리)라고 욕을 먹던 집안끼리의 결탁이었으나, 이 '혼인동맹' 덕분에 이성계는 변방의 촌티를 벗고 개경의 실력자로 자리매김할 수 있었다.

한편 이성계는 고려의 새로운 지배층으로 떠오른 '신진사대부'에게도 손을 내밀었다. 유학을 공부한 신진사대부들은 대체로 명나라를 섬겼다. 그들이 무인 출신인 데다가 부원배라고 손가락질 받는 이성계를 곱게 볼 리 없었다. 이성계로서는 뭔가 보여 줘야 했다. 그런 점에서 이성계가 2차 요동 정벌에 반대하고 나선 까닭을 곱씹어 볼 필요가 있다.

1388년 명나라가 옛 쌍성총관부 땅에 철령위를 설치해 직할령으로 삼으려 하자, 최영은 우왕을 움직여 요동 정벌을 결정했다. 이성계 또한 이 일에 동참할 것으로 여겨졌다. 그는 쌍성총관부 수복의 공신이었고 1차 요동 정벌에 참여해 분루를 삼킨 바 있었다. 그러나 이성계는 예상을 뒤엎고 '사불가론四不可論'을 내세우며 반대했다.

하나, 작은 나라가 큰 나라를 거역하는 일은 옳지 않다(以小逆大). 둘, 요동 정벌을 틈타 왜구가 침입할 우려가 있다(倭乘其虛). 셋, 여름철 농번기에 군사 동원은 적절치 않다(夏月發兵). 넷, 장맛비에 활의 아교가 녹으면 무기로 쓰기 어렵다(署雨弩弓). _《태조실록》〈총서〉

이성계의 사불가론은 일리가 있었지만 모순도 적지 않았다. 먼저 왜구의 침입은 일상사였고 최영도 충분히 대비하고 있었다. 그리고 이성계 본인이 여름철에 여러 번 전투를 치러 본 바 있다. 활의 아교가 녹을까 봐 전쟁을 치를 수 없다는 건 너무 궁색한 이유다. 그렇다면 이성계는 왜 그답지 않게 신중론을 펼쳤을까?

사불가론의 핵심은 작은 나라가 큰 나라를 거스르는 것은 옳지 않다는 주장이었다. 이 논리는 '사대事大'를 외치며 요동 정벌을 반대한 신진사대부들의 뜻을 대변했다. 세력이 필요했던 이성계는 신진사대부들의 입장을 충실히 수용하여 결국 그 일부를 자기편으로 끌어들였다. '사불가론'의 진짜 의도는 바로 여기에 있었다.

위화도 회군으로 권력을 장악한 이성계는 신진사대부의 지지와 혼인동맹을 양 날개 삼아 '역성혁명易姓革命', 즉 인위적인 왕조 교체를 도모했다. 최영, 이인임, 정몽주 등 정적들을 제거하고 토지개혁을 단행해 민심을 사로잡았다. 그 과정에서 가장 두드러진 인물이 바로 정도전이었다. 그는 이성계가 울리는 변방의 북소리에 귀 기울이고 기꺼이 책사를 자임했다.

최초의 조선인, 정도전

정도전 등 역성혁명파는 유교적 이상을 통치 이념으로 내걸었다. 그런데 임금과 신하 사이의 의리를 강조하는 유학儒學에선 애초에 역성혁명이 불가능하지 않은가? '최후의 고려인' 정몽주는 그렇게 믿었지만, '최초의 조선인' 정도전은 생각이 달랐다.

삼봉三峯 정도전鄭道傳(1342~1398)은 공민왕 때 조정에 출사한 신진사대부의 일원이었다. 그는 부패한 지배층인 권문세족을 비판하며 개혁에 앞장섰다. 하지만 우왕이 즉위하고 이인임이 권력을 잡자 정도전은 관직에서 쫓겨나 9년간 유배와 유랑의 시간을 보내게 된다. 이 인생의 암흑기에 그가 끼고 살았던 책이 바로 《맹자孟子》였다.

> 하늘이 장차 어떤 사람에게 큰일을 맡기려 할 때는 먼저 그의 마음을 괴롭게 하고 뼈를 깎는 고통을 주며 생활을 궁핍하게 하고 하는 일마다 어깃장을 놓는다. 이는 그의 마음을 두들겨서 참을성을 길러 주어 지금까지 하지 못했던 일을 할 수 있게 만드는 것이다.
>
> _《맹자》〈고자하告子下〉

이 구절은 당시 정도전이 처한 상황과 맞아떨어졌다. 그는 유배에서 풀려난 뒤에도 관직을 얻지 못하고 떠돌아다녔다. 왜구를 피해 도망치고 옛 동문들에게 빌어먹었다. 그 가혹한 채찍질 가운데서 그는 '뿔뿔이 흩어져

구덩이에 빠진' 백성들을 발견했다. 외적에게 유린당해도 나라에서 보호해 주지 않고, 피땀 흘려 농사 지은 작물을 지배층에게 몽땅 빼앗기는, 그들 민초에게서 정도전은 역성혁명의 영감을 얻었다.

맹자는 중국 역사상 가장 어지러웠던 전국시대를 살았다. 무능하고 포악한 임금을 얼마나 많이 겪었겠는가. 역성혁명도 그래서 부정하지 않았다.《맹자》〈양혜왕하梁惠王下〉편에 나오는 제나라 선왕과의 문답에 이러한 생각이 담겨 있다. 선왕이 맹자에게 물었다. "신하가 군주를 죽이는 건 불의가 아닌가?" 맹자가 답했다. "만약 어짊과 올바름을 해치는 자라면 군주가 아니라 한낱 사내일 뿐입니다."

유학자인 정도전은 맹자의 사상을 자양분 삼아 '정보위正寶位', 즉 임금 자리를 바로잡는 것을 구상했다. 그것은 역성혁명과 새 나라의 창업을 의미했다.

> 백성은 지극히 약하지만 힘으로 위협할 수 없고, 지극히 어리석지만 잔꾀로 속일 수 없다. 그들의 마음을 얻으면 따르게 되고, 마음을 얻지 못하면 돌아서게 된다. 그들이 따르거나 돌아서는 간격은 털끝만큼의 차이도 나지 않는다. 백성의 마음을 얻는 방법은 오직 어진 정치뿐이다.
>
> _ 정도전,《조선경국전朝鮮經國典》〈정보위正寶位〉

1383년 함흥의 군영으로 동북면도지휘사 이성계를 찾아갔을 때, 정도전은 이미 새 나라의 청사진을 어느 정도 그리고 있었을 것이다. 정도전은 창검이 번뜩이고 군령이 삼엄한 이성계 군단을 보고 넌지시 속내를 드러냈다.

"아름답습니다. 이 군대로 무슨 일인들 못하겠습니까?"

_《태조실록》〈정도전 졸기〉

역성혁명의 기운은 그렇게 변방의 하늘 위로 뭉게뭉게 피어올랐다. 난세에 역성혁명을 이룩하려면 무력의 뒷받침이 반드시 필요하다. 청사진이 있다 해도 그 실현 과정에서 맞닥뜨릴 저항과 난관을 일개 서생의 몸으로 돌파할 수는 없었다. 그렇다면 당시 두 사람 사이에서 다리를 놓아 준 인물은 누구였을까? 여러 정황을 살펴보면 정몽주가 유력하다. 그는 정도전과는 학문을 닦으면서 우정을 나눈 학우였고, 이성계와는 왜구를 토벌할 때 작전을 의논한 전우였다. 그러나 정몽주는 고려라는 틀 안에서 개혁하는 것이 유자儒子의 도리라고 믿었기에, 역성혁명의 조짐이 보이자 이성계·정도전과 결별하고 정적이 된다.

결국 정몽주는 1392년 선죽교에서 이방원의 사주로 암살당한다. '최후의 고려인'이 쓰러지면서 고려왕조도 474년 만에 무너졌다. 그해 7월 이성계가 개경 수창궁에서 왕위에 오르며 새 나라가 문을 열었다. 고려의 숨통을 끊은 이는 이방원이었지만, 새 왕조는 '최초의 조선인' 정도전의 나라였다.

피국 세고한 정도전의 설계도

그렇다면 정도전이 설계한 조선은 어떤 나라였을까? 그는 임금이 다스리는 통치 체제를 불신했다.

일찍이 맹자는 좋은 왕은 500년에 한 명 나올까 말까라고 개탄한 바 있다. 한비자韓非子도 가물에 콩 나듯 온다는 성군聖君을 기다리다가 백성은 무능하고 포악한 정치에 죽어 나간다고 역설했다. 이처럼 전국시대를 살아간 사상가들은 유가儒家든 법가法家든 왕정에 대해 문제의식을 갖고 있었다. 정도전은 그들의 문제의식을 계승했다.

정도전에게 고려 말의 혼란상은 전국시대와 같은 난세亂世로 비쳤다. 그 난세의 중심에 임금이 있었다. 왕은 세습되는 자리다. 이따금 좋은 왕이 나올 수도 있지만 대개는 백성의 기대를 배반하기 마련이다. 이 때문에 정도전은 국왕을 상징적인 통치자에 머물게 하고, 그 대신 사대부의 대표 격인 재상이 임금을 보좌하여 국정을 이끌도록 하려 했다.

임금이 할 일은 한 사람의 재상을 논의하여 결정하는 데 있다. 재상은 임금을 받들면서 백관을 통솔하여 만민을 다스린다.

_ 정도전, 《조선경국전朝鮮經國典》〈치전治典〉

정도전이 주장한 통치 체제는 '무소불위의 왕권'에 익숙한 당시 사람들에게 생소한 것이었다. 하지만 그의 주장은 사실 듣도 보도 못한 새로운 것이 아니었다. 정도전은 유학자였다. 이 체제는 공자가 극찬한 하夏·은殷·주周 삼대三代의 정치를 빼다 박았다.

은나라의 창업 군주인 탕왕, 주나라의 전성기를 연 성왕에게는 각각 이윤과 주공이라는 걸출한 재상이 있었다. 그들은 임금을 보필하여 나라의 제도와 문물을 정비하고 백성을 편안하게 한 유가 성인들이었다. 정도전은 재상의 이름으로 그 성인 정치를 부활시키고자 했다.

정도전이 지은 《조선경국전朝鮮經國典》과 《경제문감經濟文鑑》을 뜯어보면 유가에서 이상화한 고대 중국의 사례들이 수두룩하다. 그는 경전을 펼쳐 들고 새 나라를 설계한 것이다. 정도전이 추구한 '재상총재제宰相總裁制'는 그래서 비현실적인 면이 적지 않았다.

> 천하의 정화政化(다스리고 교화함)와 교령教令(통치자의 명령)은 모두 재상에게서 나온다.
> **_정도전, 《경제문감經濟文鑑》〈재상지직宰相之職〉**

정도전의 구상에서 임금은 '얼굴마담'에 지나지 않는다. 왕으로서는 언제든 문제 삼을 수 있는 대목이다. 임금을 공경하지 않는 불경不敬죄는 당시로선 가볍지 않은 불경不輕죄였다.

그러나 정도전은 여기서 그치지 않았다. 그는 나라의 공식 언로言路인 대간臺諫을 두어 임금과 재상을 견제하도록 했다. '대간臺諫'은 관리들을 감찰하는 대관臺官과 임금을 비판하는 간관諫官을 말한다. 임금은 물론 재상도 권력을 마음대로 휘두르지 못하게 이중 삼중의 족쇄를 채운 것이다.

> 재상은 임금과 가부可否(하거나 아니 함)를 상의하고, 간관은 임금과 시비是非(옳고 그름)를 다툰다. 옛날 어느 간관이 있었는데, 임금이 이르기를 "짐은 그대가 재상의 뜻을 그대로 따르지 않았으면 좋겠다"고 하였더니, 답하기를 "신은 재상의 뜻을 그대로 따르지 않을뿐더러 폐하

의 뜻도 무조건 따르지 않으려 합니다"라고 하였다. 장하다, 간관이여.

_ 정도전, 《경제문감經濟文鑑》〈간관諫官〉

언로 또한 공자가 상고上古의 제도와 문물을 칭송하며 추켜세운 것이다. 아득히 먼 옛날 중국의 태평 시절에는 벼슬아치부터 거리의 장인까지 '간諫'하지 않는 자가 없었다고 한다. 누구든 나라의 잘못을 바로잡으라고 말할 수 있었다는 뜻이다. 만약 잘못을 알고도 말하지 않으면 도리어 처벌을 받았다. 그 언로가 한나라, 당나라를 거쳐 송나라에 이르러 국가의 공식 언로인 대간으로 정착했는데, 정도전은 그것을 새 나라 조선에 접목했다.

정도전이 설계한 조선은 이처럼 임금과 재상과 언로가 서로 견제하고 균형을 잡는 나라였다. 요즘 말로 '삼권분립'인 셈이다. 하지만 본질은 유가에서 이상화한 중국의 옛 제도와 문물을 본뜬 것이었다. 엄밀히 따지면 그런 것들이 실재했는지도 불분명하다.

경전에 나오는 것이라고 그대로 현실에 적용할 수는 없는 노릇이다. 상고시대와 달리 당시의 국가는 이미 일개 성읍城邑에서 백성 수천 명을 다스리는 수준이 아니었다. 드넓은 영토와 수많은 인구를 통제하며 여러 세력들의 이해관계를 조정해야 했다. 무엇보다 조선은 유교국가를 표방했지만 엄연히 왕조국가였다. 이 모순은 파국을 예고하고 있었다.

이상에 경도된 '정도전의 나라'를 현실의 대지에 발 딛게 한 인물이 바로 태종太宗 이방원이었다. 이를 위해 건국의 일등공신과 어린 동생을 죽이고 아버지를 왕좌에서 끌어내리는 패륜극을 연출하기도 했으나, 백성들이 안전하게 먹고 살 수 있도록 국가의 기틀을 마련하였으니, 이것이 이방원을 조선의 '실질적' 창업자라고 일컫는 이유다.

세자 책봉에서 밀려나다

이성계는 향처 한씨에게서 아들 여섯과 딸 둘을, 뒤늦게 경처 강씨에게서 아들 둘과 딸 하나를 얻었는데, 그 가운데 조선 건국에 가장 큰 공을 세운 자식은 누가 뭐래도 한씨 소생의 다섯째 아들 방원이었다. 이방원은 어려서부터 유학을 공부했고 과거 시험에도 합격했다. 무인 출신인 이성계 집안에서 문과 급제자는 그가 유일했다.(아우 방연도 과거 시험에 붙었지만 요절하였다.) 그 좋은 머리로 이방원은 새 나라의 창업에 결정적인 공헌을 했다.

1388년 위화도 회군 당시 이성계 일가를 피신시킨 사람은 스물두 살의 이방원이었다. 만약 가족이 최영의 손아귀에 들어갔다면 틀림없이 이성계의 발목을 잡았을 것이다. 5만 대군을 이끌고 기세등등하게 돌아온 이성계라도 인질이 된 가족을 외면한 채 개경을 공략하기는 어려웠을 터. 앞일을 내다본 이방원의 대처가 거사에 일조한 셈이다.

이방원은 또 1392년 이성계의 낙마 사고를 틈 타 정몽주가 역성혁명파를 잡아들이자, 신속한 후송 작전으로 최악의 위기를 틀어막았다. 그때 이방원이 재빨리 아버지를 개경으로 모셔 오지 않았다면 정도전, 조준 등 이성계의 책사들이 허무하게 처형당했을 가능성이 크다. 역성혁명의 주역들이 모두 이방원에게 목숨을 빚진 것이다.

마지막으로 그는 '최후의 고려인' 정몽주를 죽여 새 나라 창업의 걸림돌을 제거했다. 그것은 474년간 이어져 온 고려왕조의 숨통을 끊는 사건이었다. 이처럼 이방원은 역성혁명의 고비마다 결정적으로 기여하며 조선 건국에 지대한 공을 세웠다. '조선의 설계자'로 추앙받는 정도전 못지않게 큰 공을 세운 그였다.

하지만 1392년 7월 이성계가 왕위에 오르며 새 나라가 문을 열자 이방원은 찬밥 신세가 되었다. 태조 원년에 선정한 개국공신 52인에도 이름을 올리지 못했다. 공신 대접을 못 받는 건 그럴 수도 있다. 진짜 문제는 누가 태조의 다음 보위를 이어받느냐인데 이방원은 여기서도 미끄러졌다.

이성계는 즉위 20여 일 만에 신덕왕후(경처 강씨) 소생의 막내아들 이방석을 세자로 책봉하는 놀라운 결정을 내렸다. 장성한 신의왕후(향처 한씨)의 자식들이 몽땅 물을 먹었다.

유교 종법을 엄밀히 적용하면 신의왕후는 이성계의 본부인이고 그 자식들이 적자嫡子였다. 후계는 적장자, 즉 적자 가운데 맏이가 물려받는 것이 통념이었다. 그에 반해 신덕왕후는 첩은 아니더라도 비정상적인 혼인 관계였으므로, 이방석의 세자 책봉은 파격으로 받아들여졌다. 유교국가를 지향하는 조선이기에 더더욱 납득하기 어려운 결정이었다.

태조의 결정은 조정 중론과도 거리가 멀었다. 조준을 비롯한 공신들은 세자로 이방원을 밀었다. 단순히 공이 많아서가 아니었다. 역성혁명 과정에서 이방원이 보여 준 통찰력, 결단력, 추진력을 신뢰했기 때문이다. 건국 초기 아직 나라가 불안정할 때는 검증된 능력자가 세자에 적합하다는 게 그들의 생각이었다.

그러나 태조는 이방석의 세자 책봉을 밀어붙였다. 신덕왕후 소생의 어린 세자에 대한 불안감은 개국공신인 정도전을 끌어들여 해소하려 했다. 정도전은 건국 직후 문하시랑찬성사 등 최고위직 여러 개를 겸임하며 의결 기구와 군부를 장악하고 있었다. 이성계는 정도전이 추구하는 재상총재제를 적극 밀어 주며 그를 세자의 사부로 임명했다. 세자의 사부는 후원자를 의미했다. 정도전을 방패 삼아 자신의 후계 구상을 관철하려 한 것이다.

태조는 왜 이런 결정을 내렸을까? 어째서 이방원이 아니라 이방석이었을까? 신덕왕후의 입김이 작용했을 수도 있다. 신의왕후는 건국에 앞서 세상을 떠났다. 조선 최초의 국모가 된 신덕왕후로서는 친자식을 세자에 앉히고 싶었을 것이다. 정도전의 입장도 다르지 않았을 터. 재상정치를 펼치려 한 정도전에게도 야심가 이방원은 껄끄러운 존재였을 것이다.

그렇다면 태조 본인의 생각은 어땠을까? 이성계는 민심을 고려하여 이방원을 후계 구상에서 배제했을 가능성이 크다. 당시 개경에는 '성계탕'이라는 음식이 유행했다. 돼지띠인 이성계에 빗대어 돼지국밥을 그렇게 불렀다고 한다. 역성혁명 과정에서 반대편에 선 수많은 사람들이 목숨을 잃거나 땅을 빼앗겼다. 새 나라에 적개심을 품은 성난 민심이 성계탕을 탄생시킨 것이다.

저잣거리에 성계탕이 부글부글 끓는 상황에서 이방원을 세자로 삼기는 어려웠다. 이방원은 고려의 마지막 버팀목인 정몽주를 살해한 인물이었다. 절의를 지키기 위해 향촌으로 뿔뿔이 흩어진 사대부들은 이방원이라면 이를 갈았다. 국론을 추스르려면 역성혁명의 때가 묻지 않은 어린 세자가 적격으로 보였을 것이다.

그러나 국초의 불안이 세자 책봉으로 해소될 리 없었다. 태조의 이 선택은 오히려 혼란을 가중시켰다. 장고 끝에 악수를 둔 셈이다. 결과론이지만 차라리 이방원을 후계자로 세워 지지 세력을 결집하고 시국을 정면돌파했다면 어땠을까. 창업이 조기에 기정사실화되면서 들끓는 민심도 자연히 누그러지지 않았을까. 그런 점에서 이성계는 불세출의 무장이었지만 정치적으로는 고수가 아니었다. 잘못된 세자 책봉은 결국 돌이킬 수 없는 화를 부르고 말았다.

위기 끝에 찾아온 단 한 번의 기회

정도전이 어린 세자를 끼고 나라의 권력을 틀어쥐자, 조정에 보이지 않는 알력이 싹 텄다. 어떤 조직이든 한 사람에게 권한이 집중되면 그를 따르는 무리와 시기하는 무리로 분열하며 파벌이 생기기 마련이다. 정도전에게 밀려 권력에서 소외된 공신들은 정안대군靖安大君 이방원에게로 모여들었다. 막후 실세로 떠오른 이방원은 묵묵히 때를 기다렸다.

1395년 명나라 홍무제 주원장이 사신을 보내 정도전의 압송을 요구했다. 표전表箋, 즉 외교문서에 무례를 범했다는 죄목이었다. 하지만 그 이면에는 조선의 요동 정벌 움직임을 견제하려는 의도가 숨어 있었다. 조선 건국 직후 정도전이 사신으로 명나라에 다녀오며 접경 지역의 여진족과 접촉했는데, 주원장은 이를 요동에 뜻을 둔 것으로 해석했다. 그는 1370년 고려의 1차 요동 정벌 이래로 이 지역의 움직임에 과민반응을 보여 왔다.

주원장의 걱정은 기우가 아니었다. 1차 요동 정벌의 선봉장이었던 태조 이성계는 못다 이룬 고토 회복의 꿈을 접지 않고 있었다. 최영과 우왕이 주도한 2차 요동 정벌은 자기 손으로 중단시켰지만 이제는 거리낄 게 없었다. 새 나라의 창업군주가 된 이성계는 요동 정벌의 야망을 감추지 않았다.

눈에 보이는 곳을 모두 우리 땅으로 삼는다면	若將眼界爲吾土
초楚 · 월越 · 강남江南인들 어찌 마다하랴	楚越江南豈不容

_ 서거정,《동인시화東人詩話》

성종 때 편찬한《동인시화東人詩話》에 실린 태조 이성계의 시이다. 태조는 당대 최고의 무장 출신이었다. 동아시아에서 원나라, 여진족, 왜구 등과 싸워 불패의 전공을 쌓은 이성계였다. 명나라를 세운 주원장도 그가 볼 때는 한 수 아래였을 것이다. 태조의 포부는 대륙을 뒤덮고 있었다. 그 첫 걸음이 요동 정벌이었다.

정도전은 주군의 의중을 헤아리고 요동 정벌에 앞장섰다. 정치적으로도 나쁠 게 없었다. 건국의 넘치는 에너지를 외부로 분출한 예는 역사에 수두룩하다. 전쟁 등 대외 활동을 통해 내부의 불만도 잠재울 수 있다. 무엇보다 정적들의 손발을 묶는 데 안성맞춤인 카드였다. 그가 최종적으로 염두에 둔 표적은 이방원이었을 것이다.

정도전의 행보는 거침없었다. 그는 우선 왕자들과 공신들이 보유한 사병을 중앙군에 편입하고 그들의 군권을 회수했다. 이른바 사병 혁파였다.

군대의 일원화는 새 나라의 주요 과제 중 하나였다. 세력가들이 보유한 무력은 우환덩어리였다. 나라가 나라다우려면 당연히 군대는 중앙에서 통제해야 하니, 이를 요동 정벌이라는 명분으로 해결한 것이다.

그러나 정안대군 이방원을 비롯한 반대 세력은 사병 혁파를 정적 사냥으로 받아들였다. 그들은 정도전의 행보를 오만과 독선으로 몰아갔다. 그가 왕실조차 무시하고 자신의 권력 강화에 몰두하고 있다는 것이었다. 이는 정도전을 흠집 내는 데 효과적인 반격 논리였다.

"한고조가 장자방을 쓴 것이 아니라, 장자방이 한고조를 쓴 것이다."

_《태조실록》〈정도전의 졸기〉

정도전이 어느 술자리에서 했다는 이 말은 그의 정치적 이상을 잘 보여준다. 장자방은 유방의 한나라 건국에 지대한 공을 세운 책사다. 한고조 유방은 장자방이 있었기에 중국 역사상 가장 위대한 제국을 건설할 수 있었다. 정도전은 이 대업의 주역이 한고조가 아닌 장자방이라고 본 것이다. 재상이 임금을 보필해 국정을 이끄는 나라에선 그래야 한다.

그러나 이는 뒤집어 보면 대역무도한 발상이 아닐 수 없다. 신하가 임금을 쓰다니 왕조국가에서는 있을 수 없는 일이다. 정도전이 실제로 이렇게 말했을까? 그것은 중요하지 않다. 분명한 것은 이 말이 정설로 굳어져《실록》에 기록되었고, 정도전의 역심을 증명하는 근거가 되었다는 사실이다.

정안대군 이방원은 정도전의 압박에도 굴하지 않고 마지막의 마지막까지 버텼다. 정도전이 주관하는 군사훈련에 불응했다고 아랫사람이 자기

대신 곤장을 맞는 굴욕도 감수했다. 이방원에게 주어진 유일한 선택은 정변政變이었다. 그는 단 한 번의 기회를 잡고자 때를 헤아리고 세력을 키웠다. 1398년 드디어 그 기회가 찾아왔다.

1398년 8월 26일, 왕실 종친들이 근정문 밖의 서쪽 행랑에 모여 숙직하였다. 태조가 그달 초에 병이 났는데 갈수록 위중해졌기 때문이다. 이방원도 형제들과 함께 부왕의 기별을 기다리고 있었다. 그때 집안의 종이 달려와 부인 민씨가 복통으로 쓰러졌다는 소식을 전했다. 그는 셋째 형 이방의가 준 청심환까지 챙겨서 부랴부랴 귀가했다.

아내는 멀쩡했다. 정안대군에게 용건이 있었던 건 처남 민무질이었다. 처남은 그에게 긴급 정보를 귀띔했다. 정도전, 남은, 심효생 등이 태조의 병이 위중한 틈을 타 죽음의 덫을 놓았다는 것이었다. 왕자들이 부름을 받고 입궐하면 갑사甲士와 노비들이 달려들어 살해한다는 계획이었다. 이를 밀고한 자는 민무질과 가까운 이무였다. 그는 정도전과 이방원 사이에서 양다리를 걸치고 있었다.

사실 정도전 측의 위협은 이방원에게 새삼스러울 것도 없었다. 숙부 이화도 얼마 전 정도전이 점쟁이와 나눈 무시무시한 대화를 전해 준 바 있다.

"세자의 이복형들 중에서 천명을 받을 자가 한 명 이상입니다."
"마땅히 제거할 것인데 무슨 근심이 있겠는가?"

_《태조실록》 1398년 8월 26일

신의왕후 소생 왕자들 가운데 임금이 여럿 나온다는 점쟁이의 말에 정도전은 콧방귀를 뀌었다. 어차피 왕자들을 제거할 텐데 뭐가 걱정이냐는 것이었다. 태조가 병석에 누운 것은 정도전에게 기회였다. 그동안 이성계는 정도전에게 힘을 실어 주면서도 왕자들의 방패 노릇을 했다. 정도전의 측근이자 세자의 장인인 심효생이 왕자들을 지방으로 보내자고 청하자 거부하기도 했다. 그 와중에 태조의 병이 위중해졌고 정도전 등은 이 참에 왕자들을 제거하기로 작정했다.

그러나 태조의 병환은 정도전뿐 아니라 이방원에게도 기회였다. 그는 처남의 귀띔을 받고 결단을 내렸다. 이방원은 부인 민씨에게 숨겨 둔 무기를 꺼내오도록 하고 집안의 가노와 장사壯士들을 무장시켰다. 자신에게 동조하는 공신들에게도 사람을 보내 힘을 보태게 했다. 궁궐 밖에서 대기하고 있던 왕자들과 종친들도 서둘러 합류했다. 병력은 여전히 태부족이었지만 이방원의 손에는 또 다른 패가 있었다.

냉정하고 치밀하게, 1차 왕자의 난

이방원이 정변을 일으킨 그날, 지안산군사知安山郡事 이숙번이 휘하의 관병들을 거느리고 도성 안으로 들어왔다. 1395년에 세상을 떠난 신덕왕후의 능(정릉貞陵)을 이장하기 위해서였다. 본래 도성에는 국왕의 친위대인 의흥친군위義興親軍衛 외에는 어떤 군대도 주둔할 수 없었다. 이숙번의 병력은 정릉 이장이라는 특수 임무를 수행하고자 예외적으로 도성에 들어온 것이다. 이방원은 그들을 끌어들여 부족한 병력을 채우고 무력시위의 효과를 극대화시켰다.

이는 이방원의 측근인 하륜이 만일의 사태에 대비해 짜 놓은 계책이었다. 하륜은 지모가 뛰어나고 앞날을 내다볼 줄 아는 책사였다. 정도전은 그를 이방원에게서 떼어 놓기 위해 7월에 충청도관찰사로 내보냈다. 임지로 떠나기 전, 하륜은 이방원과 정변을 논의하면서 이숙번을 요긴하게 쓰라고 당부했다. 사전에 이숙번에게 공을 들였음은 물론이다. 그 자신은 진천 땅에 머물며 도성의 급변에 촉각을 곤두세웠다.

이방원은 신속하고 과감하게 움직였다. 그는 병력을 이끌고 광화문으로 나아가 무력시위를 벌였다. 열일곱 살의 세자 이방석이 시위들을 이끌고 막으려 했으나 엄두가 나지 않았다. 이방원의 기세에 겁먹은 세자는 슬그머니 꽁무니를 뺐다.

문제는 궁궐을 지키는 국왕 친위대였다. 정예병들을 가려 뽑은 데다 지휘하는 장수가 박위였다. 이성계와 위화도 회군을 함께한 전우요, 고려 창왕 때 대마도를 정벌한 맹장 박위는 오로지 이성계에게만 충성하는 사람이었다. 이방원은 무모하게 굴지 않았다. 힘으로만 밀어붙이다간 실패하기 십상이다. 이런 일일수록 명분을 얻고 대세를 잡아야 하는 법.

이방원은 무작정 궁궐을 들이치는 대신 나라의 병권과 의결권을 틀어쥐기로 했다. 정변을 국가 대사로 만들려고 한 것이다. 그는 먼저 중앙군 사령탑인 삼군부를 장악하여 군령을 통제했다. 또 좌정승 조준과 우정승 김사형을 반강제로 불러내 종로 한복판에 임시 도평의사사를 열었다. 국가 최고의결기구마저 손에 넣은 셈이다. 이제 이방원은 조정에 군림하며 정적들을 '역적'으로 몰 수 있게 되었다.

　이방원은 필사적으로 정도전, 남은, 심효생 등의 소재를 파악했다. 그들은 남은의 첩이 기거하는 안가에 모여 있었다. 이방원의 부하들이 덮쳤을 때 정도전 등은 달빛 아래서 담소를 나누는 중이었다. 불의의 기습에 심효생이 쓰러졌지만 정도전과 남은은 운 좋게 빠져나갔다. 두 사람이 도성 밖으로 나가 군부의 측근들에게 구원을 요청하면, 사태가 이방원에게 불리하게 전개될 수도 있었다.

　하지만 하늘은 이방원의 편이었다. 정도전이 이웃한 벼슬아치의 집에 몸을 숨겼는데, 그 집 주인이 상황이 심상치 않음을 직감하고 이방원을 찾아가 고변했다. 자기 집에 '배가 불룩한 사람'이 숨어 있다고. 결국 정도전은 포박되어 이방원에게 끌려갔다. 죽음을 피할 길이 없어진 것이다. 《실록》에는 그럼에도 정도전이 목숨을 구걸했다고 기록되어 있다.

　　"정안대군! 임신년(1392)에도 나를 살려 주지 않았소? 기왕에 살린 목숨 한 번 더 구해 주시오." _《태조실록》1398년 8월 26일

　정도전은 1392년 이방원이 정몽주를 제거하여 처형 위기에 몰린 자신을 구해 준 일을 들먹이며 자비를 구했다고 한다. 《실록》은 승자의 기록이다. 승자는 위풍당당하고 패자는 비굴해야 정변의 정당성이 부각된다. 그런 의미에서 이 기록은 사실과 다를 수 있다.

　어찌 됐든 이방원은 냉혹했다. 역성혁명 동지 정도전을 추호의 망설임 없이 베어 버리고, 시신 또한 나중에 아무도 찾을 수 없도록 야산에 버렸

다. 정도전, 남은, 심효생 등이 죽자 대세는 기울었다.(도성 밖으로 도망간 남은도 이튿날 스스로 목숨을 내놓았다.)

이방원은 고삐를 늦추지 않았다. 피가 뚝뚝 흐르는 칼을 들고 그는 아버지가 버티는 궁궐로 향했다. 정도전의 최후는 입에서 입으로 빠르게 퍼져나갔다. 궁궐은 이미 혼란에 빠졌다. 국왕 친위대도 흔들렸다. 친위대의 또 다른 지휘관 조온이 군관들을 대동하고 이방원에게 달려가 머리를 조아렸다. 그는 이방원의 사람이었다.

박위도 부랴부랴 이방원을 찾아갔다. 부하들이 동요하는 상황에서 무작정 궁궐을 지키는 것보다는 정변의 규모라도 파악하는 편이 나았다. 이방원의 병력이 예상보다 적다는 사실을 확인한 박위는 날이 밝은 후에 궁문을 열어 주겠다며 돌아섰다. 친위대를 정비하고 이성계의 뜻을 받들어 반격할 수 있으리라 본 것이다.

하지만 이방원은 바보가 아니었다. 박위는 미처 국왕 친위대에 합류하지 못한 채 황천길로 갔다. 이방원은 대신 조온을 궁궐로 들여보냈다. 조온은 친위대 갑사들의 무장을 해제하고 집으로 돌려보냈다. 이로써 조선의 창업군주 이성계는 무방비 상태로 다섯째 아들을 맞게 되었다. 태조의 곁에는 세자 이방석과 그의 형 이방번, 부마 이제가 두려움에 떨고 있었다.

몸이 온전치 않은 이성계는 이 상황이 믿기지 않았을 것이다. 그는 분노에 치를 떨면서도 다른 한편으론 어떻게 해서든 신덕왕후 소생의 자식들을 살리고자 했다. 그들의 목숨줄은 이방원이 쥐고 있었다. 이윽고 날이 밝자, 정변을 합리화하는 상소가 올라왔다.

"정도전과 남은 등이 몰래 반역을 도모하여 왕자와 종친들을 해치려고 하다가 이미 모두 살육되었습니다. 비록 그들이 개국공신이라 하나 공이 죄를 가릴 수는 없습니다. 다만, 그 협박에 따라 행동한 당여黨與는 죄를 다스리지 않을 것입니다." ―《태조실록》 1398년 8월 26일

그것은 이방원의 뜻이었다. 태조가 떨리는 목소리로 상소를 읽자 부마 이제가 칼을 뽑으며 시위들을 이끌고 나가 싸우겠다고 목소리를 높였다. 여러 왕자들이 군사를 일으켜 공신들의 목을 베었으니 다음 차례는 세자와 자신일 것이라고 생각한 것이다. 종친 이화가 싸움은 이미 끝났다며 그를 말렸다. 그리고 얼마 후 좌정승 조준을 위시해 백관들이 또 다른 상소를 가지고 몰려왔다.

"세자는 적장자嫡長子로 삼는 것이 도리인데 전하께서 어린아이를 세우시고 정도전 등이 끼고 돌면서 화禍가 미친 것입니다. 다행히 역적들이 참형을 당하였으니, 원컨대 적장자 영안대군永安大君을 세자로 삼게 하소서." ―《태조실록》 1398년 8월 26일

이방원은 이 모든 사단이 잘못된 세자 책봉에서 비롯되었다는 점을 부각시키며 아버지 이성계를 압박했다. 그는 친모 신의왕후의 자식들 중 맏이인 영안대군 이방과를 세자로 삼으라고 요구했다.(원래 맏이는 이방우지만 1393년에 죽었다.)

왜 영안대군이었을까? 사실 백관들은 정안대군 이방원에게 세자 자리

에 오르라고 권했다. 그러나 이방원은 유혹을 물리쳤다. 스스로 세자가 되면 이 정변은 권력욕의 발로로 폄하될 게 뻔했다. 일단 유교 종법에 따른 대의명분을 앞세워야 뒤탈이 없다. 실권을 쥐고 있으면 왕위는 언제든 가질 수 있다고 확신한 것이다.

《실록》에 따르면 이방과는 소격전에서 아버지의 병이 낫길 빌다가 정변이 일어났다는 소식을 듣고 도성 밖으로 도망쳤다고 한다. 애초 왕의 재목이 아니었음을 강조하기 위한 표현으로 보인다. 어쨌든 그는 거듭 세자 자리를 사양하다가 동생 이방원의 재촉에 마지못해 승낙한다.

태조도 영안대군이라면 거부할 이유가 없었다. 이방과는 실질적인 적장자인 데다 과거 자신과 함께 오랜 세월 전장을 누빈 아들이었다. 이성계는 영안대군을 세자에 책봉하고 폐세자 이방석 등의 안전을 다짐받았다. 설마 형제간에 칼부림이 일어날 것이라고는 생각하지 못했다. 이방석, 이방번, 이제는 그렇게 궁궐에서 나와 집으로 향했다.

그러나 장차 화근이 될 그들을 정변 세력은 살려 두지 않았다. 회안대군 이방간과 개국공신 이거이 등이 움직였다. 폐세자 이방석과 그의 형 이방번은 8월 27일을 넘기지 못하고 형제의 칼에 쓰러졌다. 부마 이제도 자신과 함께 정안대군을 찾아가면 살길이 열릴 것이라며 눈물로 호소하는 아내 경순공주를 뿌리치고 끝내 죽임을 당하였다.

1398년 8월 26~27일에 일어난 이 정변을 '1차 왕자의 난'이라고 부른다. 2년 뒤 이방원과 이방간 사이에 '2차 왕자의 난'이 일어나지만, '왕자의 난'이라고 하면 흔히 1398년의 정변을 일컫는다.

여기서 몇 가지 의문점들을 짚어 볼 필요가 있다. 왕자의 난은 정안대군

이방원이 정도전 등 정적들에게 선수를 친 사건일까?《실록》은 저들이 먼저 왕자들을 제거하려는 음모를 꾸몄고 이를 응징하기 위해 이방원이 정변을 일으켰다고 기록하고 있다.

"형세가 어쩔 수 없게 되었구나."

이방원이 궁궐 앞에서 이 말을 뱉으면서 왕자의 난은 시작되었다. 그 형세란 왕자 제거 음모를 뜻한다. 그렇다면 이 음모를 주도한 사람이 정도전이었을까? 그렇다고 확언하기 어렵다. 정도전이 아들 정담과 나눴다는 대화를 살펴보면 단서가 나타난다.

"아버님, 이 일은 정안대군이 알아야 합니다."

"내가 이미 고려를 배반했거늘, 이쪽까지 배반할 수는 없다."

왕자의 난에 관한 《실록》의 기록을 온전히 신뢰할 수는 없지만, 사관이 남긴 단서를 곱씹어 보면 정도전은 자의 반 타의 반 왕자 제거 음모에 가담한 듯하다. 실제 주모자는 세자의 장인 심효생이 유력하다. 그는 이 즈음 왕자들을 지방으로 보낼 것을 주청하는 등 강한 경계심을 드러내고 있었다. 직접 음모를 꾸미고 정도전의 힘을 빌리고자 했을 가능성이 크다.

하지만 이방원은 호락호락하지 않았다. 음모에 걸려들기는커녕 이를 역이용하여 기어코 권력을 손에 넣었다. 이방원이 명분을 만들고 대세를 이루는 과정을 살펴보면 그 결단력과 치밀함에 혀를 내두르게 된다. 그는 냉정한 승부사였다. 결과론이긴 하지만 이상주의자 정도전이 승부사 이방원을 힘으로 꺾기는 어려웠다.

아버지 이성계와의 갈등

왕자의 난 이후 이성계는 무력감에 빠졌을 것이다. 조선의 창업자이자 불패의 무장이라는 위엄이 한순간에 무너지며 자존심에 큰 상처를 입었다. 무엇보다 참을 수 없는 일은 세자 이방석을 비롯해 신덕왕후 소생들이 목숨을 잃은 것이다. 《실록》에는 당시 그의 심중이 엿보이는 한탄이 나온다.

"어떤 것이 목구멍에 걸려 내려가지 않는구나."

결국 태조는 9월 5일 교지를 내려 양위를 단행한다. 왕위를 물려받은 정종 이방과는 어디까지나 '임시 왕'이었다. 실권은 모두 정안대군 이방원이 틀어쥐고 있었다. 그는 2년 후인 1400년 11월에야 왕위에 올랐으니, 바로 조선의 3대 임금 태종이다. 그렇지만 이성계의 목구멍에 걸린 어떤 것은 여전히 내려가지 않고 있었다. 그것은 이방원을 향한 노여움이었다.

아버지의 새 나라 창업에 결정적인 공을 세웠지만 후계자로 낙점 받지 못한 이방원은, 세자를 죽이고 부왕을 왕위에서 끌어내린 후 스스로 임금이 되었다. 그의 행적은 동아시아의 또 다른 태종, 중국 당나라를 대표하는 황제 이세민을 떠올리게 한다.

이세민은 수나라 말엽의 혼란기에 서북 지역 군벌인 아버지 이연을 부추겨 군사를 일으켰다. 이후 부자父子의 군대는 여섯 차례의 큰 전쟁을 치르며 천하를 평정하였는데, 그중 네 차례를 승리로 이끈 장수가 이세민이었다. 부황에게 '천책상장天策上將'(하늘이 내린 장수)이라는 칭호를 받을 정도로 전공이 컸다.

그러나 빛이 강렬하면 그림자도 짙어지기 마련이다. 이연이 당나라를 세우자, 둘째 황자 이세민은 요주의 대상이 되었다. 누구보다 적장자인 황태자 이건성이 노골적으로 견제했다. 심지어 아버지의 후궁을 꼬드겨 이세민을 모함하기도 했다. 결국 이세민은 626년 황태자와 그를 따르는 넷째 황자를 습격해 죽이고 부황 이연에게 황제 자리를 넘겨받았다(현무문의 변). 황제가 된 당태종 이세민은 역사에 길이 남는 뛰어난 통치술을 발휘한다. 이를 두고 그의 연호를 따 '정관貞觀의 치治'라고 일컫는다.

당태종은 문벌이 떨어져도 실력이 뛰어난 인재를 두루 등용했다. 위징, 방현령, 두여회, 장손무기, 위지경덕 등이 그의 치세에 활약한 신하들이다. 특히 위징은 과거 황태자 이건성의 측근으로서 이세민을 암살하려 했던 인물이었는데, 당태종은 그를 과감하게 기용하고 비판을 받아들였다.

이를 바탕으로 이세민은 3성6부(중앙관제), 율령격식(법체계), 균전제(토지제도), 조용조(조세제도), 부병제(군사제도) 등 내치를 확립하고 고구려를 제외한 주변의 이민족을 모두 제압했다.

당태종 이세민의 치세는 《정관정요貞觀政要》에 담겨 후세에 전해졌다. 태종 이방원은 이 책을 제왕학의 교과서로 여겼다. 경연經筵(임금과 신하가 학문을 강론하고 국사를 의논하던 일)에서 틈만 나면《정관정요》를 펼쳐들었다. 그럼 조선 태종의 통치술은 어땠을까?

태종은 정도전이 추구한 재상정치를 폐기하고 국왕 중심의 중앙집권제를 실현하려 했다. 이를 위해 그는 지방 행정구역을 정비하고 모든 군현郡縣에 지방관을 파견했다. 또, 전국적인 토지조사와 호구조사를 실시해 세금과 군역을 부과하는 근거로 이용했다. 16세 이상 남자들에게 신분증명

서인 호패를 소지하게 한 것도 이때였다. 호구를 토지에 묶어 두려는 조치였다.

모두 새 나라의 기초를 다지는 사업들이었다. 하지만 이 때문에 기득권을 잃는 집단은 불만이 컸다. 고려시대까지 지방에서 독점적 지위와 이권을 누린 것은 토착 세력인 호족들이었다. 임금의 명을 받는 지방관의 파견은 그들의 지위를 흔들었고, 나라가 행하는 토지조사와 호구조사는 이권을 침해하였다. 태종이 추진한 중앙집권은 곧 호족들의 추락을 의미하였다.

안변부사 조사의의 난은 바로 그 호족들의 불만이 원동력이었다. 조사의는 신덕왕후의 친척으로 이성계가 아꼈던 인물이다. 왕자의 난으로 양반 신분을 빼앗기기도 했지만 복권되었다. 1402년 11월 그는 죽은 신덕왕후의 원수를 갚겠다며 함경도 안변에서 난을 일으켰다. 이 난은 태종의 중앙집권 강화에 위기의식을 느낀 동북면 호족들이 결집하면서 함경도 전역으로 들불처럼 번져 나갔다.

조사의의 난에 기름을 부은 것은 다름아닌 태상왕 이성계의 행보였다. 태종이 즉위한 후 이성계는 툭하면 궁궐에서 나와 명산대찰을 찾았다. 죽은 신덕왕후와 자식들의 넋을 기리며 시름을 달래기 위해서였다. 물론 이방원에 대한 노여움도 가시지 않았을 것이다. 태종은 전전긍긍했다. 아버지가 궁궐 밖을 떠돌면 자신과의 불화가 회자될 수밖에 없다. '불효자' 임금을 어느 백성이 따를 것인가? 태종은 수시로 사람을 보내 태상왕의 발길을 돌리려고 애썼다.

난이 일어날 무렵 이성계는 경기도 양주 회암사에 머물고 있었는데 돌연 안변 석왕사로 발걸음을 옮겼다. 궁궐에서는 난리가 났다. 명나라 사신이 왔는데도 태상왕이 궁궐을 비우는 바람에 적잖이 곤혹스러웠던 태종이다. 회암사에 다녀온 뒤 궁궐 밖에 나가지 않겠다고 약속하신 분이 이럴 수가…. 안변에서 난이 터졌다는 파발이 당도한 것은 그 직후였다. 앞뒤가 들어맞는다. 신덕왕후의 복수를 내건 조사의가 이성계를 끌어들여 태종을 궁지로 몬 것이다.

동북면은 이성계가 일어난 곳이다. 그의 이름 석 자만으로도 민심이 들썩였다. 조사의는 호족들의 불만과 이성계의 위명威名을 절묘하게 엮어 거센 역풍을 일으켰다. 태종으로서는 시작도 하기 전에 명분에서 밀리는 싸움을 벌일 수밖에 없었다. 그가 아버지가 머무는 곳으로 연거푸 차사差使(임금의 명을 받고 중요한 임무를 수행하는 임시 벼슬)를 파견한 이유가 여기에 있었다. 함흥차사의 전설은 그렇게 탄생했다.

함흥차사는 정말로 돌아오지 않았을까? 절반은 맞고 절반은 틀리다. 그 전해부터 이성계를 만나려고 떠난 차사들 가운데 성석린, 무학대사, 이직, 심종, 유창 등은 무사히 돌아왔다. 박순과 송류, 두 사람이 목숨을 잃었는데 이는 그들의 임무가 반군을 회유하는 것이었기 때문이다. 태종은 태상왕에 대한 예우에 최선을 다했다. 이성계도 은근히 그것을 바랐던 것 같다. 반군에게 길이 막혀 차사가 돌아가면 오히려 서운해했다고 한다.

조사의의 반군은 개전 초기에 이천우가 이끄는 관군을 격파하며 승승장구했다. 그 숫자가 1만여 명으로 늘어났고, 여진족 일부까지 가세하기로 했다. 조사의 군이 도성으로 진군하기 위해 평안도로 향하자, 태종은 몸소 전장에 출정하는 결단을 내렸다. 전쟁은 기싸움이다. 적진에 나부끼는 태상왕의 깃발만으로도 관군의 사기는 땅에 떨어진다. 이를 극복하려면 임금이 친정親征하는 수밖에 없었다. 결단은 반전으로 이어졌다.

1402년 11월 27일, 왕의 군대는 청천강에서 조사의 군을 대파했다. 조사의 부자는 안변에서 붙잡혀 12월 7일 도성으로 압송되었다. 태상왕 이성계는 이튿날 황해도 금교역에서 태종을 만나 함께 궁궐로 돌아왔다. 조사의의 난에 앞장선 태상왕의 측근들과 가별초는 거의 처벌을 받지 않고 풀려났다. 태종은 이 난의 배후에 이성계가 있다는 공공연한 사실을 부인했다. 그것은 단지 아들에게 뿔난 아버지의 기묘한 몽니로 치부되었다.

이성계의 목구멍에 막힌 회한과 노여움도 세월과 함께 녹아내렸다. 말년에 그는 태종의 효도를 듬뿍 받았지만, 철통같은 감시 또한 감수해야 했다. 상왕 정종조차 아버지를 만나기가 어려웠다.

이성계는 1408년 세상을 떠났다. 죽기 전 자신을 함흥에 묻어 달라고 했지만 태종은 들어주지 않았다. 조사의의 난과 같은 불상사를 우려했기 때문이다. 태조의 능은 구리에 마련되었고(건원릉), 함흥에서 공수해 온 흙이 덮였다.

공신과 외척 길들이기

태종 이방원은 아버지는 물론 그 누구와도 권력을 나누지 않았다. 왕권을 위협하는 세력은 추호도 용납하지 않았다. 자신에게 충성해 온 공신과 외척들도 예외가 아니었다. 토끼를 잡고 난 뒤 사냥개를 삶아 먹는 것은 권력자의 입장에서는 당연한 수순이었다.

이방원은 먼저 정도전이 못다 이룬 사병 혁파를 내세워 공신들의 힘을 약화시켰다. 흔히 '사병'이라고 하면 개인 병력이라고 생각하기 쉬운데 실상은 그렇지 않았다. 고려 말부터 조선 초까지 정규군의 근간은 시위패侍衛牌다. 당시에는 왕족과 대신들이 각 도의 절제사를 겸임하여 직접 군사를 뽑고 통솔했는데 이것이 시위패다. 시위패는 본래 나라의 군대였지만 절제사의 권한이 커서 사적으로 부리는 일이 많았다. 그래서 사병이라 부른 것이다.

사병 혁파는 곧 군제 개혁을 의미했다. 이방원은 정도전이 그랬던 것처럼 공신들이 가진 군권을 회수하고 사적으로 쓰는 시위패를 중앙군으로 되돌렸다. 그의 의지는 강력했다. 사돈 이거이, 수족 조영무도 이방원의 철퇴를 피해 가지 못했다. 말로 안 되면 유배까지 보내면서 자신의 뜻을 관철시켰다.

태종은 한번 원칙을 정하면 흔들림 없이 밀어붙이는 사람이었다. 주군의 사람됨을 잘 아는 공신들은 순한 양으로 길들여졌다. 이방원도 잠시 공신들을 내쳤다가 몇 년 지나면 다시 불러들여 높은 벼슬을 내렸다. 그런데 공신들과 달리 외척들에게는 한 점 자비도 베풀지 않았다. 조그만 꼬투리라도 잡히면 당사자를 죽이는 것도 모자라 집안까지 거덜 내기 일쑤였다. 그만큼 외척들을 위험하게 여겼다는 뜻이다.

그런 점에서 태종은 왕실 여인들의 공적이었다. 새어머니 신덕왕후, 조강지처 원경왕후, 며느리 소헌왕후 등 3대에 걸친 여인들이 이방원의 친인척 사냥으로 혈육을 잃는 아픔을 맛봤다.

신덕왕후 강씨는 태조 이성계가 국사를 논할 정도로 두터운 총애를 받았으나, 사후 그녀의 두 아들과 사위가 이방원에게 죽임을 당했다. 뿐만 아니라 이방원은 임금이 되자 신덕왕후가 묻힌 정릉을 파헤쳐 옮기고 능 주변 석물을 실어다 돌다리를 만들어 버렸으며, 왕비의 제례에서도 그녀를 제외시키고 후궁의 예로 제사지내게 했다.

이후 조선에서는 태종의 유지遺旨로 본처와 첩을 엄격히 구분하는 법이 생겼다. 첩의 자식인 서얼庶孼의 벼슬길을 막고 차별을 둔 것도 여기서 유래한다. 신덕왕후가 명예를 회복한 것은 조선 현종 때의 일이다. 서인 영수 송시열이 초대 왕비인 그녀를 두둔한 덕분이다. 신덕왕후는 1669년에야 조선 최초의 국모로 받들어졌다.

태종 이방원의 부인인 원경왕후 민씨도 친정이 잔인하게 짓밟히는 것을 지켜보며 혹독한 속앓이를 해야 했다. 민씨 집안은 고려 후기에 대대로 고위 문신을 배출해 온 명문가였다. 이방원과 민씨, 두 사람의 결합은 결혼을 통해 가문의 힘을 배가하는 '혼인동맹'의 일환이었다.

실제로 원경왕후와 그녀의 집안은 이방원이 왕위에 오르는 데 큰 공을 세웠다. 1차 왕자의 난 당시 정도전에 맞서 정변을 일으키도록 조언하고, 따로 무기를 숨겨 뒀다가 적시에 내놓은 장본인이 원경왕후였다. 또 그녀의 두 동생 민무구, 민무질도 왕자의 난에 적극 가담하여 일등공신에 책훈되었다. 그러나 화장실 들어갈 때와 나올 때가 다른 것이 사람 마음이다. 이방원이 왕좌를 차지하자 상황은 급변한다.

태종은 새 나라가 안정을 이루려면 무엇보다 왕권이 튼튼해야 한다고 보았고, 따라서 임금에 버금가는 권세가부터 뿌리 뽑으려 했다. 왕비와 일등공신을 배출한 원경왕후의 집안이야말로 1호 제거 대상이었다. 그가 왕이 되자마자 후궁들을 대거 들인 것도 민씨에 대한 견제의 의미였다. 이를 읽은 원경왕후가 가만 있을 리 없었다. 당신이 누구 덕분에 왕위에 올랐느냐고 따졌다. 불화는 날이 갈수록 커졌고 결국 큰 사달로 이어졌다.

1406년 태종은 갑자기 왕위를 세자에게 물려주겠다고 선언하였다. 이른 바 '전위 파동'이다. 당시 세자였던 양녕대군은 난감했다. 나이도 어린 데다(13세) 덥석 받았다가는 불효, 불충으로 몰리기 십상이었다. 한 마디로, 황금잔에 채운 독주毒酒였던 셈이다.

그런데 이 독배를 들이킨 사람들이 있었으니, 바로 원경왕후의 동생들인 민무구, 민무질이었다. 신하들이 한목소리로 전위를 만류하는데 민씨 형제만 뜨뜻미지근한 반응을 보였다. 이참에 세자가 왕위에 올랐으면 하는 속마음 때문이었다.

양녕대군 이제는 외가에서 어린 시절을 보냈기 때문에 외숙들과 친밀했다. 1402년 이제가 세자에 책봉되자, 그들은 권신으로 떠올랐다. 민씨 형제는 세자의 후원자를 자처하며 권력을 휘둘렀다. 그러니 태종의 전위 선언이 얼마나 반가웠겠는가. 바야흐로 민씨의 세상이 열리는 것 같았다.

하지만 이 전위 표명은 민씨 형제를 잡기 위한 태종의 함정이었다. 왕은 손수 덫을 놓은 다음 몰이꾼들로 하여금 포위망을 좁히게 했다. 민무구, 민무질이 전위를 적극적으로 만류하지 않자 그 진의를 의심하는 목소리가 점점 커져 갔다. 특히 임금의 숙부이자 의정부영사인 이화는 상소를 올려 민씨 형제를 탄핵했다. 이 상소에는 깜짝 놀랄 만한 고변이 담겨 있었다.

"민무구 등이 과거에 주상께 아뢰기를, '세자 이외에는 똑똑한 왕자가 없는 편이 좋다'고 했습니다. 또 전하가 곁에 계신데도 감히 다른 이를 부추겨 친아들(충녕대군)이 쓴 글씨를 찢게 했습니다. 역시 '똑똑한 왕자는 난을 일으킬 뿐'이라는 이유였습니다. 이는 (역심을 품고) 제왕의 핏줄을 잘라 내려 한 것입니다." _《태종실록》 1407년 7월 10일

이화는 민무구 형제가 똑똑한 왕자, 즉 충녕대군을 죽이려 했다고 주장했다. "세자 이외의 똑똑한 왕자는 변란의 소지가 있으므로 없는 편이 좋다"는 말이 불씨였다. 제왕의 핏줄을 위협하는 것은 왕권에 대한 도전이자 역심을 드러낸 것이었다. 사태는 일파만파 걷잡을 수 없이 번져 나갔다.

태종은 민씨 형제의 공신녹권을 빼앗고 각각 여흥과 대구로 유배 보냈다. 조강지처인 원경왕후와 장인 민제를 생각해 목숨만은 보존해 준 것이다. 그러자 신하들이 가만 있지 않았다. 탄핵을 주도한 이화, 하륜, 이숙번이 대간臺諫(감찰과 간쟁을 담당하는 관원들)을 움직였다. 민무구 등은 물론이고 측근 인사들까지 극형에 처하라는 상소가 빗발쳤다. 그들로서는 어차피 세자의 눈총을 받게 된 이상 아예 죄인들을 죽여 화근을 제거하는 게 나았다.

1408년 장인 민제가 세상을 떠나자, 태종은 민씨 형제의 죄를 정식으로 인정하는 교서를 반포했다. 죄목은 '협유집권挾幼執權', 어린 세자를 끼고 권력을 잡으려 했다는 것이다. 과거 정도전에게 둔 혐의를 처남들에게 적용한 셈이다. 이듬해에는 대신들을 불러 전위 파동이 왕자들을 보호하기 위한 고육지책이었다고 설명했다. 아무리 이방원이라 해도 처남들을 죽이

기는 껄끄러웠을 터였다. 태종은 차근차근 극형의 명분을 쌓아 갔다.

제주도로 이배移配된 민씨 형제에게 자결하라는 어명을 내린 것은 1410년이었다. 세자가 외간 여자에게 눈길을 돌리고 엽색 행각을 벌이기 시작한 바로 그해였다. 어쩌면 양녕대군은 자신이 다음 순서가 될 것이라고 판단했는지도 모른다. 차라리 미치광이 짓이라도 해서 살 길을 도모하려 했을까? 태종은 여기서 그치지 않고, 1415년에는 원경왕후의 남은 동생 민무휼, 민무회까지 죽음으로 몰고 갔다. 4형제가 몽땅 매형에게 목숨을 잃으며 민씨 가문은 멸문 지경에 이르렀다.

달면 삼키고 쓰면 뱉는 왕좌의 게임에서 은혜를 원수로 갚는 일은 새삼스러울 것도 없다. 민씨 집안이 풍비박산 나고 맏아들 양녕대군마저 어긋나자, 원경왕후는 시름시름 앓다가 1420년 세상을 떠났다. 혼인동맹의 슬픈 종말이었다.

며느리 소헌왕후 심씨 역시 시아버지의 외척 사냥을 피하지 못했다. 임금 자리가 충녕대군(세종)에게 넘어오며 뜻하지 않게 왕비가 된 소헌왕후는 즉위식이 끝나자마자 가시방석에 앉았다. 친정아버지 심온이 역모에 연루된 것이다.

심온은 1418년 세종이 왕위에 오르자 영의정이 되어 조정의 신망을 얻고 있었는데, 아랫사람이 일상적인 군사 업무를 상왕 이방원에게 보고하지 않고 처리한 것이 불씨가 되었다. 그때까지도 군사 업무는 상왕의 소관이었다. 이방원은 절차를 무시한 병조참판 강상인을 국문하는 한편 심온까지 엮어 역모를 조작해 냈다. 결국 이 일로 아버지 심온이 목숨을 잃고, 어머니는 관노로 끌려가자 소헌왕후는 망연자실했다. 자신이 왕비만 되지 않았다면 벌어지지 않을 일이었다.

　3대에 걸친 왕비와 외척의 비극은 태종의 집착에서 비롯되었다. 그가 집착한 것은 무엇이었을까? 바로 '왕의 나라'였다. 국가의 기본은 백성들을 안전하게 지켜 주고 먹고살도록 해 주는 것이다. 하지만 건국 초기의 혼란이 지속되면 기본에 소홀해질 수밖에 없다. 그 혼란의 본질은 권력 다툼이었다. 이방원은 임금이 모든 권력을 틀어쥐고 나라의 중심이 되어야 국초의 혼란을 극복할 수 있다고 보았다. 그래야 백성이 편안해진다. 정도전과 달리 그의 통치관은 현실적이었다.

　태종 이방원은 외척과 공신, 아내와 아버지까지 권력에서 밀어내며 왕권 강화에 몰두했다. 패륜도 저지르고 수없이 많은 이들의 피를 받아내 결국 정치적 목적을 달성하는 데 성공한다. 조선 땅에서 왕의 권력을 넘보는 세력의 싹을 모조리 잘라내 버린 것이다. 이제 누구도 감히 임금에게 도전할 엄두를 내지 못했다.

마지막 과업, 문치의 시대를 열다

　태종이 1414년에 실시한 육조직계제는 조선이 '왕의 나라'임을 과시하는 제도였다. 이로써 오늘날의 정부 부처 격인 육조六曹(이조·병조·호조·예조·형조·공조)를 임금이 직접 통솔하게 되었다. 재상들의 정책 심의기구였던 의정부議政府는 껍데기만 남았다. 조선은 이방원의 방식으로 혼란을 수습하고 안정을 찾아 나갔다.(그러나 정도전의 설계도가 완전히 폐기된 것은 아니었다. 수면 아래로 가라앉은 '신하의 나라'는 사림士林의 등장을 기다리고 있었다.)

왕권이 서고 나라가 안정되자 태종은 미래를 준비하기 시작했다. 그 옛날 당태종이 그랬던 것처럼 이방원도 다음 세대의 과제를 고민했다.

"나라의 창업創業은 무武로 이룩하지만, 수성守成은 문文이 바탕이 된다."

_《정관정요貞觀政要》

태종은 '문치文治'를 이루는 데 관심을 두었다. 이제부터는 수성守成, 즉 나라의 내실을 다질 때다. 자신은 힘으로 권력을 틀어쥐었지만, 앞으로는 제도와 문물로 다스려야 한다. 그것이 문치다.

태종은 다음 임금이 문치의 제왕이 되길 바랐다. 1418년 후계자 교체를 단행한 이유가 여기에 있었다. 1402년 적장자 양녕대군을 세자에 앉힌 것은 나라의 안정이 급선무였기 때문이다. 이제 시대의 요구가 바뀌었다. 이방원은 새로운 시대정신에 충실했다. 결국 양녕대군은 폐세자되어 유배를 떠났고, 셋째 아들 충녕대군이 세자를 거쳐 왕위에 올랐다. 불멸의 성군 세종대왕이다.

그런데 태종은 왜 세종에게 양위를 하고 상왕으로 물러났을까? 살아 있는 임금이 스스로 보위를 후계자에게 넘겨준 경우는 조선에서 태종이 거의 유일했다. 태조와 정종, 단종은 양위라는 형식을 취하긴 했지만 자의 반 타의 반이었고, 연산군과 광해군은 왕좌에서 쫓겨났다. 그 밖에 대부분의 왕들은 죽음으로써 재위를 마감했다. 태종의 양위는 그래서 파격적이다. 여기에는 그래야만 하는 까닭이 있었을 것이다.

"내가 재위한 지도 어느새 18년이다. 이제 세자에게 전위傳位하려고 한다. 묵은 병이 요즘 들어 더욱 심해졌다. 18년 동안 호랑이를 탔으니 족하지 않은가."　　　　　　　　　　　　　_《태종실록》1418년 8월 8일

1418년 8월 8일 태종은 세자를 불러들여 국새를 넘기며 장황하게 임금 자리를 물려주는 이유를 댔다. 알맹이는 심신이 병들고 지쳤으니 그만 쉬겠다는 것이다. 《국조보감》에도 "세상일을 잊고 편히 지내고자" 양위한다고 기록돼 있다.

그는 자신의 재위기를 '호랑이를 탄 시간'이라고 회고했다. 또, 육조직계제를 시행하면서 직접 육조의 보고를 받고 결재해야 했으니 업무량도 살인적으로 늘어났다. 이제 그만 세상일을 잊고 편히 쉬고 싶은 마음이 들 만했다. 하지만 명분을 중시하는 유교국가의 임금이 그런 이유만으로 양위하지는 않는다. 이방원의 이 마지막 결단에는 문치에 대한 열망과 노림수가 숨어 있다.

"왕위를 맡기는 데 만일 적임자를 얻지 못했다면 비록 걱정을 잊으려 한들 되었겠는가. 주상은 참으로 개국한 뜻을 계승하여 문치로 태평을 이룩할 임금이로다."

_ 이긍익,《연려실기술燃藜室記述》〈세종조고사본말世宗祖故事本末〉

태종이 양위한 다음 잔치 석상에서 한 말이다. 아들 세종이 문치로 태평을 이룩할 임금이라는 그의 발언은 문치에 대한 의지를 표명한 것인 동시에 절의파 사대부들에게 보낸 메시지로도 해석할 수 있다. 조선을 등지고 향촌으로 흩어진 유학자들에게 문치의 제왕과 함께해 달라고 당부한 것이다.

문치는 임금 혼자 하는 게 아니다. 문치로 태평을 이룩하려면 조력자가 있어야 한다. 고려 후기에 유학을 공부하고 나라를 개혁하려 한 신진사대부들의 보필이 필요한데, 역성혁명으로 사대부 사회가 분열되면서 새 나라의 인재 풀이 좁아지고 말았다. 태종은 이 문제를 해결하기 위해 양위라는 승부수를 던진 게 아닐까?

조선 건국 이후 절의파 사대부들은 향촌에서 경제적 기반을 닦는 한편 유학 연구와 제자 양성에 몰두했다. 특히 길재의 학통은 김숙자, 김종직, 정여창, 김굉필, 조광조 등으로 이어지며 사림士林의 근간이 된다. 오늘날 '선비'로 일컬어지는 집단이 여기서 유래한 것이다. 그들이 본격적으로 조정에 출사한 것은 성종 연간이지만 이미 태종 때부터 공을 들였다.

이방원도 유학을 공부하고 과거에 급제한 사람이다. 유생 시절 동문수학한 길재를 여러 차례 부르고 후하게 대접했지만, 길재는 임금이 하사한 땅과 세금 면제는 받아들일지언정 출사는 끝내 거부했다. 그는 '최후의 고려인' 정몽주의 문인이었다. 스승을 죽인 임금에게 충성할 수는 없었다.

문치로 나라를 다스리려면 조선을 인정하지 않는 절의파 사대부들을 회유해야 했다. 그러나 이 과업에는 큰 걸림돌이 있었으니, 바로 이방원 자신이었다. 정몽주를 종주宗主로 받드는 절의파 사대부들이 이방원을 인정할 리 없었다. 결국 태종은 문치의 적임자에게 보위를 넘기고 상왕으로 물러나는 결단을 내렸다. 단, 군사를 비롯해 나라의 중요한 일은 직접 청취하고 결정한다는 단서를 달았다. 문치를 위해 왕위는 양보하지만 실권은 자신이 쥐겠다는 뜻이었다.

문치가 시대정신으로 떠오르며 이방원의 손에 목숨을 잃은 두 사람의 운명도 뒤바뀐다. 정몽주는 역적의 멍에를 벗고 만고의 충신이 된다. 영의정을 추증하는 것도 모자라 〈오륜행실도五倫行實圖〉에 정몽주의 최후를 실어 충절의 표상으로 삼았다. 반면 정도전은 개국공신에서 만고의 역적으로 전락한다. 태종이 추구한 '왕의 나라'에서 역성혁명을 꿈꾼 정도전은 위험인물의 대명사였다. 이방원에게 문치는 목숨 걸고 임금을 섬기는 정몽주의 충절을 의미했다. 역사의 아이러니가 아닐 수 없다.

하기야 이런들 어떠하며 저런들 어떠한가. 국가는 백성을 안전하게 지키고 먹고살 수 있도록 해 주면 된다. 그 이면에는 피눈물과 회한의 역사가 만수산 칡넝쿨처럼 얽히고설키겠지만 누구를 탓할 수는 없다. 이방원은 비정하고 냉혹하긴 했지만 조선의 실질적 창업자로서 시대가 부여한 소임을 완수했다.

공양왕이 한양으로 천도한 까닭

"(공양왕이) 한양으로 도읍을 옮기고 판삼사사 안종원에게 개경을 지키게 하였다. 임금의 수레가 한양에 이르니 관찰사 유구가 무대를 짓고 놀이를 베풀어 맞이했다."《고려사절요》

한양, 즉 지금의 서울이 최초로 통일국가의 도읍이 된 것은 조선 건국 전인 1390년의 일이다. 그 주인공도 이성계가 아니라 고려의 마지막 임금 공양왕이었다. 그는 왜 도읍을 한양으로 옮겼을까? 여기에는 루머에 휩쓸려 소용돌이친 고려 말의 어지러운 사정이 얽혀 있다. 그것은 500년 고려 왕조가 멸망할 수밖에 없었던 이유이기도 했다.

공양왕의 본명은 왕요王瑤이며, 고려 신종의 7대손이다. 그는 역성혁명 세력이 고려 유신들을 숙청하는 와중에 임금이 되었다. 1389년 이성계와 정도전을 비롯한 혁명파 9인이 흥국사에 모여 창왕을 폐하는 문제를 논의했다. 위화도 회군 직후 유배된 우왕이 최영의 생질 김저 등과 정변을 모의하다가 발각되자 고려 유신들의 구심점을 제거하기로 한 것이다. 하지만 임금을 폐하는 일은 간단치 않았다. 무엇보다 백성이 납득해야 했다.

그때 그들이 내세운 명분이 '폐가입진廢假立眞'이다. '가짜 왕'을 폐하고 '진짜 왕'을 세운다는 것. 이 논리는 황당하게도 저자에 떠돌던 이야기, 곧 우왕의 아버지가 공민왕이 아니라 신돈이라는 소문에 근거하고 있었다. 신돈은 공민왕 치세에 토지제도와 노비제도를 뜯어고치며 개혁에 나선 승려였다. 사실 이 소문은 신돈을 쫓아내려던 권문세족의 모함이었으나 혁명파에게 소문의 진위 여부는 중요하지 않았다.

결국 우왕과 창왕 부자는 '가짜 왕'으로 몰려 비참한 죽음을 맞았다. 문제는 '진짜 왕'으로서 새로 즉위한 공양왕의 입지였다. 왕조국가에서 다른 성씨가 왕위에 올랐다는 건 이미 나라의 명줄이 끊어졌다는 뜻이다. 우왕과 창왕이 신돈의 핏줄이라는 소문을 공식화하는 순간 고려는 망한 것이나 다름없었다. 따라서 공양왕은 아무것도 할 수 없는 허수아비 왕에 지나지 않았다. 역성혁명파의 노림수 또한 여기에 있었다.

그럼에도 불구하고 공양왕은 정몽주를 중심으로 이색, 이숭인 등 온건파를 끌어들이며 사직을 보존하기 위해 안간힘을 썼다. 하지만 1390년 윤이와 이초의 무고 사건이 터지면서 이 또한 헛수고가 돼 버렸다. 두 사람은 명나라 황제에게 공양왕이 이성계의 친척이라는 둥, 중국을 침략하려 한다는 둥 근거 없는 뜬소문을 고변했다. 임금의 위신은 땅에 떨어졌고 애써 모은 친위 세력마저 와해되었다. 고려는 극도의 혼란에 빠져들었다.

이 지경에 이르자 공양왕은 파격적인 카드를 꺼내든다. 그는 고려의 도읍을 한양으로 옮기려 했다. 중국에서 왕조의 맥이 끊기면 도읍을 옮기곤 했는데 이를 참고한 것이다. 기실 한양은 오래전부터 도읍지로 회자돼 왔다. 《도선밀기道詵密記》에 왕의 기운이 깃든 땅으로 기록돼 있다는 것이었다. 이와 같은 도참(길흉 예언)설은 또 다른 의미의 소문으로 민간에 널리 유포돼 있었다. 소문에 의해 왕의 기운이 다하자 또 다른 소문으로 맞불을 놓은 셈이다. 신하들은 반대했지만 공양왕은 음양陰陽의 이치를 거론하며 밀어붙였다.

그러나 즉흥적인 천도는 해프닝으로 귀결되었다. 1390년 9월에 한양으로 도읍을 옮겼으나 호랑이의 잦은 출몰이 문제였다. 결국 왕은 그해 12월 개경 수창궁으로 돌아갔다. 망국을 재촉하는 시한폭탄은 재깍재깍 돌아가고 있었다.

1392년 공양왕은 왕위를 이성계에게 넘기고 유배를 떠났다. 조선 땅에 고려의 마지막 임금이 설 자리는 없었다. 몇 년 후 공양왕이 살해되었다는 소문이 입에서 입으로 퍼져나갔다. 소문으로 시작해 소문으로 끝난, 실체 없는 임금의 종착역이었다.

2

세종

나라를 나라답게

이달에 임금이 친히 언문諺文 28자를 지었는데, 그 글자가 옛 전자篆字를 모방하고, 초성·중성·종성으로 나누어 합한 후에야 글자를 이루었다. 무릇 문자文字(한자)에 관한 것과 이어俚語(속된 말)에 관한 것을 모두 쓸 수 있고, 글자는 비록 간단하지만 전환하는 것이 무궁하다. 이것을 훈민정음訓民正音(백성을 교화하는 바른 소리)이라고 일렀다.

_《세종실록》 1443년 12월 30일

1443년 12월 30일, 세종이 이상한 글자를 들고 나타나자 조정이 발칵 뒤집어졌다. 세상에 임금이 직접 글자를 만들다니! 게다가 사전에 언질조차 없던 기습 공개였다.

문신들은 어안이 벙벙했다. 그들은 과거에 급제해 벼슬길에 오른 사대부들이다. 한자로 쓰여진 유학 경전을 달달 외우고, 그로부터 얻은 깨달음으로 마음을 닦은 사람들이다. 그들의 힘은 바로 그 지식과 도덕에서 나오며, 그 기반인 한자는 사대부들의 근원과 같았다. 한자가 아닌 글자, 조선의 새 글자라니 있을 수 없는 일이었다.

신하들은 반대 논리를 취합했다. 총대를 멘 것은 논리정연한 집현전 관원들이었다. 1444년 2월, 집현전 부제학 최만리 등이 한글을 배척하는 연명 상소를 올렸다.

> "언문은 새롭고 기이한 기예技藝에 지나지 않는 것으로 학문에 방해만 되고 정치에도 유익함이 없습니다."
> _《세종실록》1444년 2월 20일

그들은 한글을 백해무익한 기예라고 깎아내렸다. 옛 문자를 따르지 않는 것은 대국을 섬기는 도리가 아니다. 독자적인 글자를 가진 몽골, 서하, 여진, 일본 등은 오랑캐들이니 이는 조선이 중국을 버리고 오랑캐와 같아지는 것이다. 한자 공부에 도움이 되는 이두를 놔 두고 어째서 야비한 글자를 만들었는가. 학문과 정치에 방해만 될 뿐이다.

문신들은 임금을 몰아붙였다. 거칠고 버르장머리 없는 상소였다. 그것은 사대부들의 험악한 여론을 대변했다. 문신들은 한글 창제는 이미 엎질러진 물이지만 반포만은 무슨 일이 있어도 막으려 했다. 풍속을 바꾸는 큰일이므로 마땅히 신하들과 충분히 의논해야 한다고 주장하고, 중국에 상고하여 부끄러움이 없도록 해야 한다는 억지도 부렸다. 시간을 끌다가 임금이 바뀌면 흐지부지 무산시키겠다는 속셈이었다. 그러나 세종은 호락호락한 왕이 아니었다.

세종은 상소를 올린 자들을 편전으로 불러들여 격렬한 토론을 벌였다.

한글의 효용과 폐단뿐 아니라 유교국가의 통치철학까지 거론하며 맞붙었다. 논쟁의 포문을 연 것은 세종이었다.

"이두나 언문이나 백성을 편리하게 하려는 것이다. 설총은 옳다고 하면서, 임금의 일은 그르다고 하니 어찌 이럴 수 있느냐?"

이두를 끌어들여 비판하는 이중 잣대를 문제 삼자, 부제학 최만리가 반박에 나섰다. 최만리는 집현전의 실질적 수장으로서, 그의 뜻은 곧 집현전을 대표하는 의견이었다.

"이두는 문자(한자)의 모양을 빌린 글자입니다. 서로 떨어져 있지 않습니다. 그러나 언문은 글자의 형상이 아닙니다."

임금은 짐짓 화를 내며 전문성을 내세워 압박했다.

"너희가 운서韻書(한자의 발음에 관한 책)를 아느냐? 사성칠음四聲七音에 자모字母가 몇이나 있느냐? 만일 내가 아니면 누가 바로잡을 것이냐?"

세종은 평소의 그답지 않게 신하들을 깔아뭉갰다. 한자의 발음 문제는 책 읽는 게 업인 사대부들에게도 큰 숙제였다. 같은 한자라도 지역마다, 가문마다, 학당마다 다르게 발음했다. 하늘을 뜻하는 天이 '천'인지, '첸'인지, '턴'인지 헷갈리고 불분명했다. 새 글자는 그걸 바로잡을 수 있다. 사대부들의 눈높이에 맞춰 한글의 효용을 주장한 것이다. 최만리 등은 꿀 먹은 벙어리가 되었다. 전문적인 분야에서는 임금의 학식을 넘어서기 어려웠다. 논쟁에서 밀리자 그들은 말을 돌렸다.

"옛것을 싫어하고 새것을 좋아하는 것은 고금의 우환입니다. 27자의 언문으로도 족히 세상에 뜻을 펼 수 있다면, 무엇 때문에 고심하며 성리性理의 학문을 궁리하겠습니까?"

여기서부터 본론이었다. 한글이 유교국가로서 조선의 이상을 해친다는 것이다. 세종도 할 말이 많았다.

"성리학도 결국은 백성을 교화하려는 것 아닌가. 나는 언문으로 '삼강행실三綱行實'을 번역하여 민간에 반포하려 한다. 어리석은 남녀가 모두 쉽게 깨달아서 충신, 효자, 열녀가 쏟아져 나올 것이다."

임금이 말을 끝맺기도 전에 정창손이 받아쳤다. 그는 후일 사육신을 고변하여 일등공신의 반열에 오르는 자로서 당시에는 집현전의 촉망받는 학사였다.

"사람이 행하고 행하지 않음은 그 사람의 자질에 달려 있습니다. 어찌 꼭 언문으로 번역해야 본받는단 말입니까."

세종은 인내심을 갖고 다른 예를 들었다.

"그럼 이건 어떠하냐? 작금의 옥사獄事(범죄를 다스림)를 살펴보면 백성의 억울함이 적지 않다. 문자를 알지 못하는 백성들이 단 한 글자의 착오로 원통함을 당한다. 이제 법조문이나 판결문을 언문으로 쓰고 읽는다면 백성이 쉽게 이해하고 자신의 뜻을 펼 수 있다. 그리 되면 옥사의 억울함도 줄어들 것이다."

정창손이 다시 반론을 제기했다.

"하오나 전하, 말과 글이 같은 중국에서도 예로부터 옥사의 원통함이 많았습니다. 언문을 쓴다고 한들 무엇이 다르겠습니까. 형벌이 공평하고 공평하지 않음도 결국 옥리獄吏(범죄를 다스리는 관리)의 능력에 달려 있을 뿐, 글자와는 무관합니다."

세종은 정창손을 매섭게 쏘아보았다.

"이따위 말이 어찌 선비의 이치를 아는 말이겠느냐. 아무짝에도 쓸모없는 용렬한 선비로다."

긴장감이 팽팽해지며 토론은 불타올랐다. 군신 간에 가시 돋친 설전이 오갔다.

"그럼 너희 사대부들은 그 자질과 능력을 갖추고 있다는 말이더냐?"

"사대부는 고려의 귀족과 다릅니다. 사대부는 태어나면서부터 힘을 갖지 않습니다. 사대부는 성현의 가르침에 따라 심성을 수양하고 충신과 효자와 열녀의 자질을 갈고 닦습니다. 또한 과거 시험을 통해 능력을 인정받습니다. 그 자질과 능력으로 전하를 보필하고 나랏일에 참여하는 것입니다."

"하지만 사대부도 세월이 흐르면 고려의 귀족처럼 되지 않겠느냐? 성현의 가르침을 행하지 않고 음서蔭敍로 벼슬길에 오를 것이며, 대대손손 부귀영화를 누리고자 백성을 쥐어짤 것이다. 뒷날을 이야기할 것도 없다. 지금 너희가 백성의 이야기에 귀를 기울이느냐? 백성들의 처지도 모른 채 나랏일을 한다면 무슨 소용이겠느냐?"

"사대부는 백성을 교화하고 언로言路를 통해 민심을 대변합니다."

결국 세종은 한 마디도 지지 않으려는 신하들에게 쐐기를 박았다.

"언로는 사대부의 것이 아니냐? 너희가 민심을 제대로 대변하고 있느냐? 백성은 말하고자 하는 바가 있어도 그 뜻을 제대로 펴지 못한다. 새로운 글자가 백성의 언로가 되어 줄 것이다."

임금은 정창손을 파직하고 최만리 등을 하옥했다. 신하들의 발언권을 중시해 온 저간의 면모를 감안하면 이례적인 일이었다. 한글에 대한 신념을 드러냄으로써 사대부들의 반대를 조기에 진압한 것이다.

《실록》을 바탕으로 한글 창제를 둘러싸고 세종대왕과 신하들이 벌인 논쟁을 재현해 보았다. 세종이 한글을 창제한 이유에 대해서는 그가 유교 국가의 이상을 어떻게 실현하려 했는지를 살펴보고 약간의 상상을 가미해 살을 붙였다.

1446년 세종은 마침내 '훈민정음訓民正音'이라는 이름으로 한글을 반포했다. 말 그대로 '백성을 교화하는 바른 소리'라는 뜻이다.

> 나라의 말이 중국과 달라 문자와 서로 맞지 아니할세. 이런 전차(이유)로 어린(어리석은) 백성이 이르고자(말하고자) 하는 바 있어도 마침내 제 뜻을 실히 펴지 못할 놈이 하니라(많으니라). 내 이를 어여삐 여겨 새로 스물여덟 자를 만드노니 모든 사람으로 하여금 쉬이 익혀 날로 씀에 편안케 하고자 할 따름이니라.　_《훈민정음》〈어제서문御製序文〉

《훈민정음訓民正音 해례본》은 세종대왕이 창제한 한글을 민간에 널리 보급하기 위하여 창제의 목적, 사용법, 제자制字 원리, 의의 등을 담은 해설서다. 특히 권두에 나오는 세종의 〈어제서문御製序文〉은 읽을 때마다 쩡하다. 백성을 향한 세종의 애정과 연민, 그리고 고뇌가 절절히 느껴지기 때문이다.

그것은 임금이니까 무조건 백성을 보살펴야 한다는 당위론이 아니다. 원하는 것이 있어도 표현하지 못하는 백성을, 그는 어여삐 여긴다. 불쌍하고 안타깝고 사랑스럽다. 그래서 백성에게 말길, 즉 언로를 열어 주려 했다. 한글 창제라는, 역사상 그 누구도 감히 시도하지 못한 파격적인 방법으로.

군주의 으뜸 덕목인 '어질 인仁' 자가 서책을 뚫고 나와 한글로 형상화된 것이다. '인仁'은 곧 사랑이다. 그 사랑이 지금까지 '대대손손' '구석구석' 미치고 있으니 얼마나 고마운 일인가. 세종대왕은 실로 하늘이 내려준 애민 군주였다.

소통으로 실귀낸 조세정의, 공법

오늘날 서울 광화문 한복판에는 (이순신 장군과 함께) 세종의 동상이 자리 잡고 있으며, 만 원권 지폐에도 그의 얼굴이 새겨져 있다. 후손들이 굽어 살펴 주기를 바라는 경애敬愛의 대상이다. 단지 한글을 창제했기 때문만은 아니다. 세종은 한국인이 생각하는 '우리나라'의 원형을 제시했다. 그 나라 의 모습이 한글을 창제한 이유에 담겨 있다.

세종은 한글을 창제함으로써 언로를 크게 넓히고자 했다. 임금과 사대 부와 백성이 서로 견제하고 균형을 이루는 나라를 만들고자 했다. 그래야 불의한 기득권이 득세하지 못하고 나라를 망치는 부정부패를 예방할 수 있다. 관건은 소통이다. 그는 상하귀천을 떠나 원활하게 소통해야 나라가 잘 다스려진다고 믿었다. 이를 입증하는 사례는 한글말고도 수두룩하다. 세법의 일종인 '공법貢法' 제정이 대표적이다.

조선 초기에 전세田稅(농지에 부과하는 세금)는 수확량의 10분의 1로 정하고 논밭의 등급(상, 중, 하)과 작황(풍작, 평작, 흉작)을 참작하여 거둬들였다. 문제는 수확량을 조사하는 관리들의 비리였다. 뇌물 먹은 조사관들이 멀

쩡한 농지를 전세 부과 대상에서 누락시켜 '은결隱結'로 만들었다. 탈세 행
각이 날이 갈수록 기승을 부리면서 나라의 우환이 되어 갔다. 그대로 두었
다간 민심이 흉흉해지고 국가재정은 파탄난다. 이에 세종은 고대 중국의
우禹임금이 시행했다는 전설의 '공법'을 들고 나왔다. 관리들이 전세를 매
기는 게 아니라 기준에 따라 정해진 만큼만 내는 공정한 세법이었다.

> 임금께서 좌우에 이르기를, "우리나라의 인구가 점점 번식하고, 토지
> 는 날로 줄어들어 넉넉하지 못하니 슬픈 일이다. 만일 공법을 세우게
> 된다면, 반드시 백성에게는 후하게 되고, 나랏일도 간편해질 것이다.
> 우선 이 법을 행하여 1~2년간 시험해 볼 것이다. 호조는 토지 1결結에
> 쌀 몇 두斗를 받을지 계산하여 보고하도록 하라."
>
> _《세종실록》1429년 11월 16일

세종은 과거 시험의 책문策問(정책에 관한 질문)으로 공법을 제시할 만큼
이 문제에 열의를 보였다. 조선은 아직 국초의 불안을 완전히 떨치지 못했
다. 통치 기반을 안정시키려면 조세를 공정하고 적확하게 거둬들이되, 마
구잡이로 칼을 휘둘러서도 안 된다. 국가정책은 당위성만으로 밀어붙이면
분란이 생긴다. 이해관계가 다른 여러 세력들과 소통하며 합의를 도출해
야 효과적으로 추진할 수 있다.

실제로 조선 건국의 주역인 사대부들은 공법에 마냥 호의적이지 않았
다. 조정에 출사한 신하들도 다르지 않았다. 임금으로서는 그들을 설득할
명분이 필요했다. 세종은 시간이 걸리더라도 여론을 충분히 수렴하여 공

법에 반영하기로 했다.

(호조의 보고를 받고) 임금께서 명하기를, "서울의 육조와 관사, 각도의 감사와 수령, 전직 품관은 물론이고 여염閭閻의 세민細民에 이르기까지 모두 가부可否를 물어서 아뢰게 하라." _《세종실록》 1430년 3월 5일

세종은 먼저 중앙과 지방의 전·현직 관리들에게 자문을 구하고 뒤이어 '여염의 세민', 즉 가난하고 비천한 농민들의 목소리에도 귀를 기울였다. 오늘날로 치면 거국적인 여론조사를 실시한 것이다. 그리하여 공법이 최종적으로 확정된 것은 1444년의 일이었다. 14년 동안 전국적으로 17만여 명의 의견을 묻고 마침내 합의를 이끌어 냈다.

이렇게 탄생한 것이 '전분6등법田分六等法'과 '연분9등법年分九等法'이다. 논밭을 여섯 등급으로 구분하고 작황을 아홉 단계로 세분화하여 전세를 정액으로 납부하도록 하고, 등급이 낮거나 작황이 나쁘면 세액을 대폭 감면해 줬다.

여론 수렴은 동의를 얻는 과정이기도 하다. 공법 제정에 대한 여론조사 기간이 길었다는 것은 그만큼 동의를 얻기가 어려웠다는 뜻이다. 공법 확정안을 보면 거친 농지를 일구는 백성들에게는 세금 감면 등의 혜택이 돌아가지만, 기름진 논밭을 보유한 사대부들은 오히려 전세를 더 낼 소지가 있다. 뿐만 아니라 공법 시행을 위해 토지 실사가 이뤄지면 은결도 드러날 가능성이 크다. 사대부들이 적지 않은 불만을 가졌을 터였다.

아직 국초의 불안이 가시지 않은 때에 사대부들이 등을 돌리면 정치적

으로 곤경에 빠질 수 있다. 그럼에도 불구하고 세종은 백성의 부담을 덜고 나라의 세수를 늘리는 개혁안을 포기하지 않았다. 그는 묵묵히 소통 행보를 이어 나갔고 끝내 열매를 맺었다. 어지간한 인내심과 뚝심이 아니고선 엄두도 내지 못할 일이었다.

토론 정치의 산실, 집현전

소통에 대한 세종의 소신은 한글 창제나 공법처럼 밖으로 드러난 업적에 국한되지 않았다. 세종은 재위 기간 내내 신하들과 함께 학문을 강론하고 끊임없이 토론하면서 조선의 제도와 문물을 구축했다. 천문·역법 연구, 출판·인쇄 사업, 예악禮樂 정비, 북방 영토 개척 등 세종의 주요 치적들은 그 결과물이었다.

　세종의 '토론 정치'는 임금 혼자만의 의지로 굴러간 것이 아니다. 세종은 집현전과 재상을 소통의 양 날개로 삼아 조선의 비상을 도모했다. 그것은 신진과 노장, 학문과 정치를 아우르는 환상의 '콜라보'였다.

　집현전集賢殿은 고려시대에 설치된 기관이었으나 새 왕조가 들어서며 명맥만 이어 가고 있었다. 세종은 집현전에 장래가 촉망되는 학자들을 모아 문풍文風을 진작시키고자 했다. 여기에는 자신의 지지 기반을 마련하려는 정치적 의도도 깔려 있었다. 그는 세자 시절을 거의 거치지 않고 왕위에 올랐다. 여느 후계자들처럼 동궁에서 자기 사람들을 만들 겨를이 없었다. 세종에게 집현전은 여러 가지 의미로 중요한 인재의 산실이었다.

'문치文治'는 제도와 문물로 다스림을 말한다. 왕조의 창업기創業期에는 무武로 여러 세력을 제압해야 하지만, 수성기守成期에 이르면 문文으로서 나라의 기틀을 다져야 한다. 세종은 집현전으로 하여금 고금의 제도와 문물을 연구하도록 하고 이를 문치의 근거로 삼았다.

"옛 제도를 상고하여 아뢰라."

《세종실록》에 가장 많이 등장하는 임금의 주문이다. 집현전은 세종 2년(1420)에 거듭나면서 문치를 뒷받침하는 본분을 수행하기 시작했다. 처음에는 외교문서 작성과 경연經筵(임금과 신하가 학문을 강론하고 국정을 협의하던 일) 준비가 주된 임무였으나, 세월이 흐르면서 업무가 방대해졌다. 문치의 첨병으로서 학문 연구와 저술 활동, 국정 자문에 이르기까지 전방위적으로 활동을 펼쳤다.

임금에게 수시로 국가정책에 관한 주문을 받는 만큼 집현전 관원들은 온종일 일에 매달려야 했다. 새벽 4시 파루罷漏(야간 통행금지 해제) 종소리가 울리면 출근길을 서두르고, 밤 10시 인정人定(야간 통행금지 개시) 타종 직전에야 퇴근하는 고달픈 일상의 연속이었다. 그러나 국가정책의 근거를 제공하는 것은 물론, 때로는 가부를 결정 지을 정도로 학문적 권위를 인정받았기에 구성원들의 자부심은 컸다.

세종 역시 집현전 관원들에게 온갖 특전을 베풀며 지원을 아끼지 않았다. 그들을 위해 국립도서관 격인 장서각을 지어 주고, 국내외에 수소문하여 원하는 자료와 물품을 대 주었다. 관원들이 식사를 할 때는 내관으로 하여금 '빈객賓客'의 예로 대접하도록 했다. 국왕의 귀중한 손님으로서 예우한 것이다. 철야독서를 하다가 잠이 든 신숙주에게 자신의 갖옷을 덮어 주었다는 유명한 일화에서 알 수 있듯, 집현전 관원 한 사람 한 사람에 대한 애정도 각별했다.

이런 분위기 속에서 집현전 관원들은 실력을 갈고 닦아 나라의 동량으로 커 나갔다. 신숙주뿐 아니라 성삼문, 박팽년, 이개, 유성원, 하위지, 정인지, 정창손, 최항, 이석형, 서거정, 강희맹, 노사신, 양성지 등이 집현전에서 배출한 인재들이었다. 비록 훗날 세조의 왕위 찬탈을 계기로 길이 갈리긴 했지만, 조선이 제도와 문물로서 나라의 기틀을 다지는 데 그들이 큰 공을 세운 것만은 부인할 수 없는 사실이다.

"성인은 어진 이를 길러서 만민에게 혜택을 미치게 한다."

《주역周易》에서 언급한 좋은 임금의 조건이다. 세종이 위대한 이유 가운데 하나는 인재를 길러 널리 혜택을 미치게 했다는 것이다. 그럼 세종은 어떻게 인재를 키웠을까? 집현전 관원들을 중심으로 베푼 '사가독서賜暇讀書'는 인재 육성에 관한 그의 지론을 엿보게 해 준다.

(임금이) 집현전 부교리 권채와 저작랑 신석견, 정자 남수문 등을 불러 명하기를, "내가 너희에게 집현관을 제수除授한 이유는 나이가 젊고 장래가 촉망되므로 장차 책을 읽혀 쓸모 있게 하려는 것이었다. 그러나 각각 직무로 인하여 아침저녁으로 독서에 전념할 겨를이 없으니, 지금부터는 출근하지 말고 집에서 책을 읽어 내 뜻에 맞는 성과를 내도록 하라. 독서의 규범은 변계량이 지도할 것이다."

_《세종실록》 1426년 12월 11일

세종은 집현전 관원들에게 출근하는 대신 집에서 책을 읽도록 한 것이다. 공부하라고 주는 특별휴가였다. 이를 '사가독서'라고 불렀는데, 세종 8년(1426)에 처음 시행되어 이후 제도로 정착했다. 사가독서를 명 받은 관원들은 집이나 절에서 업무를 잊고 공부에만 전념했다.

집현전 관원들은 과거 공부 열심히 해서 조정에 출사한 사람들이므로, 공부의 기본은 갖춘 셈이었다. 하지만 세종은 그 정도로 만족하지 않았다. 시험 공부 많이 했다고 일을 잘하는 건 아니기 때문이다. 왕은 나랏일에 실질적인 도움이 되는 공부를 주문했다. 자신이 관심을 가진 제도, 문물, 정책에 초점을 맞추어 집현전 관원들에게 관련 서적들을 읽게 했는데, 날마다 책을 얼마나 읽었는지 기록하고 한 달에 한 번씩 시험도 치르게 했다. 사가독서를 지시하면서 얻어야 할 성과와 규범을 함께 제시한 것도 이런 맥락에서 볼 수 있다. 그 목적은 원문의 '실효實效', 곧 실제 효과가 있도록 함이다. 관원들을 쓸모 있게 만들겠다는 것이었다.

이는 세종 자신의 경험에서 우러나온 인재 육성 방식이었다. 그는 타고난 '독서광讀書狂'이었다. 서거정의 《필원잡기筆苑雜記》 등에 소개된 바에 따르면, 세종은 어려서부터 책에 파묻혀 살았다. 책을 읽느라 식사나 밤잠을 거르기 일쑤였다. 심지어 병석에 앓아누워서도 독서를 고집했다. 보다 못한 부왕 태종이 내관을 시켜 서적을 몽땅 압수했으나, 기어코 병풍 사이에 낀 책 한 권을 찾아냈다. 송宋나라의 구양수와 소동파 사이에 오간 서간문을 엮은 《구소수간歐蘇手簡》이었다. 《필원잡기》에서는 세종이 이 책을 천 번 넘게 읽었다고 하였다.

덕분에 세종의 학문은 왕자 시절부터 두각을 나타냈다. 종친들이 모인

술자리에서 태종이 《서경書經》을 막힘없이 풀이하는 충녕대군(세종)과 비교하며 세자(양녕대군)를 꾸짖기도 했다. 충녕대군이 아우 성녕대군의 병세를 《주역》으로 풀이한 일화도 《실록》에 실려 있다. 유교경전 가운데서도 《주역》은 정통하기가 쉽지 않다. 젊은 왕자의 학식은 부왕과 신하들의 놀라움을 자아냈다.

이렇게 책 많이 읽고 학문에 밝은 임금이 공부를 독려하고 나서는데 신하된 자가 학업을 게을리할 수는 없다. 특히 집현전 관원들은 늘 책을 끼고 부지런히 공부하며 쓸모를 개발해야 했다. 군신君臣이 함께 학구열을 불태우니 문치가 절로 무르익었다. 손뼉도 마주쳐야 소리가 나는 법이다. 세종이 아무리 뛰어나다고 해도 나라의 제도와 문물을 홀로 일궈 낼 수는 없다. 왕은 집현전을 공들여 키워서 원 없이 써먹었다.

이와 같은 인재 육성 방식은 토론 정치의 필요충분조건이었다. 세종은 토론 자체를 즐기는 군주였다. 예컨대 경연만 하더라도 다른 임금들과 달리 기꺼운 마음으로 참석했다. 그 자신이 토론에 능하기도 했다. 어떤 정책이든 기대효과와 우려 사항을 일목요연하게 제시하고 이에 대한 신하들의 의견을 수렴하고자 했다. 그러니 관원들도 꿀 먹은 벙어리가 되지 않기 위해 평소 긴장감을 가지고 공부하면서 자신의 견해를 갈고 닦았다.

그 가운데서도 집현전 관원들과의 토론은 출판으로 이어졌다. 세종은 이야기를 나누다가 좋은 아이디어가 나오면 곧바로 저술을 명했다. 《농사직설農事直說》은 우리나라 지형과 토질에 맞는 농사법을 수록한 책이다. 조선 땅의 약재를 집대성한 《향약집성방鄕藥集成方》, 동양의학 백과사전 《의방유취醫方類聚》도 출간되었다. 집현전 관원들은 왕의 지시로 농사 경험 많은 촌로들이나 궁궐 내 의약 전문가들의 목소리까지 책 속에 담았다.

위대한 소통 뒷받침한 황희

집현전이 토론 정치의 학문적 근거를 제공하고 제도와 문물을 앞장서서 만들었다면, 재상들은 또 다른 측면에서 세종대왕의 '위대한 소통'을 뒷받침했다.

세종대왕 하면 떠오르는 인물이 있다. 황희 정승이다. '황희'라는 이름에는 '정승'이 자동으로 따라붙는다. 그는 1431년 70세의 나이로 영의정에 올라 1449년 치사致仕(나이가 많아 벼슬을 사양함)하여 물러날 때까지 무려 18년간 수상 자리를 지켰다.

황희는 나이나 병을 핑계로 틈만 나면 임금에게 사직을 청했지만 받아들여지지 않았다. 세종은 조회에 참석하지 않거나 병석에 누워 있어도 좋으니 계속 국정을 이끌어 달라며 그를 붙잡았다. 세종은 왜 황희를 그토록 신뢰했을까? 여러 가지 이유가 있겠지만 무엇보다 그가 임금의 의중을 꿰뚫어 보면서 각계각층의 소통을 원활하게 하는 데 큰 역할을 했기 때문이다.

"깊이 계교하고 멀리 생각하는 데 황희만 한 사람이 없습니다."

세종 치세에 도승지를 지낸 안숭선의 말이다. 그의 평에 임금도 고개를 끄덕였다고 한다. 황희는 세종의 토론 정치에서 의장 역할을 수행했다. 여럿이 머리를 맞대고 논의하다 보면 이야기가 산으로 가기 쉽다. 토론이 궤

도를 이탈하지 않고 목적지까지 순항하려면 의장이 필요하다. 깊이 헤아리고 멀리 생각할 줄 아는 이라야 맡을 수 있는 역할이다. 세종이 다스리는 나라에서 그 역할을 누구보다 잘 해낸 인물이 황희 정승이었다.

황희는 소통의 대가였다. 소통의 출발점은 경청敬聽이다. 아무리 하찮은 의견이라도 귀 기울여 들어 주는 이에게 사람들은 마음을 연다. 경청과 관련된 유명한 일화가 있다.

어느 날 여종 둘이 싸움을 벌여 어찌 된 연유인지 묻자, 한 여종이 상대를 욕하며 목소리를 높였다. 여종의 말을 다 듣고 난 황희는 빙그레 웃으며 맞장구를 쳤다.

"네 말이 옳구나."

그러자 다른 여종이 억울하다면서 알고 보면 자신이 피해자라고 호소했다. 황희는 또다시 미소를 짓고 장단을 맞춰 줬다.

"네 말도 옳구나."

보다 못한 아내가 어떻게 두 여종의 말이 다 옳을 수 있느냐며 핀잔을 주었다. 이번에도 황희는 고개를 끄덕이고 태연하게 응답했다.

"듣고 보니 당신 말도 옳구려."

어찌 보면 우유부단한 인물 같다. 시비를 가리는 게 아니라 얼렁뚱땅 뭉개는 것처럼 보인다. 하지만 문제를 해결할 때 시비를 분명히 가리는 것만이 능사는 아니다. 그전에 귀 기울여 들어 줌으로써 사람들의 감정을 달래고 대화 분위기를 만들 필요가 있다. 야사에 전하는 이 일화는 그가 지닌 소통의 자질을 상징적으로 드러내고 있다. 세종의 토론 정치에서 이러한 경청의 능력이 힘을 발휘했을 것이다.

그렇다고 황희가 마냥 부드러운 인물이었던 것은 아니다. 때로 과감한 결단력을 발휘하여 지지부진한 논의의 물꼬를 트기도 했다. 1432년 12월 건주여진 추장 이만주 휘하의 야인들이 압록강 건너 여연군을 약탈했을 때의 일이다. 재물 손실은 물론이고 적지 않은 인명피해까지 발생하자 세종은 단호하게 정벌론을 제기했다. 그러나 문신들은 소극적이었다. 명나라에 단속을 요청하고 조선은 변경을 굳게 지키면서 화친을 도모해야 한다는 논리였다. 이때 황희가 총대를 멨다.

"치욕을 당하고 잠자코 있는 것은 불가합니다."

결국 조선은 군사 1만 5천여 명을 동원하여 국경 너머 건주여진의 본거지를 쳤다. 야인들은 최첨단 무기인 화포의 위력 앞에 도망치기 급급했다. 비록 추장 이만주를 잡지는 못했지만 적병 수백 명을 죽이고 납치된 조선인들을 구하는 성과를 거뒀다. 이 정벌전은 압록강 일대에 4군을 설치하고 조선의 영토를 실질적으로 넓히는 계기가 되었다.

황희는 중재 능력도 뛰어났다. 세종과 집현전 사이에 분쟁이 일어났을 때에도 그가 나서서 해결했다. 세종은 1444년 다섯째 아들 광평대군, 1445년 일곱째 아들 평원대군, 1446년 조강지처 소헌왕후를 차례로 잃고 크게 상심한 나머지 불교에 의지하여 마음을 다스리고자 했다. 임금이 궁궐 안에 내불당內佛堂을 짓고 불경을 간행하자 신하들이 비판의 목소리를 높였다.

가장 강경한 태도로 임금을 성토한 이들은 유교정치의 본산을 자부하는 집현전 관원들이었다. 그들은 사실상 파업을 선언하며 세종을 압박했다. 세종은 세종대로 그들이 못마땅했다. 오랜 세월 집현전에 애정을 쏟아 부은 그였으니 배신감이 컸을 것이다. 세종은 '해결사' 황희에게 하소연했다.

황희는 집현전 관원들을 한 사람 한 사람 만났다. 《실록》에 따르면 말년의 황희는 '백발홍안白髮紅顔', 새하얀 머리에 붉은 얼굴을 한 신선의 모습이었다고 한다. 아무리 콧대 높은 집현전 관원들이라도 여든 넘은 영의정의 말을 무시하고 계속 고집을 부리기는 어려웠다. 황희의 중재로 집현전은 세종의 불교 숭배를 규탄하는 입장에서 한 발 물러섰으며 파업도 풀었다.

황희는 1449년 88세의 나이로 영의정에서 물러날 때까지 소통의 가교로서 위와 아래의 조화를 이루는 소임을 완수했다. 하지만 황희의 벼슬길이 내내 순탄했던 것은 아니다. 그는 재임 기간에 여러 차례 탄핵을 받았고 구설수에 올랐다. 부정 청탁과 금품 수수 의혹 때문이었다.

> 성품이 지나치게 관대하여 제가齊家(집안을 가지런히 함)에 단점이 있었으며, 오래 정권을 잡으면서 청렴하지 못하다는 비난을 받았다.
>
> _《문종실록》 1452년 2월 8일 〈황희 졸기〉

황희는 명재상이었지만 청백리는 아니었다. 그가 높은 벼슬을 지내는 동안 가족들의 비리가 끊이지 않았는데, 이를 근절하기는커녕 오히려 비호하여 세간의 입방아에 올랐다. 사위 서달이 신창현을 지나다가 아전을 때려죽이자 그곳 출신인 맹사성에게 부탁해 무마하려 했으며, 처남인 양수와 양치 형제가 불법을 저질렀을 때에는 풍문일 뿐이라고 글을 올려 변명하기도 했다.

황희의 아들들도 좋은 평을 받지 못했다. 먼저 서자 황중생이 세자궁의 귀중품을 훔치다가 적발돼 치도곤을 당했는데, 그 불똥이 적자들에게 튀었다. 조사 과정에서 둘째 아들 황보신이 더 많은 궁중 패물을 빼돌려 기생에게 준 사실이 드러났다. 황보신은 관직에서 쫓겨나고 과전科田을 빼앗겼다. 사달은 여기서 그치지 않았다. 맏아들 황치신이 나라에 반납할 동생의 기름진 땅을 자신의 자갈밭과 바꿔치기 하려다가 걸렸다.

황희 정승으로선 망신도 이런 망신이 없었다. 문제는 이런 사건들에 대처하는 그이의 자세였다. 그는 물의를 일으킨 서자 황중생에게 역정을 내며 성을 조씨로 바꿔 버렸다. 관대하다는 평판이 무색할 만큼 옹졸한 처신이었다.

황희 자신도 비리 의혹으로부터 자유롭지 못했다. 교하 수령에게 땅을 받고 그 자식에게 벼슬을 주는가 하면, 제주 감목관 태석균이 말 1천 마리를 죽게 했는데도 그를 편들어 뇌물 수수를 의심받았다.

이 때문에 《실록》에는 황희에 대한 원색적인 비난도 여과 없이 수록돼 있다. 그가 사실은 얼자孽子(신분이 미천한 첩에게서 태어난 자식)로서 매관매직은 물론 간통까지 저지른 파렴치한이라는 주장이다.

난신 박포의 아내가 종과 간통하는 것을 우두머리 종이 알게 되었다. 그 우두머리 종을 죽여 연못 속에 집어넣었는데 여러 날 만에 시체가 나왔다. 박포의 아내는 진실이 드러날 것을 두려워하여 황희의 집 북쪽 토굴 속에 숨어 여러 해 동안 살았다. 황희가 이때 박포의 아내와 간통하였으며 일이 무사히 되자 돌려보냈다. 황희가 장인 양진에게서 노비를 물려받은 것이 단지 3명뿐이었는데, 집안에서 부리는 자와 농막農幕에 흩어져 사는 자가 많았다. 정권을 잡은 여러 해 동안 죄인들

에게 뇌물을 받거나 매관매직한 것이다. _《세종실록》1428년 6월 25일

이를 모두 사실로 받아들이기는 어렵다. 높은 자리일수록 추문에 시달리는 일이 많다. 황희는 오랜 세월 영의정을 지냈으니 그를 향한 시기심이 팽배했고 악의적인 소문도 무수히 나돌았을 터였다. 물론 황희를 둘러싼 비방들 가운데는 사실 또한 적지 않았을 것이다. 어쨌든 그럼에도 세종은 그에 대한 신뢰를 거두지 않았으며, 때로는 비리를 알면서 눈감아 주기도 했다. 그 이유 또한 《실록》의 같은 기사에 담겨져 있다.

사람들과 일을 의논하거나 혹은 자문에 응할 때 언사가 온화하고 단아했다. 또 (의논과 자문이) 사리에 맞아서 조금도 틀리거나 잘못됨이 없으므로, 임금에게 무겁게 보인 것이다. _《세종실록》1428년 6월 25일

비록 청렴하지는 않지만 황희는 세종의 '위대한 소통'에 대체 불가능한 인물이었다. 단점보다 장점을 취하여 정치를 안정시키려는 왕의 노림수가 엿보인다.

세종은 황희 외에도 부왕 태종 때부터 조정에서 활약해 온 노련한 대신들을 존중했다. 허조도 그중 한 사람이었다. 서거정의 《필원잡기》에는 그가 중증의 척추 장애인으로 묘사돼 있다. 어깨와 등이 굽은 데다 체구까지 깡마른 사람이 여간 꼬장꼬장하지 않았다. 허조는 임금이 새로운 일을 추진할 때마다 옛 제도를 바꿀 수 없다며 반론을 제기하기 일쑤였다. 그러나 세종은 그를 내치기는커녕 그릇이 크다고 재상으로 중용했다.

또한 세종은 자신의 장인 심온에게 누명을 씌운 유정현마저 용서하고 끌어안았다. 심온은 1418년 세종이 즉위하자마자 역모 혐의를 뒤집어쓰고 목숨을 잃었으며, 그의 아내와 딸은 관노로 전락하였다. 외척의 발호를 막으려는 상왕 태종의 억지에서 비롯된 참극이었는데, 이때 심온을 국문하고 왕비의 혈육을 관노로 만든 이가 유정현이었다. 하지만 세종은 아내의 피눈물을 씻어 주는 대신 오히려 그에게 재상의 직을 맡겼다.

세종대왕은 황희, 허조, 유정현, 유관, 맹사성 등 노재상들을 기용해 정치를 안정시킴으로써 제도와 문물을 이룩하고 나라의 기틀을 다질 시간을 벌었다. 만약 정치가 불안했다면 세종이 추구한 문치도 한낱 꿈에 그쳤을지 모른다. 또한 옛것을 옹호하는 그들의 조언을 수용함으로써 새로운 것 일변도로 치닫는 데 따르는 잡음도 최소화할 수 있었다. 세종의 '위대한 소통'은 집현전과 재상들을 아우른 균형 잡힌 용인술 위에서 찬란하게 빛났다.

'조선의 시간' 창제한 용인술

세종 치세에 절정을 이룬 문물들도 따지고 보면 용인술의 결과였다. 뒷날 율곡 이이는 선조 앞에서 세종의 용인술에 대해 이렇게 설명했다.

"오직 세종대왕의 정치가 참으로 본받을 만한데, 무엇보다 사람을 쓸 때 틀에 얽매이지 않았습니다. 어진 사람에게 맡기고, 재능 있는 사람을 부리며 각각 그 기질을 살려서 (적재적소에) 썼습니다."

그런데 세종의 용인술은 어짊보다는 재능 쪽에 기울어 있었다. 흠이 있어도 능력만 있으면 틀에 얽매이지 않고 기용한 것이다. 이는 세종이 처한 시대 조건과 무관치 않았다. 이와 관련해 율곡이 남긴 말이 있다.

나라가 안정된 후에는 덕을 중시하지만, 기틀을 다지기 전에는 재능이 우선시된다.
_ 이이, 《성학집요聖學輯要》 〈위정爲政〉

건국 초기에 임금의 자리에 오른 세종은 능력 위주로 사람을 뽑아 썼다. 동래현 관노官奴 장영실을 중용한 것만 봐도 알 수 있다. 그는 쓸모를 중시하는 군주였다. 쓸모가 많으면 신분에 흠이 있어도 문제 삼지 않았다. 물론 성리학적 지배 질서가 완성된 16세기 이후라면 얘기가 달랐을 것이다. 세종 당시엔 신분 질서가 완전히 굳어지지 않았다는 점도 감안해야 한다.

장영실의 아버지는 중국 소항(오늘날의 강소성 소주와 절강성 항주) 사람인데 고려로 귀화했다고 한다. 어머니는 동래현 관기였다. 이런 경우 자식은 종모법從母法에 따라 모계의 신분을 물려받는다. 어미가 관기면, 아들은 관노가 되는 것이다.

태어나자마자 신분의 굴레에 갇혔지만 장영실의 재능은 천부적이었다. 어려서부터 농기구와 무기를 감쪽같이 수리하여 웃전의 눈에 들더니 성을 쌓거나 광물을 제련하기도 했다. 그의 교묘한 솜씨는 동래현 관아에서 경상도 감영을 거쳐 도성에까지 소문이 났다. 장영실은 귀화인과 관기의 아들이었지만, 그 재주를 인정받아 궁중 기술자가 되었다. 태종 이방원이 왕위에 있을 때 일이다.

세종이 관노 출신인 장영실을 눈여겨 본 것은 천문역법 사업에 써먹기 위해서였다. 세종 치세에 눈부시게 발전한 천문학과 독자적으로 제정한 역법은 한글 창제 못지않은 크나큰 업적이다.

당시 동아시아에서 천문학은 제왕의 학문으로 여겨졌다. 임금은 하늘의 뜻을 받들어 나라를 다스리는 존재였다. 따라서 천문天文에 어두운 왕은 군주의 자격이 없었다. 게다가 건국 초기 불안정한 상태였던 조선으로서는 새 나라의 창업이 천명天命이었음을 널리 알려야 했다. 그런 의미에서 천문 지식은 민심을 얻는 데 꽤 유용했다.

천문학은 또 역법曆法과 직결되었다. 세종은 이용후생利用厚生, 즉 백성이 편리하게 쓰고 풍요롭게 살도록 하는 데 관심을 쏟았다. 백성은 먹고 사는 것을 하늘로 삼는다. 잘 먹고 잘살려면 때를 헤아릴 줄 알아야 한다. 조선시대 나라 살림의 근간이었던 농업 분야에서는 특히 적기를 놓치면 낭패인 일들이 수두룩했다. 이처럼 중요한 시간을 계산하고 구분하는 게 역법이고, 관측을 통해 이를 뒷받침하는 것이 천문학이다.

세종에게 천문역법 사업은 나라와 백성을 편안케 하는 국가 중대사였다. 이긍익의 《연려실기술燃藜室記述》에 따르면, 왕은 즉위 초인 1420년경 처음으로 천문대를 세우겠다는 뜻을 밝혔다고 한다. 이후 세종은 20여 년에 걸쳐 차근차근 사업을 펼쳐 나갔다. 이 사업의 기획과 총감독은 세종 자신이 맡았다. 그런데 일을 실행에 옮기려면 전문가들이 필요했다. 임금은 멀리 내다보고 이공계 인재들을 길렀다. 그중 한 사람이 바로 장영실이었다.

세종은 장영실을 파격적으로 밀어 줬다. 1421년에는 장영실, 윤사웅, 최천구 등을 정례화된 북경 사신단에 포함시켜 중국으로 유학 보냈다. 천문 기구 정보를 수집하고 사용법을 익히라는 것이었는데, 중국에서 이를 허락했을 리 없다. 천문은 어디까지나 천자天子의 전유물이었다. 장영실 등은 비밀리에 중국과 아랍의 천문 지식을 습득했다.

장영실이 중국에서 돌아오자 세종은 그를 얽매고 있던 신분의 굴레를 벗겨 주었다. 우선 관노에서 면천시켜 준 다음 1423년 상의원별좌(정5품) 벼슬을 내렸다. 상의원尙衣院은 왕실 의복과 궁중 물품을 담당하는 관서였다. 별좌는 벼슬아치에게 주는 녹봉은 없어도 문신에게 주어지는 관직으로, 말단 기술직과는 격이 다른 자리였다. 이 때문에 조정에서도 논란이 일었다. 인사에 반기를 든 인물은 허조였다.

"천한 기생의 자식을 상의원에 임용할 수 없습니다."

그러나 세종은 물러서지 않았다. 왕은 부왕 태종의 유신들로 조정의 신망이 두터운 조말생과 유정현에게 의견을 구했다. 두 사람이 임금의 손을 들어 주어 장영실은 우여곡절 끝에 상의원별좌가 되었다.

장영실의 합류로 천문역법 사업의 인적 진용은 흠잡을 데 없이 짜여졌다. 먼저 연구팀에는 정초, 이순지, 정인지 등이 포진했다. 정초는 예문관 대제학을 지낸 대학자로《농사직설》,《삼강행실도》등을 편찬한 바 있다. 이순지는 한양의 북극고도를 계산해 낸 젊은 기재奇才였고, 정인지는 다방면에 조예가 깊은 팔방미인이었다. 제작팀에는 이천, 장영실 등이 배치되었다. 이천은 무과에 급제하고 야인 정벌에 나선 무장이었는데 기술 분야에서도 두각을 나타냈다. 그의 장기는 금속 주조였다. 대량의 인쇄를 신속하게 수행하는 구리 활자 갑인자甲寅字를 만들었으며 화포 개발에도 앞장섰다.

세종은 이들을 일사불란하게 지휘하며 천문역법 사업에 심혈을 기울였다. 연구팀은 천문 이론과 역법 계산을 심도 깊게 탐구하고 천문 관측기구에 관한 사항을 자문했다. 제작팀도 금속활자, 아악기 등 다른 분야의 잡무를 처리하면서 천문기구의 모형을 만들어 나갔다. 이를 바탕으로 본격적인 기기 제작에 들어간 것은 1432년이다.

천문 관측기구 중에서 가장 주안점을 둔 것은 간의簡儀였다. 원나라의 곽수경이 1270년대에 개발한 간의는 아랍의 '토르퀘툼'을 개량한 것으로, 동아시아 최초로 실제 천체의 운행을 관측한 기기였다. 세종이 키운 전문가들은 중국과 아랍의 전작들을 참고해 조선식 간의를 만들어 내고, 이외에 규표, 혼천의 등도 제작했다. 세종은 이 천문기구들을 궁궐에 설치했다. 경복궁에 왕립 천문대가 들어선 것이다. 드디어 한양을 기준으로 정확한 천문 관측이 가능해졌다.

이 관측 자료를 가지고 연구팀이 조선의 독자적인 역법을 계산해 냈다. 이를 중국과 아랍의 역법과 비교해 기술한 책이 《세종실록》에 부록으로 들어간 《칠정산七政算》 내외편이다. 또, 그동안 연구한 천문학 문헌과 이론을 집대성하여 《제가역상집諸家曆象集》을 펴내기도 했다.

제작팀은 천문 관측기구를 응용한 발명품을 잇달아 내놓았다. 1433~1434년에 만들어진 자격루自擊漏는 물시계였다. 시각에 맞춰 종, 북, 징을 치는 자동 시보時報 장치가 눈길을 끌었다. 이 시보에 맞춰 도성의 각 성문에서 공식 시간을 알렸으니 사실상 조선의 표준시계였다. 1434년엔 해시계인 앙부일구仰釜日晷를 선보였다. 혜정교, 종묘 앞 등 번화한 길목에 두고 시각뿐 아니라 절기까지 알려 줌으로써 백성에게 임금의 은혜를 과시했다. 나아가 1438년에는 자격루의 완성판 옥루玉漏가 경복궁 강녕전 옆 흠경각欽敬閣에 설치되었다.

세종의 천문역법 사업은 그렇게 활짝 꽃을 피웠다. 조선은 세종 치세에 독자적인 글자(한글)뿐 아니라 시간도 갖게 되었다. 더 이상 중국 황제에게 시간을 빌리지 않아도 되었다. 세종은 '조선의 시간'을 창제함으로써 신생국 조선을 문명국의 반열로 끌어올렸다.

천문역법 사업의 핵심 기술자인 장영실은 특히 자격루 제작에 큰 공을 세워 세종의 총애를 듬뿍 받았다.

"장영실은 교묘한 솜씨를 지녔음은 물론 똑똑하기가 보통 사람보다 뛰어나다. 강무講武(군사훈련을 겸한 사냥)할 때 곁에 두고 내시를 대신하여 명령을 전하기도 하였다. 이제 자격궁루自擊宮漏를 만들었는데 비록 나의 가르침을 받아서 하였지마는, 만약 이 사람이 아니었다면 결코 완성하지 못했을 것이다." _《세종실록》 1433년 9월 16일

왕은 공로를 치하하고자 장영실을 정4품 벼슬인 호군護軍에 임명했다. 상의원별좌에서 두 계급이나 특진시킨 것이다. 아니나 다를까 다시 논란이 일었다. 면천이 되었다고는 하나 관노 출신인데 너무 과분한 은혜가 아니냐는 지적이었다. 하지만 세종은 이번에도 대신의 의견을 방패막이 삼아 인사를 관철했다. 임금에게 도움을 준 이는 영의정 황희였다.

"과거 김인이라는 자가 평양의 관노였으나 날래고 용맹하여 태종께서

특별히 호군을 제수하신 적이 있었습니다. 유독 장영실만 안 된다고 할 수 없습니다."

장영실은 그 후 대호군(종3품)에 오르며 신분 질서가 엄격한 조선 사회에서 천민 성공 신화를 쓴다. 역사 무대에서 그가 주목받는 이유다. 그러나 장영실의 퇴장은 허무했다. 1442년 대호군 장영실은 안여安輿(임금이 타는 가마) 제작을 감독했는데, 이 가마가 그만 부러지고 말았다. 왕의 안위와 관련된 일이었기에 그는 불경죄不敬罪로 의금부의 국문을 받게 되었다.

> 의금부에서 아뢰기를, "대호군 장영실이 안여를 감독하여 제작함에 삼가 견고하게 만들지 아니하고 부러지게 하였으니, 형률에 의거하면 곤장 1백 대를 쳐야 할 것입니다." ─《세종실록》 1442년 4월 27일

품의를 받은 임금은 장영실의 형벌을 곤장 100대에서 80대로 감형해 주었다. 그간 베풀어 준 은혜를 감안하면 인색한 처사다. 세월이 흐르면서 총애도 옅어진 것일까?

세종 치세의 과학기술 진보에 장영실이 공헌한 바는 헤아릴 수 없을 정도다. 천문기구, 물시계, 해시계, 갑인자, 아악기 등 오늘날 세종의 업적으로 꼽히는 보물들이 그의 손을 거쳐 탄생했다. 장영실은 세계 최고의 기계기술자였다. 하지만 그의 행적에 관한 기록은 1442년 가마 사건을 끝으로 더 이상 찾아볼 수 없다. 갑자기 증발해 버린 것이다.

장영실의 묘연한 최후는 이런저런 추측을 낳았다. 중국과의 외교 마찰 때문에 어딘가로 빼돌린 것이라는 가설도 있다. 명나라는 조선의 천문역

법 사업을 경계하고 질책했다. 장영실의 존재는 외교적으로 부담이 되었을 것이다. 이미 천문관측 자료를 충분히 얻었고 독자적인 역법까지 제정했으니 쓸모는 다한 셈이다. 이보다 현실적인 추측은 곤장을 맞고 얼마 후 세상을 떠났다는 것이다. 천민 출신이기에 《실록》이나 문집 등에 기록이 남겨지지 않았으리라.

장영실의 증발 이후 세종이 경복궁의 왕립 천문대를 중심으로 추구했던 '천문왕국'은 퇴색하였으나, 유교정치를 실현하기 위해 세종이 설계한 '예악의 나라'는 500년간 변함없이 이어졌다.

구별하여 통합하니, 예의 나라

유교는 '예禮'를 중시한다. 예는 먼 옛날 공자가 유가를 일으킬 때 세운 핵심 개념이다. 춘추시대를 살았던 공자는 세상이 어지러워진 이유를 예가 무너진 데서 찾았다. 신하가 임금을 내쫓고, 자식이 부모를 죽이는 등 난신적자亂臣賊子 문제가 난세를 몰고 왔다는 것이다.

> "임금은 임금답고 신하는 신하다우며, 부모는 부모답고 자식은 자식다워야 합니다(君君臣臣父父子子)."
> _《논어論語》〈안연顏淵〉

제齊나라 경공이 정치가 무엇이냐고 묻자 공자는 이렇게 답했다. 그는 요순 시절과 하 · 은 · 주 삼대의 예를 회복하여 난세를 극복하고자 했다. 관건은 위와 아래의 질서를 잡는 것이었다. 유교의 삼강三綱은 그래서 임금과 신하, 부모와 자식, 남편과 아내의 도리를 담고 있다.

세종도 의례儀禮를 정립함으로써 유교국가를 반석 위에 올리고자 했다. 의례는 의식에 쓰이는 예법을 말한다. 의식은 집단을 통합하고 구성원들의 소속감을 높인다. 예법은 위와 아래를 구별하는 격식이다. 이는 상하의 신분 질서를 바탕으로 나라의 구성원들을 통합한다는 상징적 의미를 띤다.

임금께서 이에 정척과 변효문에게 명하여 가례嘉禮 · 빈례賓禮 · 군례軍禮 · 흉례凶禮 등의 예禮를 선정하게 하였다. 조선에서 이미 시행하던 전례와 고사를 취하였고, 아울러 당 · 송의 옛 제도와 명나라의 제도를 뽑았는데, 그것의 버리고 취함과 줄이고 보탬은 모두 임금이 결단하였다.

_《세종실록》〈세종오례世宗五禮〉 서문

세종 당시에 정립한 의례는 궁궐의 오례五禮와 민간의 사례四禮로 나뉜다. 오례는 길례吉禮(제사 등을 지내는 예법), 하례賀禮(국혼 등을 치르는 예법), 빈례賓禮(외국 사신 등을 접대하는 예법), 군례軍禮(군사의식 등을 진행하는 예법), 흉례凶禮(국장 등을 치르는 예법)로 이뤄졌다. 사례는 관례冠禮(성인식 예법), 혼례婚禮(혼인의 예법), 상례喪禮(상중의 예법), 제례祭禮(제사 관련 예법)를 일컬었다.

'예'가 세상의 질서를 잡는 엄격함이라면, '악樂'은 그것을 부드럽게 풀어 세상을 조화시킨다. 예악은 정반대의 속성을 갖지만 서로 보완하면서 함께 간다.

세종은 음악에도 조예가 깊었다. 그는 의례의 정립과 함께 아악雅樂(궁중음악) 정비에 힘을 쏟았다. 궁궐에서 행하는 오례는 음악을 빼놓고는 진행이 불가능했다. 세종은 박연에게 이 일을 맡겼다. 박연은 일찍이 피리, 비파, 거문고 등을 익히고 이론에도 밝은 당대 최고의 음악가였다. 문과에 급제한 후 의녀 교육을 맡는 등 한직에 머물렀던 그가 왕명을 받아 악학별좌에 임명되었다.

박연은 먼저 아악기 점검에 나섰다. 고려시대에 송나라에서 보내 준 아악기들은 여러 차례 전란에 휘말리면서 대부분 망가졌다. 가장 중요한 악기인 편경부터 음의 높낮이가 제멋대로였다. 그는《주례周禮》에 근거하여 기준 음을 잡고 아악기를 새로 제작했으며, 문헌을 연구하고 악사들과 의논하여 아악보도 편찬했다.

박연은 아악 발원지인 주나라의 옛 제도를 맹목적으로 추종했다. 유학자답게 공자가 극찬한 주나라로 돌아가고자 한 것이다. 하지만 세종의 생각은 조금 달랐다. 왕은 주나라 아악도 좋지만 우리나라 음악도 국가 의례에서 연주해야 한다고 생각했다. 가령 조상에게 제사지낼 때 생전에 즐겨 듣던 향악鄕樂(민족음악)이 나오면 돌아가신 분들도 흡족하지 않겠느냐는 것이었다. 박연은 그러나 한사코 주나라 아악만을 고집했다. 조정 대신들도 그의 편을 들었다. 같은 유학자였으니 그랬겠으나, 평소 돈 받고 장악원 악사들을 양반가 행사에 내보낸 박연의 처세도 한몫했다.

세종도 물러서지 않았다. 세종은 아랫사람들이 자신의 뜻대로 움직이지 않자 직접 신악新樂을 창작했다. 〈보태평〉, 〈정대업〉, 〈봉래의〉 등이 세종의 작품이다. 〈보태평〉과 〈정대업〉은 당악唐樂(당나라 이래 유입된 중국 음악과 향악을 접목해 만든 종묘제례악이며(대한민국 무형문화재 1호), 〈봉래의〉는 〈용비어천가〉에 곡을 붙인 것으로 궁중무용의 반주에 쓰였다. 오늘날 국립국악원에서 연주하는 〈여민락〉은 〈봉래의〉 다섯 곡 중 하나다.

뿌리 깊은 나무는 바람에 흔들리지 않기에 그 꽃이 아름답고 그 열매 풍성하도다. 샘이 깊은 물은 가뭄에 마르지 않기에 흘러서 내가 되어 바다에 이르는도다. ─ 〈용비어천가〉에서 따온 〈여민락〉 가사

'여민락與民樂'은 '백성과 함께 즐긴다'는 뜻이다. 세종은 백성들도 공감할 수 있는 음악을 원했다. 물론 여기에는 임금의 덕업을 민간에 홍보하려는 정치적 의도도 숨어 있었을 터였다. 세종은 막대기로 땅을 두드리면서 신악을 짓는 한편, 이를 널리 보급할 목적으로 '정간보井間譜'를 창안하였다. 음의 장단과 고저를 정확히 알 수 있는 동양 최초의 악보였다. 서양의 오선보에 필적하는 기보법을 손수 만든 것이다.

안보 위협에는 과감한 군사정벌

세종의 업적은 문치에 그치지 않았다. 세종은 무력으로 조선의 위엄을 크게 떨친 왕이자 한국사에서 나라 밖으로 군사 정벌에 나선 몇 안 되는 군

주 가운데 한 명이다. 이를 통해 세종은 압록강과 두만강 일대의 북방영토를 개척함으로써 지금의 우리나라 국경선을 사실상 확정하였다.

첫 번째 정벌전은 세종 1년(1419)에 벌어졌다. 그해 5월 쓰시마의 왜구들이 충청도와 황해도를 노략질하고 조선군 수백 명을 죽이는 사건이 일어났다. 대대적으로 선단을 꾸려 명나라 해안을 약탈하러 가는 길에 조선 땅에 들러 사고를 친 것이다.

분노한 상왕 태종은 과감하게 쓰시마를 치기로 결정했다. 왜구의 주력부대가 명나라에 가 있는 동안 그들의 소굴을 초토화시켜 조선의 위력을 보여 주려 한 것이다. 태종은 경상도, 전라도, 충청도에서 배 227척과 군사 1만 7천여 명을 긁어모아 거제 견내량에 집결시켰다. 정벌군의 지휘는 도체찰사 이종무에게 맡겼다.

이종무의 원정 함대는 군량미 두 달치를 비축하고 6월 19일 거제도를 출발했다. 이튿날 갑작스레 나타난 조선 정벌군의 공격에 쓰시마의 오자키 포구는 불바다로 변했다. 정벌군은 왜선 129척과 가옥 2천여 호를 불태우고 왜구 114명을 참수했으며, 쓰시마 도주인 소 사다모리에게 항복을 권유하는 한편 해적왕 소다 가문을 뒤쫓았다. 물론 산지에서 매복에 당해 인명 손실이 발생하긴 했지만 조선의 위력을 과시하기에 충분했다.

이후 쓰시마는 조선 조정에 항복하고 경상도에 속한 주州가 되었다. 왜구들도 조선에서 벼슬을 받고 합법적인 교역을 하기로 했다. 왜구의 소굴이었던 쓰시마가 수직왜인受職倭人(조선의 관직을 받은 왜인)의 본거지로 탈바꿈한 것이다.

이 정벌전은 젊은 세종에게 깊은 영감을 줬다. 1422년 태종이 세상을 떠나자 세종도 거침없는 대외 정책을 이어 갔다. 1432년 겨울 요령성 파저강 유역의 건주여진 추장 이만주가 야인들을 이끌고 압록강 건너 여연군에 침입하여 살인과 납치, 약탈을 저질렀다. 세종은 신하들의 반대를 무릅쓰고 파저강 정벌을 결정했다. 이듬해 세종은 무장 최윤덕을 평안도 도절제사로 삼고 황해도와 평안도의 군사 1만 5천여 명을 끌어 모았다. 조선 정벌군은 파죽지세로 국경 너머 건주여진을 급습했고, 이만주를 잡지는 못했지만 본진을 박살냈다.

세종은 최윤덕의 공을 치하하고 우의정에 임명했다. 그런데 그해 건주여진이 또다시 압록강 상류 지역을 침범했다. 삼수갑산의 이북으로 백두산이 우뚝 솟은 곳이었다. 세종이 우의정 최윤덕에게 출정을 명했다. 신하들은 북벌을 말렸다. 그들이 볼 때 이 지역은 쓸모없는 땅이었다. 싸우는 것보다 달래는 편이 이롭다는 주장이었다. 하지만 세종은 뜻을 굽히지 않았다.

"조종朝宗(선왕들)이 일군 옛 땅을 한 치도 내줄 수 없다."

1437년에는 무장 이천에게 군사 8천여 명을 내주고 압록강 건너 오녀산성을 치게 했다. 오녀산성은 고구려의 첫 번째 도읍이었는데 오랜 세월 여진족이 생활 터전으로 삼고 있었다. 그 후 세종은 압록강 일대에 성을 쌓고 고을을 일구는 데 공을 들였다. 여연군, 자성군, 무창군, 우예군 등 이른바 4군을 조성한 것이다. 이로써 조선은 의주를 중심으로 한 압록강 하류 지역뿐 아니라, 여진족이 점거하고 있던 압록강 상류 지역까지 손에 넣었다.

과감한 정벌전으로 압록강 일대를 평정한 세종은 두만강 쪽으로 시선을 돌렸다. 함흥 이북 지역은 조선 왕실이 발원한 땅이었다. 세종으로서는 반드시 회복해야 할 명분이 있었다. 때마침 두만강 일대의 여진 부족들 사이에 내분이 벌어졌다. 세종은 그 틈을 타 여진족을 복속시키고 조선 영토를 두만강까지 넓히려 하였다. 도승지를 지낸 문신 김종서가 임금의 특명을 받고 함길도 도절제사로 부임했다.

김종서는 경원절제사 이징옥과 회령절제사 박호문을 수하에 두고 북방 영토 개척에 나섰다. 이징옥과 박호문은 같은 변경의 무장이었지만 대비되는 면모를 가지고 있었다. 이징옥은 여진족과의 전투로 잔뼈가 굵은 강경파였던 반면, 박호문은 야인들과 호형호제할 만큼 사이가 좋은 화친파였다. 김종서는 이징옥과 손잡고 여진 부족들을 몰아내는 길을 택했다. 입지가 좁아진 박호문은 조정 내 화친파를 부추겨 두 사람을 무고하기도 했다. 그러나 세종은 김종서에게 힘을 실어 주었다.

김종서는 두만강 일대의 야인들을 쫓아내고 6진을 설치하였다. 먼저 경원부, 회령부, 종성군, 경흥군이 들어섰다. 새 고을을 조성한다고 우리 땅이 되는 건 아니다. 조선 백성이 살아야 진정한 조선 영토이다. 그는 임금에게 사민徙民정책을 건의했다. 이에 따라 함흥 이남 백성들을 새 고을로 이주시켰고, 그들이 난 자리는 경상·전라·충청도 백성들로 채웠다.

6진이 완성된 것은 1449년의 일이다. 온성부와 부령부가 마저 설치되면서 두만강 일대는 명실상부하게 조선 영토가 되었다. 세종은 4군 6진 개척을 통해 조선의 북쪽 국경을 압록강과 두만강까지 확장시켰다. 이는 호전적인 이웃들과 관계를 재정립하는 과정이기도 했다. 때로는 군사 정벌을 감행하며, 때로는 화친조약을 맺으며 백성들의 생활 터전을 넓히고 안전하게 지킨 것이다. 오늘날 우리 국토는 그렇게 확정되었다.

조선의 글자, 조선의 시간, 조선의 문화, 조선의 국토…. 세종대왕이 필생의 과제로 추진한 사업들은 조선을 조선답게, 나라를 나라답게 만드는 일들이었다. 그것은 조선이라는 나라에 국한되지 않는다. 세종은 중국에서 유래한 유교국가의 이상을 이 땅에 사는 사람들의 고유한 제도와 문물로 승화시켰다. 오늘날 한국인의 마음속에 자리한 '우리나라'의 원형과 정체성을 일군 것이다.

소통의 문이 닫힌 후…

천하의 세종이라도 하는 일마다 성공을 거둘 수는 없다. 세종도 몇 차례 쓰디쓴 실패를 겪었다. 즉위 초반에 추진한 화폐 유통 정책은 백성에게 고통만 안겨 주고 무산되었다. 경제 교환 수단으로서 화폐의 이로움을 너무 일찍(?) 알았던 세종은 물건을 사고팔 때 반드시 저화楮貨(닥나무 껍질로 만든 종이돈)를 쓰도록 강제했는데, 현물 거래에 익숙한 백성들은 저화 사용을 꺼렸다. 종이돈의 값어치를 신뢰하지 않았기 때문이다.

하지만 젊은 임금은 다소 무리가 따르더라도 강력하게 추진하면 저화에 대한 믿음이 생길 것이라고 판단했다. 현물로 물건을 거래하다 적발되면 재산을 몰수하고 벌금을 부과하거나 곤장을 때리게 했다. 가진 것 없는 백성들에게는 지나친 벌이었다. 가산을 빼앗겼는데 벌금까지 내야 하니 사채를 쓸 수밖에 없었고, 고리대에 치여 자살하는 사람들이 속출했다. 백성을 위해 내건 정책이 백성을 사지로 몬 것이다.

세종은 그래도 포기하지 않았다. 특유의 뚝심이 발동한 그는 저화 대신 동전을 사용토록 했다. 종이돈보다 가치 있는 구리돈으로 백성의 신용을 얻으려 한 것이다. 그러나 그는 문제의 본질을 꿰뚫어 보지 못했다. 화폐가 흘러 다니려면 상공업이 발달하고 상품경제가 성숙해야 한다. 자급자족형 농업국이었던 조선에서는 화폐가 별로 필요하지 않았다. 억지 부릴 일이 아니었던 것이다. 결국 세종은 이 정책을 철회했다.

북방 영토 개척의 산물인 사민정책도 백성들의 원성을 샀다. 고향을 등지고 강제로 이주당한 사람들은 추위와 가뭄, 역병으로 죽어 나갔다. 여진족의 국경 침탈도 끊이지 않았다. 백성들은 임금을 원망하며 절규했다. 조정에서도 사민정책 중단을 요구하는 목소리가 높았다. 세종은 그럼에도 흔들림 없이 밀어붙였다. 영토 문제에 관한 한 그는 강경한 임금이었다. 나라의 백년대계를 위해서라며 백성의 고통을 애써 외면했다.

세종 사후 사민정책은 분수령을 맞았다. 문종 때부터 압록강 일대에 설치한 4군을 철폐하자는 주장이 득세했다. 단종 3년(1455) 조선은 여연군, 무창군, 우예군을 폐하고 주민들을 강계부와 구성부로 옮겼다. 세조 5년(1459)에는 자성군마저 철폐함으로써 4군은 역사의 뒤안길로 사라졌고, 이후 이 지역은 '폐사군廢四郡'이라 불리며 황폐해졌다. 이곳에 다시 진이 설치되고 백성들이 거주한 것은 19세기 후반의 일이다.

하지만 무엇보다 세종대왕이 범한 가장 큰 실수는, 사후에 벌어진 아들들의 권력투쟁과 가족 간의 살육전을 예방하지 못한 것이 아닐까?

세종은 본처 소헌왕후에게서 여덟 명의 아들을 봤다. 하나같이 똑똑하고 잘난 왕자들이었다. 맏이인 세자(문종)는 1437년 대리청정의 명을 받고 임금의 업무를 대신하기 시작했다. 어린 시절부터 제왕 수업을 받은 준비된 후계자답게 일처리가 똑 부러졌다. 문제는 세자 이외의 왕자들에 대한 세종의 안이한 대처였다.

세종대왕은 부왕 태종과 달리 자식들을 엄하게 단속하지 않았다. 태종은 그 자신이 난을 일으켜 권좌에 올랐기 때문에 자식들의 행실을 각별히 경계하여, 세자를 제외하고는 어떤 왕자도 정치에 참여하지 못하게 했다. 왕자의 난과 같은 비극이 재현되지 않기를 바란 것이다. 세종이 대군 시절 독서광이 된 것도 어쩌면 책 읽는 것 말고는 할 수 있는 일이 없었기 때문일지도 모른다. 이 경험이 제 자식들에게는 반대로 투영되었다.

세종은 세자 외의 왕자들을 단속하거나 경계하지 않았다. 오히려 자기를 닮아 재주가 많은 자식들을 적극적으로 국정에 참여시켰다. 둘째 아들 수양대군과 셋째 아들 안평대군은 한글 창제의 후속 작업으로 《운회韻會》의 언문 번역을 감독했고, 넷째 아들 임영대군은 총통 제작을 맡았으며, 다섯째 아들 광평대군은 간의대를 관리했다. 쓸모를 중시하는 군주답게 일 잘하는 왕자들이 마음껏 기량을 펼칠 수 있도록 배려한 것이다. 특히 말년에는 수양대군과 안평대군에게 정치적인 역할까지 부여했다.

세자에게 대리청정을 맡기고 뒷전으로 물러난 세종은 이전처럼 신하들과 소통하려 하지 않았다. 그는 수양과 안평을 곁에 두고 왕명을 대신 전하게 했다. 세자는 성군의 자질을 갖췄지만 안타깝게도 몸이 허약했고, 세손(단종)은 아직 어렸다. 조정의 이목은 자연스레 수양대군과 안평대군에게 쏠렸다. 두 왕자는 일약 권력 실세로 떠올랐다.

군신 간에 소통이 막히고 왕자들이 권력욕을 드러내는 상황에서 1450

년 세종이 세상을 떠났다. 이어서 즉위한 문종은 종기와 등창에 시달리다가 2년 후에 아버지를 뒤따른다. 열두 살의 나이로 임금의 자리에 오른 단종에게는 후견인이 절실했으나, 어머니 현덕왕후도 할머니 소헌왕후도 이 세상 사람이 아니었다. 수렴청정이나 외척 세력의 뒷받침을 기대할 수 없었다. 단종은 궁궐에 고립된 섬과 같은 처지였다.

1453년 수양대군은 정적 김종서와 안평대군을 치고 나라의 모든 권력을 틀어쥐었다(계유정난). 그는 금성대군과 혜빈 양씨, 경혜공주 내외 등 단종의 측근들을 핍박하여 왕위까지 찬탈했다(1455년 세조 즉위). 이듬해 성삼문, 박팽년, 유응부 등이 세조 일파를 제거하려다가 목숨을 잃으면서 세종의 적손인 단종 또한 비운의 삶을 마감했다. 이후 조선에서는 훈구공신의 반칙과 특권 속에 세종이 이룩한 문치가 퇴색하였으니, 어찌 보면 '위대한 소통'이 가로막힌 결과였다.

세종, 하루 종일 사람을 만나다

근정전勤政殿!

'조선의 설계자' 정도전은 경복궁을 지으면서 국왕과 신하들이 조회를 하고 정책과 법령을 반포하는 정전正殿에 '근정전'이라는 이름을 붙였다. '부지런히 정치하는 곳'이라는 뜻이었다. 그럼 조선시대 임금이 부지런히 해야 할 일은 무엇이었을까? 실록과 법전을 토대로 세종대왕의 하루 일과를 재구성해 보자.

세종대왕은 해 뜨기 전에 일어나 궁궐 어른들에게 문안 인사를 드리는 것으로 하루를 열었다. 곧이어 침전寢殿(관저)에서 편전便殿(집무실)으로 출근하며 나랏일을 시작했다. 세종은 사생활 공간과 일터를 엄격히 구분했다. 제사, 사신 접대 등의 공식 일정 유무와 상관없이 매일 일터로 출근하여 일상적인 업무를 챙겼다.

첫 번째 일과는 조강朝講이다. 왕은 하루 세 번 경연經筵을 열어 신하들과 함께 학문을 강론하고 국정 과제에 대해 토론했다. 동이 틀 무렵부터 경전과 역사서를 들여다보며 임금으로서 자세를 바로잡고 나랏일을 고민한 것이다. 아침 식사는 조강을 마치고 들었다.

다음 일과는 조회다. 조선시대 임금의 조회는 조참朝參과 상참常參으로 나뉜다. 조참은 한 달에 네 번(5일, 11일, 21일, 25일) 도성의 문무백관이 전부 모여 국왕에게 문안을 드리는 정식 조회다. 상참은 의정부, 육조, 승정원, 대간 등 요직에 있는 대신과 중신들이 날마다 임금을 배알하는 약식 조회다. 조회 직후에는 주요 국정 현안을 보고하는 조계朝啓가 뒤따랐다.

세종은 아침부터 부지런히 사람들을 만났다. 매일 오전에 행한 윤대輪對도 빼놓을 수 없다. 윤대는 국왕이 각 관청의 낭관郎官(오늘날의 사무관급)들을 직접 면담하고 업무에 관해 질의하는 자리였다. 이를 통해 세종은 나랏일을 세세하게 파악하고 자칫 놓치기 쉬운 적폐積弊를 진단했다. 윤대를 끝으로 오전 일과가 종료된다.

왕은 점심을 먹고 두 번째 경연, 주강晝講으로 오후 일과를 개시했다. 낮 시간에는 정책과 직결된 책을 가지고 신하들과 심도 깊게 토론하기도 했다. 세종은 1440년 여름 《음의音義》라는 책을 펼치고 경연을 했는데, 이후 외국에서 운학韻學(한자의 발음에 관한 학문) 관련 서적을 구하는 등 이 분야에 열정을 쏟았다. 1443년에 공개한 한글은 이러한 노력과 무관치 않았을 것이다.

이어서 왕은 지방관들을 면담했다. 임지로 떠나는 이에게는 당부를 하고, 외직에서 돌아온 이에게는 민원을 접수했다. 당시만 해도 조선의 중앙집권은 아직 완성되지 않았다. 시골 구석구석까지 나라의 위엄과 은혜가 미치려면 지방관의 역할이 중요했다. 특히 북방 영토 개척에 관심이 많았던 세종은 지방관 면담을 통해 야인 정벌과 사민정책 등을 구상했다.

다음으로 세종은 야간 숙직과 궁궐 수비를 점검하고 세 번째 경연인 석강夕講에 들어갔다. 유교국가의 근간은 국왕의 공부였다. 임금은 아침부터 저녁까지 공부에 매진했고 그 깨달음으로 백성을 교화했다. 물론 신하들에게도 공부하라고 닦달했다. 석강이 끝나면 침전으로 퇴근해 저녁 식사를 하고 궁궐 어른들께 다시 문안 인사를 드렸다.

여기서 하루 일과가 마감되는 게 아니다. 세종의 일과는 한밤중에도 계속되었다. 경향 각지에서 올라오는 상소를 검토하고 나라에서 편찬하는 책을 교정했다. 때로는 야대夜對도 행하여 긴급한 현안에 대해 재상들이나 집현전 관원들의 견해를 경청했다.

세종은 그야말로 하루 종일 부지런히 일했다. 심지어 잠자는 시간까지 아까워했는데, 내관들은 세종의 건강을 염려해 밤마다 잠자리에 들라고 독촉했다. 그는 재위 기간 내내 눈병을 비롯해 갖가지 질병에 시달렸다.

세종의 하루 일과를 찬찬히 뜯어보면 절반 이상이 누군가를 만나고 소통하는 것이었음을 알 수 있다. 세종은 세 차례 경연, 윤대, 지방관 면담, 야대 등을 통해 사람들을 끊임없이 만났다. 대면 소통을 위주로 한 세종의 일과표는 이후 조선 왕들의 지침이 되었다. 이는 조선시대 리더십의 지향점을 보여 준다.

한나라 유학자 동중서는 '왕王'이라는 글자를 '삼재三才'와 '곤丨'이 결합된 것으로 해석했다. 하늘과 땅과 사람을 관통하여 연결시키는 존재로 임금을 규정한 것이다. 국가의 최고 책임자는 그런 존재다. 나라를 나라답게 만드는 것은 소통이다. 하물며 왕정이 아닌 민주국가임에야!

누가 스무 살 임금을 죽였는가?

1469년 11월 28일 아침, 조선 8대 임금 예종(세조의 둘째 아들)이 경복궁에서 세상을 떠났다. 갓 스무 살의 청년 군주가 재위 14개월 만에 포부를 펼치지도 못하고 운명한 것이다. 이 죽음에는 풀리지 않는 의문이 있다. 《실록》에서는 왕이 그달에 족질足疾(발병)을 앓았고 죽기 며칠 전부터 몸이 편찮았다고 했지만 병사라고 보기에는 갑작스럽고 황망하다.

의문의 단서는 시신을 씻길 때 나타났다. 죽은 지 이틀밖에 안 됐는데 변색變色이 일어난 것이다. 독살의 증거라고 볼 수 있는 대목이다. 하지만 당시 권력을 쥐고 있던 훈구 대신들은 병환이 오래돼서 그런 거라고 둘러대면서, 임금의 병을 감춘 의원과 내시를 처벌해야 한다며 진상을 호도했다. 훈구 대신들의 의심스러운 행적은 후계자 선정 과정에서도 드러났다. 신숙주는 예종이 죽자마자 기다렸다는 듯 대비 정희왕후(세조 비)에게 다음 국왕을 결정하라고 촉구했다. 원자, 즉 예종의 아들이 아직 네 살에 불과하므로 대안을 세워야 한다고 압박한 것이다.

> "원자가 너무 어리고, 월산군(예종 형 의경세자의 맏아들)도 병약하다. 자을산군은 어리지만 세조께서 그 도량을 칭찬하셨으니 큰일을 맡을 만하다." _《예종실록》

자을산군은 1457년에 죽은 의경세자의 둘째 아들로 왕위 계승 서열 3위에 불과했다. 구차한 변명이 붙었지만 이 열세 살 소년이 원자와 친형을 제친 것은, 훈구 대신들의 우두머리 격인 한명회의 사위였기 때문이다. 전교가 나온 그 시각 이미 경복궁에 들어와 있던 자을산군은 당일 오후 전격적으로 즉위했다. 사전에 각본을 짜 놓은 듯 일사천리였다.

만약 예종이 독살당한 것이라면 누구의 소행일까? 가장 먼저 훈구 대신들을 의심하지 않을 수 없다. '훈구勳舊'란 대대로 나라에 공을 세운 신하와 그 가문을 뜻한다. 여기서는 예종의 아버지 세조가 조카 단종을 쫓아내고 왕위를 빼앗는 데 기여한 공신들이다. 정통성 없는 세조는 한명회, 신숙주, 홍윤성, 정인지 등 훈구 대신들에 의지하여 통치했다.

세조 이래 조선은 공신의 나라였다. '정난공신'(계유정난을 도운 공신)과 '좌익공신'(왕위 찬탈에 앞장선 공신)들은 무소불위의 특권을 누리며 국정을 농단했다. 대표적인 것이 '분경奔競'이다. 분경은 대신의 집을 외부인이 사사롭게 방문하는 행위다. 뇌물과 인사 청탁의 우려가 있어 태종이 금했는데 세조가 공신들에게 이를 허락했다. 그러나 예종은 아버지와 달랐다.

> "사헌부 서리와 하인들이 정인지의 집에서 분경을 감시하다가 알현하려는 자를 붙잡았는데 오히려 정인지의 종들에게 곤욕을 치렀다."_《예종실록》

예종이 죽기 직전인 1469년 11월 초에 벌어진 일이다. 혈기 넘치는 임금은 국정 농단의 온상인 분경을 다시 엄금했다. 공신들은 반발했다. 도리어 왕명을 받고 온 관리들을 폭행하기도 했다. 중앙 조정과 지방관아는 물론 궁궐에도 그들의 끄나풀이 득실거렸다. 사태가 이 지경에 이른 데는 예종 자신의 잘못도 있다. 특정 세력의 힘이 비대해지면 견제 세력을 키워 균형을 맞추어야 하는데, 예종은 아버지가 심어 놓은 견제 세력을 즉위 초에 제 손으로 뿌리 뽑았다.

> "누가 원래의 공신인가? 한명회로다. 누가 구공신인가? 한명회로다. 누가 큰 공신인가? 구성군이로다. 누가 신공신인가? 구성군이로다."_《세조실록》

1468년 5월, 세조가 연회에서 기생들에게 시킨 노래다. 그는 말년에 이시애의 난을 평정한 적개공신들을 중용하려고 했다. 적개공신은 정난공신, 좌익공신과 달리 왕실과 무장 세력이었다. 특히 임영대군(세종 4남)의 아들 구성군과 정선공주(태종 4녀)의 손자 남이가 두각을 나타냈다. 세조는 이들 신공신들이 세자를 보필하여 구공신들을 견제할 것을 기대했다. 얼마 후 세조는 이 스물여덟 살 동갑내기들에게 벼락출세의 길을 열어 줬다. 구성군은 영의정, 남이는 병조판서에 임명되었다. 하지만 그해 9월 세조는 예종에게 왕위를 넘기고 세상을 떠났다.

그런데 새 임금은 즉위한 날 남이를 겸사복장으로 좌천시켰다. 남이의 탁월한 용맹과 거침없는 성품이 불안했던 것일까?《연려실기술》에 따르면 예종은 그를 꺼렸다고 한다. 표적 좌천의 배경이다. 남이는 가만있지 않았다.

> "왕이 분경하는 자를 엄하게 살피니 재상들이 반드시 싫어할 것이다. 아마도 간신이 난을 일으키면 우리는 개죽음을 면하지 못할 터. 하여 내가 먼저 거사하고자 한다."_《예종실록》

1468년 10월에 벌어진 남이 역모 사건은 유자광이 씌운 억울한 누명이 아니었다. 남이는 한명회 등 훈구 대신들이 난을 일으킬 것이라 예상하고 선수를 치려다가 발각되어 사지가 찢겨 죽었다. 분경 금지령에 맞서 임금과 힘겨루기를 해 온 구공신들로선 손도 안 대고 코를 푼 셈이다. 신공신들이 무너지며 고립무원에 빠진 청년 군주도 오래 살지 못했다.

민간에서는 예종의 죽음이, 1441년에 사망한 단종의 생모 현덕왕후의 저주 때문이라는 이야기가 전해 내려온다. 제 자식을 살해한 세조에게 복수하려고 그의 두 아들 의경세자와 예종을 모두 스무 살 되는 해에 저승으로 데려갔다는 것이다.

어쨌든 예종의 의문스러운 죽음에는 아버지 세조의 그림자가 짙게 드리워 있다. 남의 눈에 눈물 내면 자기 눈에는 피눈물이 나는 법이다.

'성군'의 아들, '폭군'이 되다

　연산군, 그의 아버지 성종은 유교 통치 체제 완성이라는 업적을 남겼으나 신하들에게 무척 시달렸고, 그의 어머니는 남편과 시어른들에게 내쳐져 죽었다. 성군으로 평가받은 부왕과 달리, 연산군은 무소불위의 전제 왕권을 휘두르는 폭군이 되었다. 연산군에 대해 알려면 먼저 부왕 성종을 짚고 넘어가야 한다. 그는 아버지로 인해 유교 통치 체제에 환멸을 느끼고 왕권 강화에 매달렸기 때문이다.

　성종은 예종의 갑작스런 죽음으로 열세 살의 어린 나이에 임금이 되었다 (1469). 요절한 의경세자(예종의 형)의 둘째 아들이었던 그가 예종의 원자 제안대군, 의경세자의 장자 월산군을 제치고 왕위에 오른 것은 훈구파 실세 한명회를 장인으로 둔 덕분이었다. 이 때문에 성종은 할머니 정희왕후의 수렴청정 시절 훈구 대신들의 꼭두각시 노릇을 해야 했다. 그가 성년이 되어 친정에 나선 것은 1476년의 일이었다.

　성종은 조선을 제대로 된 유교국가로 만들겠다는 포부를 품고 있었다. 어린 시절부터 하루 네 차례의 경연을 소화하며 유학에 도가 튼 그는, 친정을 시작하자 자신의 포부를 실행에 옮겼다. 먼저 '언론 삼사'(사헌부·사간원·홍문관)를 정비했다. 사헌부의 감찰, 사간원의 간쟁을 강화하고, 새로 홍문관에 자문을 맡겼다. 유학의 도道로 국정을 비판하는 유교국가의 언로言路를 제도적으로 보장한 것이다. 이어서 성종은 학문과 절의로 명망 높은 재야의 선비들을 등용했다. 1세대 사림이 조정에 모습을 드러낸 것이다. 여기엔 훈구파를 견제하려는 성종의 의도도 숨어 있었다. 사림은 언론 삼사를 장악하고 강직한 언로를 행사했다. 훈구 대신들은 도덕적 의리로 무장하고 거침없이 탄핵하는 사림의 공세에 쩔쩔맸다. 문제는 임금도 예외가 아니었다는 점이다. 기세등등한 사림은 성종 면전에서도 할 말 못 할 말 다했다.

"신하의 도는 의義를 따르는 것이지, 임금을 따르는 게 아닙니다." _《성종실록》1493년 10월 27일

당시 사림의 언로가 얼마나 강경했는지 보여 주는 대목이다. 임금에게 이 말을 꺼낸 이는 홍문관 관원 성세명이었지만, 상황을 유발한 것은 그의 동료 유호인이었다. 1493년 조선 땅에는 지진, 우박 등 자연재해가 빈번했다. 이를 빌미로 사헌부는 뜬금없이 영의정 윤필상을 탄핵했다. "천변이 거듭되는 것은 수상 자리에 적절하지 못한 자가 앉아 있기 때문"이라는 것이었다. 물론 숨은 이유가 있었다. 윤필상이 번번이 임금을 편들면서 사림의 언로를 가로막았다고 본 것이다.

윤필상은 사직 상소를 올렸다. 잘못이 있든 없든 탄핵을 받은 대신은 사직을 청하는 것이 관례였다. 성종은 '불윤비답不允批答'으로 화답했다. 사직을 윤허하지 않는다는 뜻이니 사실상의 신임장이나 마찬가지였다. 그런데 홍문관 교리 유호인이 불윤비답의 전달을 거부했다. "면전에서는 (대신에게) 순종하고 돌아가서 뒷말하는 선비가 되기 싫다"는 항변이었다. 언관으로서 자존심을 지키겠다는 말인데 왕으로서는 얼마나 괘씸했을까. 유호인이 계속 왕명을 거부하자 화가 난 성종은 의금부에 국문을 지시했다. 임금에게 불경한 죄를 묻겠다는 것이었다. 이에 상관 성세명이 성종을 찾아와 선처를 호소했다. "신하의 도는 의를 따르는 것이지, 임금을 따르는 게 아니"라는 말은 이런 맥락에서 나왔다. 유호인은 곧 풀려났다. 며칠 후 윤필상이 다시 사직 상소를 올리고 이번에는 왕이 윤허했다. 결국 사림의 언로가 관철된 셈이다.

성종 말년에 이르면 매사가 이런 식이었다. 사림은 언로를 내세워 사사건건 임금과 대신을 물고 늘어졌다. 사소한 일로도 트집을 잡아 벼랑 끝까지 몰

고 갔다. 뜻이 받아들여지지 않으면 경연을 통해 우회하기도 하고 연명 상소, 단체 농성, 집단 사직 등 갖가지 방법을 동원했다. 안 되면 될 때까지 밀어붙였다. 언로가 남용된 것이다. 참을성 많은 성종도 나중에는 신경질을 냈다. 한 번은 대비들이 모여 사는 창경궁의 수로를 정비하면서 구리 수통을 깔았는데 이것이 문제가 되었다. 언관들은 왕실에서 사치를 조장한다며 으르렁댔다. 어쩔 수 없이 구리 수통을 뜯어내고 돌을 깔았다. 그 여파로 궁궐 담장을 두 군데나 허물었다. 배보다 배꼽이 커진 것이다. 뿔난 성종은 뜯어낸 구리 수통을 땅바닥에 내동댕이쳤다고 한다.

아무리 유교국가라도 임금이 손발을 놀릴 수 있어야 국정이 원활하게 돌아갈 수 있다. 성종은 1494년 세상을 떠나기 전에 무분별한 언로에 제한을 가했다. 인사권에 대해서는 간언을 거부하고, 풍문만으로 탄핵하는 것을 금지했다. 하지만 언로 남용에 철퇴를 가하지는 못했다. 모범생으로 길들여진 성종은 언로를 중시하는 유교 이념에 따라 '무엄한' 신하들을 꾹 참으면서 받아 줬다. 언로에 반박하다가도 마지못해 수용하고 뒤로 불만을 터뜨리는 식이었다. 세자 연산군에게 그런 아버지가 어떻게 보였을까? 게다가 연산군은 부왕만큼 인내심이 강하지 못했다.

1494년 연산군이 즉위한 후에도 사림의 언로 남용은 계속되었다. 새 왕에게는 그것이 '절개 있는 선비'라는 명성을 얻어 출셋길을 열려는 사욕처럼 보였다. 또한 훈구 대신들은 노련한 처세술과 꼼수로 몸보신하기에 여념이 없는 무리로 비쳐졌다. 연산군은 '위를 능멸하는 풍속'을 바로잡고 왕다운 왕 노릇을 하려 했다. 그에게는 그것이 통렬한 개혁이었다.

이를 위해 연산군은 어머니의 죽음을 활용한다. 그가 폐비 윤씨의 비극을 알게 된 것은 언제였을까? 사극에서는 외할머니가 피로 물든 적삼을 가져오는 바람에 연산군이 어머니의 사연을 접하고, 이 때문에 갑자사화(1504)의 광풍이 분 것으로 묘사한다. 하지만《실록》에는 연산군 1년(1495)에 아버지 비문을 검토하다가 인지한 것으로 나온다. 그날 저녁, 왕은 상심한 나머지 식사를 물렸다고 한다.

연산군의 기질은 어머니 폐비 윤씨와 많이 닮은 듯하다. 폐비 윤씨는 주술서와 비상砒霜을 지니고 익명 투서 조작 사건을 벌인 투기의 대명사로 알려져 있다. 그러나 이런 이미지는 유교 이념이 여성에게 경계하는 악덕을 강조하기 위해 만들어진 것일 가능성이 크다. 폐비 윤씨에 대한 불리한 증언들은 대개 그녀를 내치려한 성종과 대비들에게서 나왔으며, 그 근거들도 내명부의 일이라 확증하기 힘들다. 말 그대로 믿기 어렵다. 여하튼 폐비 윤씨는 유교 이념이 요구하는 여성의 길에서 벗어나 있었기에, 유교정치에 적대감을 보인 연산군과 일맥상통한다.

연산군은 1482년 어머니에게 사약을 내리는 과정에서 원자, 즉 자신을 의식한 신하들이 화근을 없애려고 동조했다는 사실을 파악했다. 그는 그것을 훈구 대신들을 압박하는 수단으로 이용했다. 예컨대 어머니 묘의 이장을 추진하며, 이 일을 폐비 윤씨에게 사약을 가져간 이세좌에게 맡겨 불안감을 조성하고 제 발 저린 사람들을 충성하게 만드는 식이다.

연산군은 알고 보면 정치 감각과 수완이 뛰어난 인물이었다. 자신의 본심을 감춘 채 용의주도하게 일을 추진했다. 훈구파를 심리적으로 제압한 왕은 본격적으로 사림에 덫을 놓았다. 1498년 사초史草로 쓰인 김종직의 〈조의제문弔義帝文〉에 세조를 능멸한 정황이 있다는 유자광의 고변을 받자 연산군은 최초의 사화를 일으켰다. 이미 세상을 떠난 김종직을 부관참시하고 그의 문인들을 처형하거나 유배 보냈다. 이 사건이 '무오사화戊午士禍'다.

사림의 언로를 틀어막은 연산군은 급기야 훈구 대신들에게 폐비 윤씨 사사의 책임을 물었다. 1504년 왕은 윤필상, 이세좌 등에게 극형을 내리고 훈구파의 원조 격인 한명회를 부관참시했다. 참극은 걷잡을 수 없이 번져 나갔다. 연산군은 과거의 기록들을 샅샅이 뒤져 자신에게 잔소리한 대신들과 바른말한 언관들을 도륙했다. 훈구파와 사림을 막론하고 239명이 화를 입었는데 절반 넘게 목숨을 잃었다. 이를 '갑자사화甲子士禍'라고 부른다.

114

무오사화와 갑자사화의 발단은 각각 사초 문제와 어머니의 죽음이었지만, 본질은 하나로 모아진다. '능상凌上', 즉 위를 능멸하는 풍속을 바로잡겠다! 연산군이 《실록》에 육성으로 밝힌 사화의 본질이다. 왕을 능멸하는 건방진 유교정치를 혁파하겠다는 뜻이었다. 이후 연산군은 전무후무한 전제 왕권을 행사했다. 언로를 봉쇄하고 침묵을 강요하는 공포정치가 펼쳐졌다. 당시 관원과 내관들이 차고 다닌 신언패에는 이런 글귀가 새겨져 있었다.

"입은 화를 부르는 문이요, 혀는 자신을 베는 칼이다."_이긍익,《연려실기술》

오늘날 연산군을 폭군이라 부르는 이유는 단지 그가 전제왕권을 휘둘렀기 때문이 아니다. 무소불위의 힘으로 백성을 위했다면 지금까지 욕을 먹지는 않았을 것이다. 연산군은 '흥청', '운평' 등 여성 예인들을 대거 차출해 날마다 연회와 공연을 베풀면서 가짜 태평성대를 연출했다. 국고가 바닥나자 공납 등 조세를 크게 올려 백성의 등골을 휘게 했다. 도덕적으로 문란했고 경제적으로 수탈했다. 그가 폭군일 수밖에 없는 명백한 이유다.

폭군은 결국 자기 밑에서 호의호식하던 자들에 의해 왕위에서 쫓겨났다(중종반정, 1506). 반정의 주역인 박원종은 연산군이 가장 아꼈던 신하 중 한 사람이었다. 반정공신들 가운데는 과거 폐주廢主에게 아부하고 충성 맹세를 했던 인사들이 수두룩했다. 백성이 등 돌리고 정변 조짐이 무르익자 자신들이 살려고 선수를 친 것이다. 그들은 중종 치하에서도 부귀영화를 누리며 떵떵거리고 살았다.

폐주 연산군은 유배지인 강화도 교동에서 숨을 거뒀다. 죽기 전에 그는 중전이 보고 싶다는 말을 남겼다고 한다. 이 소망은 남편과 달리 덕망 높았던 아내 신씨에 의해 이루어졌다. 연산군의 시신은 강화도에서 오늘날의 서울 방학동으로 옮겨졌는데, 후일 신씨가 곁에 묻어 달라고 청하자 주위에서 갸륵히 여겨 합장해 주었다. 어머니의 이름으로 아버지를 뛰어넘으려 한 폭군은 그렇게 아내 품으로 돌아갔다.

3

이황

선비의 탄생

세종이 나라의 제도와 문물을 이루고 200여 년이 흐른 무렵의 일이다.
경상도 예안禮安(오늘날의 안동)의 진성 이씨 가문에서 아들 7형제와 처자
들이 맏형의 집에 모여 제사를 지냈다. 술을 따라 올리다가 제사상에서 배
한 알이 굴러 떨어졌다. 자리가 자리인 만큼 식구들은 보고도 못 본 체했
다. 그런데 한 여인이 슬금슬금 기어가 배를 치마 속에 감추는 게 아닌가.
막내며느리였다. 큰 동서가 도끼눈을 뜨고 타박하자, 그 여인의 남편이 나
섰다.

　"형수님, 용서해 주십시오. 할아버님도 어여쁘게 봐 주실 겁니다."

　여인의 남편은 오늘날 천 원권 지폐의 주인공이기도 한 퇴계 이황李滉
(1501~1570)이다. 이황의 아내 권씨 부인은 정신이 온전치 않은 사람이었
다. 이황은 권씨 부인을 데리고 조용히 방으로 들어갔다. 왜 배를 치마 속
에 감추었느냐고 묻자, 아내는 먹고 싶어서 그랬다고 답했다. 이황은 배를
가만히 집어 들더니 손수 깎아서 먹기 좋게 잘라 아내에게 주었다. 권씨

부인은 아이처럼 좋아하며 해맑게 웃었다.

이황은 7남 1녀의 막내로 태어나 아버지를 일찍 여의고 홀어머니 슬하에서 자랐다. 그는 원래 벼슬보다 학문에 뜻을 두었다. 《주역》에 심취해 침식을 거르다가 병을 얻을 만큼 학문 그 자체를 사랑했다. 하지만 어머니는 총명한 막내아들이 조정에 출사해 집안을 일으키기를 바랐다. 그 뜻을 받들어 이황은 20대 이후 과거 시험 준비에 매진했다.

1534년 이황은 34세의 나이로 문과에 급제했다. 조선은 유학儒學을 국시國是로 채택한 나라다. 일단 과거 시험의 관문을 통과하면 학문 수준에 따라 옥석이 가려진다. 이황은 시험 성적을 떠나 돋보이는 학문으로 주목을 받았다. 얼마 후 임금의 자문기관인 홍문관 관헌이 되고 사가독서賜暇讀書(학업에 힘쓰라고 주는 특별휴가)의 은택까지 입은 것을 보면 알 수 있다. 이렇게 장래가 촉망되는 인재가 어쩌다 '바보 아내'를 얻었을까?

사실 권씨 부인은 이황의 후처였다. 이황은 21세에 장가를 들었으나 아들 둘을 얻고 일찍 상처喪妻했다. 아내의 삼년상을 치른 뒤인 1530년 무렵, 평소 알고 지내던 권질이 이황을 불렀다. 당시 권질은 죄인 신분으로 예안 땅에 유배 와 있었다. 그의 집안은 갑자사화甲子士禍(1504), 기묘사화己卯士禍(1519), 신사무옥辛巳誣獄(1521)에 연달아 연루되어 풍비박산 났고, 그 바람에 권질의 딸마저 충격을 받고 정신을 놓았다.

권질은 이황에게 자신의 딸을 거둬 달라고 청했다. 정신이 온전치 않은 여식이라 마땅한 혼처를 찾기 어려웠는데 후처 자리라면 가능하지 않을까, 또 이황의 사람 됨됨이라면 딸을 구박하지 않고 너그럽게 대하지 않을까 생각한 것이다. 거듭된 사화로 궁지에 몰린 권질의 사정을 외면할 수 없었던 이황은 그의 딸과 혼례를 치르고 부부의 연을 맺었다.

권씨 부인은 좀 모자라긴 했지만 사랑스러운 여인이었다. 남편 이황이 오래 입어 너덜너덜해진 도포를 걸치고 상가에 문상하러 가는 것을 본 아내는 손수 바느질하여 도포를 기웠다. 문제는 빨간 헝겊을 덧대어 꿰맨 것이다. 빨간 헝겊으로 기운 하얀 도포는 이황을 화제의 인물로 만들었다. 사화의 여파로 '정신줄' 놓은 부인과 그런 여인을 너그럽게 품어 주는 '대인배' 선비의 이야기는 마음을 움직이는 힘이 있다.

이황은 실수투성이 아내를 꾸짖기는커녕 따뜻한 온기로 부족함을 채워 주는 남편이었다. 부부 금슬도 좋았다. 권씨 부인은 1546년 혼인한 지 십수 년 만에 임신했으나 첫 출산의 고비를 넘기지 못하고 흐릿한 생을 마감하고 말았다. 권씨 부인의 싸늘한 시신을 끌어안고 이황은 자신의 탓이라고 슬퍼했다. 아내를 향한 애틋한 마음은 이 무렵 아들에게 보낸 편지에 드러나 있다.

"일이 이 지경에 이르니 애통하여 어쩔 줄 모르겠구나. 영원히 이별하는 아픔은 뭐라고 말할 수 없다. 너희는 이 초상을 친모의 예로 치르길 바란다. 흔히 계모와 친모는 차이가 있다지만 이는 경솔한 말이다. 사람은 의義가 아닌 것에 빠져서는 안 된다." _ 이황,《퇴계집退溪集》

이황의 두 아들은 아버지의 뜻에 따라 '적모복嫡母服'을 입고 상주가 되었을 뿐만 아니라, 묘소 곁에 움막을 지어 시묘살이까지 했다. 이황도 관직을 내려놓고 고향으로 돌아갔다. 그는 예안을 에워싼 도산陶山 기슭에

암자를 짓고 날마다 건너편에 있는 권씨 부인의 무덤을 바라봤다. 그이의 아픈 마음을 달래 준 것은 도산 골짜기를 흐르는 자그마한 시내였다. 이황은 개천 이름 '토계兎溪'를 '퇴계退溪'로 고쳐 자신의 호로 삼았다.

이황은 암자에 1년가량 머물며 아내를 추모했다. 이 시간은 이황의 생애에서 중요한 갈림길이 되었다. 당시 성균관 대사성을 제수받는 등 관료로서 한창 주가를 높이고 있던 그는, 고심 끝에 벼슬을 버리고 학문과 수양의 길로 나아갔다. 성균관 대사성은 오늘날로 치면 서울대 총장에 해당하는 명예로운 벼슬이었다. 유학을 숭상하는 조선에서 가장 존경받는 관직 중 하나였지만 이황은 미련 없이 떨치고 재야 유학자로 변신했다.

이황은 학문을 이루고 심성을 닦아 성리학의 권위를 높이고자 했다. 그에게 성리학은 '인간에 대한 예의'였다. 남편과 아내, 부모와 자식, 스승과 제자, 임금과 신하, 사대부와 백성이 일상 속에서 행해야 할 도덕道德이었다. 그는 평이하고 명백한 것으로 도道를 삼았다. 겸허하고 사양하는 것으로 덕德을 쌓았다. 이후 이황의 도덕은 조선을 '주자학의 나라'로 이끄는 이정표가 된다.

'인간에 대한 예의'에 이르기까지

이황이 걸어간 학문과 수양의 길을 되짚어 보려면 성리학에 대해 이해해야 한다. 성리학은 중국 송대의 주자朱子 등이 재해석한 새로운 공맹孔孟의도道를 뜻하는데, 너무 어렵게 생각할 필요는 없다. 공자와 맹자, 주자도 역사 이야기로 접근하면 쉽게 이해할 수 있으니까.

공자와 맹자는 중국 역사상 가장 어지러운 때였던 춘추전국 시대 사람이다. 요순 임금으로부터 하 · 은 · 주 3대에 걸쳐 이어져 온 옛 질서가 완전히 무너지면서 천하는 대혼란에 빠졌다. 천자天子가 무력해지자 각지의 제후, 경, 대부들이 패권을 추구했다. 신하가 주군을 내쫓고(亂臣), 아들이 아버지를 치는(賊子) 패륜이 횡행했다. 해마다 전쟁이 끊이지 않았고 백성의 고통은 나날이 커져 갔다.

공자와 맹자는 이 '난신적자亂臣賊子'의 문제를 난세의 대표적 징후라고 여겼고, 지배층의 윤리를 바로잡아야 세상을 구할 수 있다고 믿었다. 공자는 요순과 3대의 옛 질서를 회복해야 한다고 부르짖었으니, 그것이 바로 '예禮'다. 이를 위해 그는 '인仁', 즉 '어짊'을 화두로 내세웠다. 하지만 세상은 공자의 바람과 달리 날이 갈수록 험악해졌다. 잔인하고 못된 권세가들이 도처에서 날뛰었다. 맹자가 '의義'를 강조한 것은 이 때문이다. 나쁜 군주는 백성이 몰아낼 수도 있다는 것이 그의 '의로운' 주장이었다.

'공맹의 도' 유학은 이처럼 끊임없는 전쟁과 백성의 고통을 해소하려는 그 시대 나름의 해법이었다. 공자와 맹자는 '인의仁義'로 세상을 구하려면 먼저 자기 자신을 닦아야 한다고 했다. 이는 세상이 어지러워진 이유와 관련이 있다.

유가에서는 난세가 인간의 사욕에서 비롯되었다고 보았다. 인간 사회가 발달하고 복잡해지면서 사사로운 욕심이 통제 불능으로 팽창했다는 것이다. 이러한 생각은 하 · 은 · 주 3대의 흥망성쇠를 바라보는 공자의 견해에 녹아 있다.

공자는 일찍이 상고의 제도와 문물을 연구하며 6경六經을 편찬했다. 《시경詩經》, 《서경書經》, 《주역周易》, 《예기禮記》, 《악기樂記》, 《춘추春秋》가 그 것이다. 이 경전들에 따르면, 옛 국가의 멸망 과정에는 폭군과 절세미녀가 약방의 감초처럼 등장한다. 하夏나라 걸왕桀王은 말희末喜에게 사로잡혀 나라를 그르쳤고, 은殷나라 주왕紂王은 달기妲己를 얻은 후 패망으로 치달았으며, 포사褒姒에게 빠진 주周나라 유왕幽王도 견융족의 침략을 받고 목숨을 잃었다. 물론 나라를 망친 게 꼭 폭군과 미녀 때문만은 아니다. 이는 사욕을 경계하는 상징적 표현으로 봐야 할 것이다.

걸왕과 주왕과 유왕은 모두 약소국을 치거나 벌주는 와중에 절세미녀들을 얻는다. 마치 약속이나 한 듯 닮은꼴 행보다. 그것은 침략 야욕과 성적 욕망이 '임금질'의 동기로 작용하고 있음을 말해 준다. 또한 그들은 미녀에게 잘 보이기 위해 국고를 주지육림酒池肉林(술 연못과 고기 숲)에 쏟아붓고 거짓으로 봉화를 올려 위세를 드러낸다. 부와 권력을 과시하려는 욕구가 지나쳐 나라가 위기에 처하고 백성은 등돌리게 된 것이다. 사욕, 곧 사사로운 욕심은 이처럼 사람을 눈멀게 한다. 공자는 자기 자신을 닦아 그 병폐를 치유해야 한다고 주장했다.

나를 닦아 안으로 곧게 한다 　　　　　　　　　　修己以敬

나를 닦아 이웃을 편안하게 한다 　　　　　　　修己以安人

나를 닦아 백성을 편안하게 한다 　　　　　　　修己以安百姓

_《논어論語》〈헌문憲問〉

하지만 공자는 윤리적인 사회개혁에 무게를 둔 사람이었다. 그의 생각은 대개 '밖으로' 세상을 향했다. '안으로' 내면을 닦는 것은 어디까지나 곁가지에 불과했다. 그런데 공자 사후에 증자曾子, 자사子思를 거치며 유학에는 새로운 사상 흐름이 나타났다. 그것은 '안으로' 마음을 주제 삼고 사람을 성찰하려는 경향이었다. 이를 크게 일으킨 인물이 맹자다.

공자가 우려한 춘추시대의 난맥상은 맹자의 전국시대에 이르면 걷잡을 수 없는 지경으로 번졌다. 정치란 곧 부와 권력을 적절히 나누는 것인데, 여기에는 전제 조건이 따른다. 부와 권력에 대한 지나친 욕심을 제어해야 한다. 이게 안 되면 세상이 전쟁터가 된다. 전국시대가 그랬다. 참담한 지옥도가 펼쳐졌다. 윤리적인 사회개혁은 꿈도 꾸기 어려웠다.

그런 상황에서도 맹자는 '사욕'에 사로잡힌 인간을 '인의'의 길로 이끌 방도에 대해 고심했다. 그에게 '인의'는 사람의 선한 마음이었다. 맹자는 사람들이 개나 닭을 잃어버리면 찾을 줄 아는데, 마음은 잃어버리고도 찾을 줄 모르니 그것이 슬프다고 했다. 그가 모색한 것은 자기 자신의 내면을 닦아 잃어버린 선한 마음을 찾는, 수신修身의 도道였다.

학문의 길은 (별거) 없다 　　　　　　　　　　　學問之道 無他

잃어버린 마음을 찾는 것뿐이다 　　　　　　　求其放心而已矣

_《맹자孟子》〈고자장구상告子章句上〉

공맹의 도는 춘추전국의 암흑이 걷히고 한漢나라로 접어들면서 통치 이념으로 자리 잡았다. 그런데 남북조시대 이래 불교와 도교가 유행하면서 위기를 맞는다.

궁하면 변하고,
변하면 통할지니

유학은 그 역사를 보면 알 수 있듯이 난세에 대처하는 윤리학의 성격이 강했다. 윤리학이라는 게 원래 따분하다. 지배층이야 통치에 필요하니 받아들였지만 백성들에게는 별로 인기가 없었다. 반면 불교와 도교는 세련된 세계관을 갖춘 가르침이었다. 세계관이라는 게 무엇인가? 새로운 세상을 보여 주는 것이다. 속세의 삶에 지친 백성들은 불교와 도교에 열광했다.

그러나 유학자들이 볼 때 불교의 세계에는 '실재實在'가 없다. 불교에서는 세상을 '만물환화萬物幻化'라고 인식한다. 세상 만물이 다 허상이라는 말이다. 허깨비 같은 세상살이에 치여 번뇌에 빠지는 것은 그래서 어리석다. 도교도 다르지 않다. '유생어무有生於無', 즉 유는 무에서 나온다. 애초에 아무것도 없는데 지지고 볶으며 살 이유가 없다는 논리다. 유학자들은 그것을 속세로부터의 도피라고 해석했다.

유학의 창시자인 공자는 현실을 중시했다. 아무리 세상이 어지러워도 현실에 발붙이고 해법을 모색해야 한다고 제자들을 가르쳤다. 공자가 가장 사랑한 제자는 안회顔回였다. 공자는 평소 입에 침이 마르도록 안회를 칭찬했는데 단 한 가지, 안회의 깨달음이 깊다 보니 이따금 공허에 빠질 수 있음을 경계했다. 허무로는 세상을 구할 수 없다는 게 공자의 신념이었다.

아는 것을 안다고 하고 모르는 것을 모른다고 하는 것, 이것이 바로 아는 것이다.

_《논어論語》〈위정爲政〉

공자의 가르침에 따르면, 현실 너머의 깨달음은 잘 모르면서 안다고 하는 것과 다를 바 없다. 유학자들은 현실을 부정하는 불교와 도교의 세계관을 허황되다고 비판했다. 백성들을 현혹하는 거짓된 가르침일 뿐이라고 공격했다. 하지만 현실이 고달픈 백성들에게는 허깨비 같은 세상살이에 지지고 볶지 않아도 되는 '달콤한 정신승리'가 절실했다. 불교와 도교가 계속 백성들의 마음을 사로잡자, 유학자들도 생각을 바꾸지 않을 수 없었다.

'우리도 번듯한 세계관을 만들어 보자.' 신유학新儒學, 즉 성리학性理學이 탄생한 것은 이런 발상과 무관하지 않다. 그럼 유학의 번듯한 세계관을 만들려면 어떻게 해야 할까?

하늘 아래 새로운 것은 없다. 새로운 것을 찾기 위해 사람들은 과거를 돌아보곤 한다. 우리가 역사를 공부하는 이유도 여기에 있다. 공자도 요순과 하·은·주 3대의 제도와 문물을 탐구하며 지치至治, 즉 지극한 다스림의 원리를 얻었다. 신유학 역시 다르지 않았다. 불교와 도교에 맞서는 유학의 세계관은 하늘에서 뚝 떨어진 게 아니었다. 유학자들은 성현의 가르침인 《주역周易》을 깊이 파고들기 시작했다.

궁하면 변하고, 변하면 통하고, 통하면 오래간다(窮則變 變則通 通則久)

_《주역周易》〈계사전繫辭傳〉

《주역》은 변화에 대한 고대인의 철학적 사유다. 자연계가 음양陰陽의 교차와 봄, 여름, 가을, 겨울의 순환에 따라 끊임없이 변하듯 인간계에도 변화는 필연이다. 바로 그 변화의 법칙을 찾아내 미래에 대비하고자 한 것이《주역》의 64괘卦와 364효爻다. 일각에서는 불투명한 미래를 예측하는 점술서로 여기기도 하는데, 어찌 보면 세상의 변화에 대처하는 수련서 같기도 하다.

《주역》〈계사전繫辭傳〉의 위 구절만 해도 널리 인용돼 왔다. 궁하면 변하고, 변하면 통하고, 통하면 오래간다. 나라 살림을 예로 들어 보자. 백성이 먹고살기 힘들어지면 갈등이 불거지고 혼란이 가중된다(窮). 변화의 바람이 불고 지배 질서가 무너진다(變). 새로운 질서 속에서 살림은 안정을 찾는다(通). 안정이 지속되면 지배층이 나태해지고 모순에 빠진다(久).

세상 이치가 그렇다. 궁변통구窮變通久는 사계처럼 순환한다. 세계는 늘 변화 속에서 존재한다. 나관중의《삼국연의三國演義》는 "무릇 천하는 나누어지면 합해지고, 합해지면 또다시 나누어진다"는 문장으로 시작된다. 이것이 바로 고대로부터 이어져 온《주역》의 세계관이다. 송나라 유학자들도 여기서 영감을 얻고 새로운 유학을 선보였다.

성리학은 불교와 도교에 대항하여 송대 유가가 일군 세계관을 자양분 삼아 자라났다. 물론 한나라의 동중서, 후한의 왕충, 당나라의 한유 등도 시대가 배출한 거유들이었지만 여기서는 논외로 한다. 주자朱子는 송나라 유학자들 가운데 북송오자北宋五子의 학설들을 집대성하여 특유의 우주론과 인성론을 펼쳤다. 주자가 도통道統에 끌어들인 북송오자는 주돈이, 소옹, 장재, 정호, 정이를 일컫는다. 그 가운데 신유학의 세계관 구축에 가장 크게 기여한 인물은 장재張載였다.

허공이 바로 기氣라는 것을 알면 있음과 없음이 통하여 하나가 되고 둘이 아니게 된다. (기가) 들어옴과 나감, 모임과 흩어짐, 형체를 이룸과 사라짐이 말미암는 바를 미루어 보면 역易에 대해 깊이 알게 될 것이다.

_장재,《정몽正蒙》

장재는 기氣를 가지고 우주 만물을 해석했다. 그는 존속과 소멸을 기가 들어오고 나가는 과정으로 보았다. 삶과 죽음도 기가 모이고 흩어지는 것이다. 형체도 기에 의해 이루어지거나 사라진다. 이렇게 되면 있음과 없음도 둘이 아니라 하나가 된다.(조선에 이 학설을 소개한 인물은 화담 서경덕이다.)

장재의 기철학은 현실 세계를 허상으로 보는 불교와 도교의 세계관에 이론적으로 탄탄한 반론을 제기했다. 그것은 운동, 변화, 대립, 발전의 변증법 관념이 충만한 '기氣일원론'이었다. 하지만 장재의 학설은 동시대 유가의 맹렬한 비판에 직면했다. 그 가운데 단연 호적수는 정이程頤였다.

나의 학문은 비록 다른 사람으로부터 받은 바가 있지만 천리天理라는 두 글자는 나 스스로 들고 나온 것이다. 천리는 원래 조금의 부족함도 없이 모든 이치가 구비되어 있는 것이다.

_정이,《송원학안宋元學案》

정이는 흔히 '이정二程'이라 일컬어지는 정씨 형제의 동생이다. 그는 우주 만물에 하늘의 이치, 즉 천리天理가 깃들어 있다고 보았다. 일상생활 속에서 이理를 인식하고 쌓아 나가면 우주 만물의 근본 법칙에 도달할 수 있다. 그 법칙은 다름 아닌 윤리 규범이다. 정이는 현실 세계를 풍부하게 만드는 기氣를 깎아내리고 추상적으로 사유해야 하는 이理를 극단적으로 높였다. 이른바 '이理일원론'이었다.

이와 같은 차이에도 불구하고 장재와 정이의 세계관은 시대상을 반영한다는 점에서 닮아 있다. 북송시대 중국에서는 과학기술이 급속도로 발전하기 시작했다. 사물을 객관적으로 인식하고 그 안에 내재된 보편 법칙을 탐구하는 과학적 사고가 크게 유행했다. 당대 최고의 시인 소동파도 예외는 아니었다.

> 산의 돌, 대나무와 소나무, 물결이나 연기, 구름은 비록 정해진 모습이 없으나 불변하는 이치가 들어 있다. **_소동파,《소동파집蘇東坡集》**

'정해진 모습이 없는' 현상의 이면에서 '불변하는' 이치를 찾아내는 것은 신유학의 과제이기도 했다. 그들은 무엇보다 격물치지格物致知에 공을 들였다. 격물치지란 사물의 근본이 무엇이고 말단이 무엇인지 헤아려 세상을 지극히 이해하는 것이다. 남송 시대에 주자가 집주集注한《대학大學》도 '격물'을 맨 앞에 둔다.

주자는 송대 유가의 학설들을 집대성하고《대학》,《논어論語》,《맹자孟子》,《중용中庸》등 이른바 4서四書를 재해석함으로써 신유학을 체계화한 인물이다. 이후 공맹의 도는 6경에서 4서로 무게중심을 옮겼다. 오늘날 우리에게 익숙한 성리학性理學이라는 명칭도 그에게서 나왔다.

성性이 바로 이理이다. 사람의 마음에 있을 때는 '성'이라 부르고 우주

만물에 있을 때는 '이'라고 부른다.   _ 주자,《근사록近思錄》

400년 만의
부활

주자 가라사대, 태초에 이理가 있었다. 하늘은 그것을 얻어 하늘이 되었고, 땅은 그것을 얻어 땅이 되었다. 하늘과 땅 사이에서 태어난 모든 것들은 각각 이理를 얻어서 자신의 성性, 즉 본성으로 삼았다. 그 본성을 현실 세계에 실현하는 것이 삼강三綱(군신, 부자, 부부 사이의 세 가지 도리)이요, 오상五常(인, 의, 예, 지, 신의 다섯 가지 덕목)이다.

주자가 볼 때 현실 세계의 윤리 규범인 삼강오상과 우주 만물의 근본 법칙인 이理는 동격이다. 당연當然이 곧 필연必然이라는 등식이 성립된다. 단, 그는 정이처럼 보편법칙인 이에만 매달려 추상적으로 말라 가지 않았다. 장재의 기철학이 빚어낸 생기발랄한 현실 세계까지 끌어안은 것이다. 이를 바탕으로 주자는 '이기理氣이원론'의 세계관을 펼쳤다.

주자에 따르면, 기氣가 없으면 이理가 정착할 곳도 없다. 우주 만물은 기로써 형체를 이루는데 여기에 이가 천명天命, 즉 절대명령으로 부여된다. 어린아이가 물에 빠진 것을 보고 달려가 구하는 행동은 이의 발동으로서 이성—선험적인 명령이다. 그것은 자신의 목숨을 아끼려는 기의 작용, 곧 감성—경험적인 욕망과 충돌하면서 윤리적인 자각을 이끌어 낸다.

주자의 이원론은 이처럼 근본과 현상을 나눠서 세계를 해석하되 그 둘을 결코 단절시키지 않는다. 여기에 주자의 오묘함이 있다. 현실 세계에서 천명을 실현할 때 사람은 비로소 우주와 덕을 합하고(천인합일天人合一), 만물과 한 몸을 이룬다(만물동체萬物同體). 그것이 동물과 구별되는 진정한 인간의 삶이다. 주자의 세계관은 그렇게 인성론을 아우르며 윤리학으로 수렴된다.

주자가 마음 수양을 중시한 것은 그래서다. 그는 마음이 하늘로부터 부여 받는 본성과 현실 세계에 영향 받는 정욕으로 이루어져 있다고 보았다. 본성을 추구하는 도심道心은 선하지 않음이 없지만, 정욕에 흔들리는 인심人心은 선악의 구분이 있다.(후일 조선을 들끓게 한 퇴계 이황의 사단칠정설도 여기서 비롯되었다.) 주자는 마음 수양의 근원으로 먼 옛날 순 임금이 우왕에게 전했다는 16자 진결을 내세웠다.

> 인심은 위태롭고 도심은 미미하니 오직 정밀하게 하고 하나 되게 하여 진실로 그 가운데를 잡아라(人心惟危 道心惟微 惟精惟一 允執厥中)
>
> _《서경書經》〈우서 대우모虞書 大禹謨〉

주자성리학은 윤리적 자각을 통해 사람을 우주 만물의 주인공으로 우뚝 세우는 데 이바지했다. 흥미로운 점은, 그것이 당대에 여론 주도층으로 떠오른 사대부들에게 폭넓은 지지를 얻어 냈다는 것이다. 바야흐로 중앙에서 군림해 온 문벌귀족이 힘을 잃고 지방에 할거하는 사족의 입김이 커졌다. 그들은 향촌에서의 사회경제적 지위에 걸맞게 정치적으로도 대접받길 원했다. 주자학은 윤리적 주체로서 사대부들의 정치적 위상을 끌어올리는 데 적격이었다.

하지만 황제는 이러한 움직임을 경계했다. 남송은 거란, 여진, 몽골 등 이민족에게 밀려 도읍을 개봉에서 임안(지금의 항주)으로 옮겨야 했다. 절대적이었던 황제의 권력도 현저하게 약화되었다. 상대적으로 새로이 조정에 참여한 사대부들의 발언권이 커졌다. 주자 또한 자신의 지지층인 사대부들의 정치적 약진을 옹호하면서 황제도 그들과 함께 천하를 다스려야 한다고 주장했다(군신공치君臣共治). 남송 황제는 그것을 황권에 대한 도전으로 받아들였다.

결국 주자는 거센 탄압에 직면했다. 혹세무민惑世誣民(세상을 어지럽히고 사람들을 속임) 죄로 그의 제자와 추종자들이 대거 유배를 떠나거나 목숨을 잃었다. 그러나 주자는 마지막 순간까지 주자학의 미래를 낙관했다. 1200년 그는 "언젠가 나의 학문이 다시 빛을 볼 것"이라는 유언을 남기고 세상을 떠났다.

주자성리학은 이후 중국에서 쇠퇴의 길을 걸었다. 몽골 지배 하에서는 관변화되었고, 명나라에 이르면 양명학에 안방을 내준다. 양명학 종주 왕수인은 주자의 학문적 라이벌 육구연으로부터 심학心學을 계승한 인물이었다. 그럼 주자의 예언은 허튼소리였을까? 아니, 주자학은 16세기 조선 땅에서 부활했다.

주자를 되살려 사림을 일깨우다

16세기 조선은 (주자가 활약했던) 12세기 남송과 시공을 초월해 닮아 있었다. 훈구파의 전횡으로 왕권이 흔들리는 가운데 사대부들은 향촌에서 사회경제적 지위를 군히고 있었다. 그 힘을 바탕으로 향촌의 사대부들은 정치적 위상을 높이고자 했다. 그들이 주자학에 빠져드는 것은 자연스러운 일이었다. 주자의 가르침대로 윤리적 주체가 돼야 임금과 훈구파에 맞먹는 권위를 확보할 수 있다고 보았기 때문이다.

조선의 선비는 바로 그 윤리적 주체의 화신이었다. '선비'란 사대부 가운데 학문과 심성을 닦으며 도덕적 완성을 추구한 유자儒者를 말한다. 그들이 임금과 훈구파를 비판하며 정치 세력화했을 때 '사림士林'이라고 부른다. 그리고 사림이 왕권을 강화하려는 임금과 정적을 도모하려는 훈구파의 권력욕에 휘말려 화를 입은 사건이 '사화士禍'다.

무오사화(1498), 갑자사화(1504), 기묘사화(1519), 을사사화(1545) 등 이른바 4대 사화는 선비들에게 깊은 트라우마를 남겼다. 이 때문에 16세기 중반 조선 선비들은 '출처지도出處之道'(나아가고 물러나는 도리)를 고심했다. 《논어》에서는 "세상에 도道가 있으면 (조정에) 나아가 벼슬하고, 도가 없으면 (산림으로) 물러나 은둔한다"고 했다. 이것이 나아갈 때와 물러날 때를 분별하는 유자의 도리였다.

사화로 얼룩지고 훈구파가 득세한 조정은 분명 올바른 도가 행해지기 어려운 실정이었다. 뜻 있는 선비들은 산림으로 물러나 학문과 심성을 닦는 데 몰두했다. 퇴계 이황도 40대 중반의 나이에 벼슬살이를 접고 그 길에 합류했다.

"일찍이 우리나라 선비들이 세상의 환란에 걸린 까닭은, 학문을 이루

지도 못했으면서 자신을 높이고, 시대를 헤아리지도 못했으면서 세상
을 일구는 데 용감했기 때문입니다."

_ 기대승, 《고봉집(高峰集)》, 이황이 기대승에게 보낸 편지, 1559년 10월 24일

이황은 사림의 실패를 성찰했다. 사화의 트라우마를 극복하고 유교국
가의 이상을 실현하려면 학문을 이루는 것이 먼저라는 깨달음을 얻었다.
시대의 새로운 흐름이 학문에서 발원하여 정치로 나아갈 것이라고 내다본
것이다. 여기서 퇴계가 기준으로 삼은 학문이 바로 주자학이었다. 새로운
공맹의 도를 집대성한 주자의 학문적 권위야말로 임금과 훈구파에게 짓밟
혀 온 선비들에게 든든한 방패막이가 되어 줄 것이라고 그는 믿었다.

퇴계 선생은 학문하는 공정工程을 일체 주자朱子로써 표준을 삼았다.
일찍이 주자서朱子書를 구해서 마음을 가라앉힌 채 강론하고 연마하기
를 여러 해 동안 계속하였다. 고개를 숙여 읽고 머리를 들고 생각하여
침식寢食을 잊기까지 하였다. 이에 후련하게 깨닫고 패연沛然(비나 폭포
가 세차게 쏟아지는 모양)스레 실행하였는데, 평생에 힘을 얻은 곳이 대
부분 이 주자서에 있었다.   _ 김성일,《학봉집鶴峯集》〈퇴계선생사전退溪先生史傳〉

퇴계의 학통을 이어받은 대표적인 제자 학봉 김성일은 스승의 학문이
주자서에서 힘을 얻었다고 증언하였다. 여기서 주자서는《주자전서朱子全
書》를 말한다. 이 전집은 주자의 시문과 사상을 수록한 121권의 방대한 저
작이다.《주자전서》가 조선에서 정식 간행된 것은 중종 38년(1543), 퇴계

가 벼슬을 내려놓고 고향으로 돌아가기 직전이다. 이 전집이 학문에 대한 이황의 열정에 불을 붙인 것일까? 퇴계는《주자전서》를 반복해서 읽고 골똘히 생각했다. 그리고 먹고 자는 것도 잊은 채 깨달음을 구한 지 십수 년 만에《주자서절요朱子書節要》를 내놓았다.

이 책은《주자전서》본편 중 거의 절반에 이르는 서간문에 주목했다. 주자는 남송의 학자, 문인, 대부 등 각계 인사들과 서신으로 다양하고 깊이 있는 의견을 교환했다. 단편적이기는 하지만 자신의 생각을 집약하여 전달한 이 서신들 속에는 그의 학문과 사상이 함축되어 있다. 이황은 그 가운데 주자학의 알맹이가 담겨 있는 내용을 엄선하여《주자서절요》를 펴냈다.

《주자서절요》는 명종 16년(1561)에 정식 출간되었지만, 그전에 이미 퇴계의 제자들에 의해 방방곡곡 퍼져 나갔다. 주자학을 깊이 파고든 퇴계의 가르침은 젊은 선비들에게 큰 호응을 얻었다. 퇴계는 시나브로 조선 선비들을 주자학의 세계로 이끄는 큰 스승으로 자리매김했다. 유생들은 꼬리에 꼬리를 물고 그의 문하로 모여들었다.

한편,《주자전서》와 더불어 퇴계의 삶에 큰 영향을 미친 또 다른 서적은《심경心經》이다.《주자전서》가 이론적 표준이었다면,《심경》은 실천의 잣대였다. 이 책은 남송의 주자학파 학자인 진덕수가 경전과 유학자들의 저술에서 심성 수양에 관한 격언을 모아 편집한 책이다. 이후 명나라 때 정민정이 주註를 붙여《심경부주心經附註》를 편찬하였는데, 조선에서는 주석서와 원전을 묶어서 '심경'이라 불렀다. 이 책에서 정민정은 "성학聖學의 시작과 끝을 이루는 요령이 '경敬'에 있다"고 하였다. 경은 이황 수양론의 핵심 개념이다.

퇴계는 평소《심경》을 끼고 살았다. 제자 김성일의 증언에 따르면, 스승이 닭이 울 때 일어나서 반드시 어떤 글을 엄숙하게 외우기에 자세히 들여다봤더니《심경》이었다. 퇴계는 꼭두새벽마다 이 책을 읽으며 마음을 다스리고 학문에 정진했다.

> "늘 공경하고(持敬) 항상 정성스러우며(存誠) 기미를 사전에 막고(防微) 홀로 있을 때 삼가면(愼獨), 흐트러지는 마음을 거두어 욕심으로부터 몸을 지킬 수 있게 됩니다. 주자 같은 분도 평생을 호랑이 꼬리를 밟은 듯, 봄날의 살얼음을 밟은 듯 지내셨다고 했으며, 항상 눈이 녹기도 전에 돋아난 풀과 같이 경계하는 마음을 지니셨다고 합니다. 그렇다면 우리들은 어떻게 해야 되겠습니까?"
>
> _ 기대승,《고봉집高峰集》, 이황이 기대승에게 보낸 편지, 1560년 11월 5일

이처럼 이황은 학문과 심성을 닦는 데 주자를 근본으로 삼고 당대의 뛰어난 학자들과 치열한 논쟁을 벌였다. 16세기 중반 무렵 조선 성리학은 백가쟁명百家爭鳴(여러 사람이 자기주장을 내세우는 일)의 양상을 띠었다. 서경덕, 이항, 노수신, 남언경, 조식 등 기라성 같은 학자들이 쏟아져 나왔다. 명나라에서 건너온 왕수인의 양명학과 나흠순의 이기일물론理氣一物論도 각광을 받았다. 조선 선비들의 사랑방에는 다양한 학설들이 넘실댔다.

선비들은 특히 신유학의 세계관을 이루는 이기심성론理氣心性論에 열광했다. 그들은 이理와 기氣에 심취하여 우주 만물의 이치를 따지고, 본성(性)과 마음(心)을 탐구하여 자기 수양의 준거로 삼았다. 그 결과, 이기심성이 어떻게 발동하고 작용하는지를 놓고 한 치의 양보도 없는 논쟁이 벌어졌

다. 논변을 주도한 인물은 퇴계 이황이었다.

조선 뒤흔든
사단칠정 논쟁

사단의 발동은 순수한 이理인 까닭에 언제나 선하고, 칠정의 발동은
기氣와 겸하기 때문에 선악이 있다.

_ 이황, 《퇴계집退溪集》, 이황이 기대승에게 보낸 편지, 1559년 1월 5일

명종 14년(1559) 이황은 기대승에게 이 같은 편지를 보내 사단칠정四端七
情 논쟁을 촉발시켰다. 두 사람의 논변은 단숨에 장안의 화제로 떠올랐다.
이황과 기대승이 처음 만난 것은 그 전해인 1558년으로 이때 퇴계가 58세,
고봉高峰(기대승의 호)이 32세였다. 이후 그들은 13년 동안 편지를 주고받
으며 이 땅에 주자학의 이기심성론을 꽃피웠다.

'사단칠정 논쟁'이란 대체 무엇이고 역사적으로 어떤 의미가 있을까. 비
판적인 입장에서 보면, 이 논쟁은 말장난에 불과할지도 모른다. 16세기 중
반 조선은 문정왕후와 윤원형 등 훈척勳戚 세력이 전횡을 일삼아 백성들이
뿔뿔이 흩어져 신음하고 울부짖었다. 현실과 동떨어진 관념적인 논변은
아무리 고상해도 좋게 보기 어렵다.

하지만 그럼에도 불구하고 사단칠정 논쟁을 비롯한 이기심성론의 개화
가 조선을 바꾼 것은 엄연한 사실이다. 이로 인해 선비들이 주자학의 기치

아래 결집하고 그것이 신진사림의 정권 교체로 이어졌다. 그리고 이후 조선에서 성리학적 지배가 본격화된다. 그런 의미에서 이황이 주도한 사단칠정 논쟁은 꼭 짚고 넘어갈 필요가 있다.

사단四端은《맹자孟子》에 나오는 말로 측은지심惻隱之心(남을 불쌍히 여기는 마음), 수오지심羞惡之心(옳지 못함을 부끄러워하는 마음), 사양지심辭讓之心(겸손하여 남에게 양보하는 마음), 시비지심是非之心(잘잘못을 분별하여 가리는 마음)을 가리킨다. 칠정七情은《중용中庸》이 출처로 희喜(기쁨), 노怒(노여움), 애哀(슬픔), 구懼(두려움), 애愛(사랑), 오惡(미움), 욕欲(욕망)을 일컫는다.

퇴계는 사단을 인仁(어짊), 의義(의로움), 예禮(예의바름), 지智(지혜로움) 등 인간 본성이 드러난 도심道心으로, 칠정은 정욕이 개입한 인심人心으로 보았다. 하늘로부터 부여받은 사단은 선하지 않음이 없고, 현실 세계의 영향을 받은 칠정은 선악의 구별이 있다. 문제는 이황이 사단과 칠정을 각각 이理와 기氣의 산물로 도식화하고 있다는 점이다. 이와 기를 나누되 단절하지 않은 주자의 가르침과 차이가 있었다.

기대승은 이에 날선 비판을 가했다. 그는 사단과 칠정을 이理와 기氣에 나누어 붙이는 것을 반대했다. 주자학에서 이는 우주 만물의 원리요, 기는 그 원리가 구현되는 실체다. 그런데 현실 세계에서 이와 기는 만물 안에 같이 존재하며 서로 떨어질 수 없다. 즉 이와 기는 논리적 측면에서는 둘이지만, 현상적으로 볼 때는 하나라는 것이다. 따라서 사단과 칠정도 칼로 자르듯이 나눌 수 없다는 것이 기대승의 견해였다.

기대승의 주장은 주자학의 기본 원칙에 충실한 것이었다. 결국 이황은 수정설을 내놓을 수밖에 없었다. 이번에는 "사단은 이가 발동하고 기가 그것을 따르며, 칠정은 기가 발동하고 이가 그것에 탄다"고 바꿨다. 자신의 학설을 견지하되, 우주 만물을 이와 기의 합으로 보는 주자학의 대전제를 슬쩍 녹인 것이다. 퇴계는 이 설을 사단칠정 논쟁의 결실이라고 여겼던 것 같다. 기대승에게 보낸 편지에서도 "처음에는 달랐으나 끝내는 모아졌다" 며 만족스러워 했다. 그러나 기대승은 이황의 수정설도 수긍하지 않았던 것으로 보인다. 이황과 서신으로 사단칠정 논쟁을 벌이며 인간적 신뢰를 쌓긴 했지만 아닌 건 아닌 거다.

주자학을 추종하는 선비들도 탐탁지 않아 했다. 이理가 과연 발동의 주체가 될 수 있느냐가 주된 문제의식이었다. 주자학에서 이는 물질적 실체가 없고 따라서 운동성도 없다. 뭔가를 발동시킬 수 있는 주체가 아니라는 이야기다. 훗날 율곡 이이가 이황의 사단칠정설을 '이기호발理氣互發'(이와 기가 각기 따로 발동함)이라 지칭한 것은 이와 같은 비판적 맥락에서다.

그렇다면 이황은 왜 주자의 가르침을 거스르면서 '이기호발'을 거듭 주장했을까? 이황은 사단, 즉 도심에 대한 이理의 발동을 유독 강조했다. 여기에는 학문 이외에 다른 의도가 숨어 있었을 가능성이 크다. 비록 학문에 투신하긴 했지만 이황은 당상관을 지낸 관료 출신이었다. 젊은 선비들과 달리 그는 사단칠정 논쟁의 정치적 의미를 고려하지 않았을까?

"전일에 왕복하던 사단칠정 논쟁이 저에게 이르러 그쳤으나 아직 결론 이 나지 않았습니다. 그러던 중에 다시 생각해 보니 '의리義理를 분석 하여 밝히는 일'은 지극히 정밀하고 해박해야 하는데, 제 논술은 조리 가 번잡하고 사설이 방만하며 견해가 넓지 않고 조예가 미치지 못합니다. 털끝만큼 터득한 것도 없이 쓸데없는 다툼으로 '성스러운 학문(聖門)'의 큰 금기를 범하는 것이 될 뿐입니다."

_기대승,《고봉집高峰集》, 이황이 기대승에게 보낸 편지, 1562년 10월 16일

이 편지글에서 유의할 점은, 이황이 비판을 겸허히 받아들이면서도 논변의 당위성을 언급하고 있다는 것이다. 그는 사단칠정 논쟁에 대해 '의리義理를 분석하여 밝히는 일'이라는 관점을 내비쳤다. 역대 사림은 임금과 훈구파에 맞서 도덕적 의리를 주장했다. 이황은 이기심성론으로 그 의리가 어떻게 발동하고 작용하는지 규명함으로써 새로운 사림의 시대를 열고자 한 것이다.

퇴계의 '이기호발설'은 그 학문적 오류에도 불구하고 시대정신에 부합했다. 그는 고집스럽게 사단을 이理의 발동으로 규정했다. 주자학에서 이는 하늘의 명령이자 우주 만물의 원리다. 사단四端이 이의 발동이 되면 도심道心에 종교적 권능이 실린다. 사림이 주장해 온 의리 또한 신성불가침의 힘을 갖는다. 결과적으로 도덕적 의리가 임금의 권력에 맞먹는 지위로 발돋움하게 된다.

허위의
수두머리인가

공자가 제자에 따라 맞춤형 교육을 했다면, 이황은 시대를 헤아리고 맞

춤형 학설을 내놓았다. 이황의 '이기호발설'은 사실 단순 논리다. 어찌 보면 학설보다는 교리에 더 가깝다. 하지만 향촌의 사대부들에게는 정교한 논리에 기초한 기대승의 학설보다 더 잘 먹혔을 것이다. 예로부터 사람을 홀리는 것은 단순 논리요, 종교적 믿음이다. 이황은 오늘날의 미디어처럼 교묘한 대중 화법을 구사했다. 그의 학설에는 이런 메시지가 숨어 있다.

"선비들이여, 이理를 받들고 의리를 높이면 새 세상이 온다. 주자천국 불신지옥!"

조선 선비들은 대대로 《맹자》의 '구방심求放心'(잃어버린 마음을 회복하는 것)과 《대학》의 '명명덕明明德'(밝았던 덕을 다시 밝히는 것)을 학문하는 도리로 삼았다. 이른바 '위기지학爲己之學'(자기 자신의 본질을 밝히는 학문)이다. 이황은 거기에 종교적 권능을 실어 선비들에게 시대적 소명을 일깨웠다. '퇴계 선생'의 명망은 하늘을 찔렀고, 선비들의 사랑방은 그가 불을 지핀 이기심성론으로 후끈 달아올랐다.

이제 임금은 종교적 권능을 가진 사람의 도덕적 의리를 함부로 무시해서는 안 된다. '성스러운 학문' 주자학을 하는 선비들을 마구 죽일 수도 없다. 도덕적 의리는 그 자체로 권력이 되고, 주자학은 그 권력을 든든하게 지탱해 준다.

하지만 사단칠정 논쟁은 뜨거운 호응과 함께 만만치 않은 역풍도 불러왔다. 재야 선비들의 각성에 놀란 조정에서는 그 동태를 예의주시하는 한편, 이기심성론을 '공리공담空理空談'(헛된 말)이라고 깎아내렸다.

당대의 거유 남명 조식도 관념적인 논변을 싸잡아 "손으로 물 뿌리고 비질하는 절도도 모르면서 입으로 천상의 이치를 말한다"며 한탄했다. 일상의 실천은 소홀히 하면서 말로만 하늘의 이치를 따진다는 비판이다. 그는 또 "공부하는 자들이 헛된 이름이나 훔쳐 남을 속이려 든다"면서 퇴계에게 후학들을 타일러야 한다는 편지를 쓰기도 했다.

그럼에도 이기심성론에 빠진 조선 선비들은 주자학의 기치 아래 결집하기 시작했다. 백가쟁명의 조선 성리학도 차츰 주자학을 근본으로 삼아 일원화되었다. 이황은 주자학 이외의 학설을 이단으로 치부하며 배타적인 태도를 취했다. 김성일에 따르면, 퇴계는 이단을 마치 여색과 같이 여겨서 그것을 엄하게 끊지 못할까 봐 걱정하였다.

이황이 《이학통론理學通論》을 찬술하여 주자 이래 중국 유학자들의 언행을 빠짐없이 모은 것도 이단을 경계하기 위함이었다. 이황은 양명학, 이기일물론 등 중국에서 건너온 신흥 학설에 대해 노장老莊(도가)과 선학禪學(불가)의 폐단을 들먹이며 비판했다.

　　"중국 학자들은 모두 불교의 기미를 띠고 있다."

_ 이황, 《퇴계집退溪集》〈언행록言行錄〉

서경덕, 노수신, 조식 등 조선의 거유들도 예외가 될 수 없었다. 퇴계는 이理를 잘 모른다거나 성현(주자)의 말씀에 어긋난다거나 신기한 것을 숭상한다는 식으로 그들을 깎아내렸다.

　　"화담花潭(서경덕)의 학설을 보면 기氣를 논한 것은 매우 정밀하지만, 이理에 대해서는 그다지 정밀하지 못하였다. 기에 치우치기도 하고,

이를 기로 알기도 하였다."

"대개 세상에는 자기의 근본에 대하여 공부하는 사람이 없는데, 소재蘇
齋(노수신)는 상산象山(육구연)의 의견을 지키니, 아주 두려운 일이다."

"남명南冥(조식)은 다만 일개 기이한 선비일 뿐이다. 그의 의론이나 식
견은 항상 신기한 것을 숭상해서 세상을 놀라게 하는 주장에 힘쓰니,
이 어찌 참으로 도리를 아는 사람이라 하겠는가."

_ 이황,《퇴계집》〈언행록言行錄〉

특히 이황이 조식을 "일개 기이한 선비"라고 깔아뭉갠 대목이 눈에 띈
다. 조식의 반격도 만만치 않았다. 제자 오건에게 보낸 편지에서 그는 이
황을 "허위의 우두머리"로 묘사했다. 경상좌도와 경상우도를 대표한 두 유
학자는 대외적으로 서로를 치켜세웠지만 속내를 들여다보면 이처럼 차디
차게 반목했다.

평이하고 명백한 도

그렇다면 어째서 퇴계의 학문이 조선 성리학의 기준점이 되었을까? 김성
일은 이황을 일컬어 "평이하고 명백한 것으로써 '도道'를 삼았지만 사람들

이 미처 알 수 없는 묘리가 있었고, 겸허하고 사양하는 것으로써 '덕德'을 삼았지만 사람들이 어길 수 없는 실상이 있었다"고 회고한다. 바로 그 평이하고 명백한 도와 겸허하고 사양하는 덕이 선비들에게 조선이 지향해야 할 '도덕道德'으로 받아들여졌다.

퇴계는 늘 '평이하고 명백한 도'에 힘쓰라고 가르쳤다. 이황은 색다르거나 괴상한, 달리 말하면 독창적인 주장을 별로 좋아하지 않았다. 그것을 남의 이목이나 끌려는 욕심의 산물이라고 본 것이다. 대신 그는 보통 사람이 날마다 부딪히는 일상사에 진리가 있다고 믿었다. 이는 성현의 가르침이기도 했다.

> "공자가 번지에게 이르기를, '거처할 때는 공손히 하고, 일을 할 때는 충실히 하며, 사람을 대할 때는 공경히 하라'고 하였으니, 이것이 모두 평이하고 명백한 것이다." _ 이황, 《퇴계집》〈언행록〉

이황은 일상 속의 도를 스스로 실천에 옮겼다. 사람을 대할 때는 공경하면서도 예의가 있었고, 처신은 간략하면서도 도리를 다하였다. 기쁘거나 노한 감정을 얼굴에 나타내지 않았고, 황급한 지경에 처해도 평정심을 잃지 않았다. 평소에는 몸에 걸친 옷조차 버거워 보였으나, 일에 임해서는 확고부동하여 맹분孟賁(중국 전국시대의 장사)이라 할지라도 그 뜻을 빼앗을 수 없었다. 이는 혹독한 자기 수양의 결과였다.

'겸허하고 사양하는 덕'은 후학들을 대하는 자세에 잘 드러났다. 이황은 제자의 나이가 어려도 이름 대신 '너'라고 부르는 법이 없었다. 선비를 맞이하거나 전송할 적에는 반드시 섬돌 아래에 내려와서 하였다. 멀리서 찾아오면 비록 거친 밥에 나물국이라도 반드시 함께 숟가락을 떴다. 무엇보다 후학들에게 스승을 자처하지 않고 학우學友의 예를 다하였다.

책을 보다가 의심이 나거나 어려운 부분에 이르면 자신의 견해를 주장하지 않고 반드시 여러 사람들의 의논을 널리 채택하였다. 장구章句의 해석이나 일삼는 선비의 말이라도 자세히 듣고 마음을 비워 이해하였다. (또 이치에 어긋나면) 반복해서 관여하고 바로잡아 마침내 바른 데로 귀결한 다음에야 그만두었다.

_ 김성일,《학봉집鶴峯續集》〈퇴계선생사전退溪先生史傳〉

이황이 조선 선비들의 큰 스승으로 자리매김한 데는 나이와 지위와 지역을 뛰어넘은 소통의 힘이 컸다. 주자가 그랬던 것처럼 이황도 각지의 학자, 선비, 관료들과 서신으로 교류했다. 특히 후학들에게 귀 기울이고 그들과 대등한 입장에서 의견을 주고받았다. 사단칠정 논쟁에서 이황은 아들뻘인 기대승의 견해를 너그럽게 포용하고 성심성의껏 답하였다. 이런 태도는 당대의 젊은 선비들에게 감동을 주기에 충분했다.

이황은 생의 마지막 순간까지 낮은 자세로 소통하며 본인의 학설을 가다듬었다. 1570년 11월 기대승에게 보낸 마지막 서신에서도 '격물格物'과 '태극太極'에 대한 자신의 견해가 잘못되었음을 고백하며 후학에게 시대의 소망에 부응해 줄 것을 당부한다. 한 달 후 그는 70세의 나이로 세상을 떠났다.

조선이 나아갈 길을 정하다

퇴계 이황은 사후 '동방의 주자'로 추앙받았다. 중국에서 끊겼던 주자의 도통道統(도학의 정통 계보)은 퇴계에 의해 조선으로 이어졌다. 광해군 2년 (1610)에는 문묘 종사의 영광을 누리기도 했다. 성균관 공자 사당에서 성현과 함께 젯밥을 받는 것은 선비로서 최고의 명예였다. 이황의 도덕은 그렇게 조선의 도덕으로 자리매김했다. 하지만 그 이면에는 분명 그늘이 있었다.

요사이 들건대 남언경이 "이황은 자신을 위한 학문을 하고자 하지 않았으나, 그의 행적을 살펴보면 마치 자신을 위하는 듯했다"라고 말했답니다. 그 말을 들으니 저는 땀이 나서 옷을 적실 정도였습니다.

_기대승,《고봉집高峰集》, 이황이 기대승에게 보낸 편지, 1567년 9월 21일

조선 양명학의 선구자인 남언경이 이황을 비판한 대목이다. 학자로서 자신을 위하려는 의도는 없었지만 행적을 보면 자신을 위하는 미필적 고의가 엿보인다는 말이다. 이 말이 이황의 서신에 담겨 있는 것이 재미있다. 이 때문에 땀이 나서 옷을 적셨다고 하니 스스로도 찔리는 구석이 있었던 걸까? 남명 조식도 한 마디 거들었다. 1570년 이황이 세상을 떠난 직후 "내 비석에는 '처사處士'라고만 쓰라"고 했다는 유언을 전해 듣고, 조식은 이렇게 푸념했다고 한다.

"할 벼슬은 다 하고 처사라니, 평생 출사하지 않은 나도 이 칭호를 감당하기 어렵거늘."

조식이 볼 때, 퇴계는 세상의 헛된 이름을 누린 인물이다. 처사의 절개까지 탐내는 건 적절하지 않다고 생각했다.

이황은 학자로서 널리 이름을 떨쳤지만 그 행보는 정치적이었다. 퇴계는 송대 이후 성리학의 확장과 변주를 부인하고, 주자의 성스러운 도를 복원함으로써 학문하는 선비의 권위를 높였다. 또 기대승과의 사단칠정 논쟁 등을 통해 도덕적 의리를 분석함으로써 사림의 언로에 종교적 권능을 부여하는 데 성공했다. 표면적으로는 정치를 하지 않았지만 실상을 뜯어보면 정치를 한 것이다.

이로써 조선이 나아갈 길이 정해졌다. 이황은 스스로 그 이정표가 되었다. 선조 2년(1569) 3월 4일 밤, 임금이 야대청夜對廳(조선시대에 왕이 특정한 신하를 청해 만나던 장소)으로 이황을 불러들였다. 잠시 벼슬에 복귀했다가 다시 낙향하려는 그에게 마지막으로 충언을 경청하고자 함이었다. 임금과의 독대에서 이황은 나라를 다스리는 도리에 대해 간곡히 아뢰었다.

"옛사람의 말에, '태평세상을 걱정하고, 밝은 임금을 위태로이 여긴다'라고 하였습니다. 대개 밝은 임금은 남보다 뛰어난 자질이 있고, 태평한 세상에는 걱정거리에 대한 방비가 없게 마련입니다. 남보다 뛰어난 자질이 있으면 혼자의 지혜로써 세상을 주무르며 여러 신하들을 가벼이 보는 마음이 생기게 됩니다. 걱정거리에 대한 방비가 없으면 임금은 반드시 교만한 마음에 빠지게 되는 것이니, 이것은 실로 염려스러운 일입니다."

이황은 뛰어난 임금이 태평하게 다스린다 해도 자신의 사욕을 이기지 못하면 화를 피할 수 없다고 했다. 왕이 교만하거나 치우치지 않으려면 유학자처럼 학문과 심성을 닦아 도덕을 기르는 수밖에 없다. 이를 위해 이황은 선조에게《성학십도聖學十圖》를 바쳤다. 이 책에서 가장 눈에 띄는 것은 퇴계 수양론의 핵심 개념인 '경敬'이다.

경敬이란 도道로 들어가는 관문이요, 덕德을 쌓는 기틀이 된다.

_ 이황,《성학십도聖學十圖》

이황의 도덕은 경敬에서 출발한다. 그것은 '안으로 다스림'을 의미한다. 조식도 경을 중시했다. 그는 '안으로 밝힘'이라고 정의했다. 경에 대한 해석은《주역》에도 나온다. 여기서는 '안으로 곧게 함'이다. 안으로 다스림이든, 안으로 밝힘이든, 안으로 곧게 함이든 성리학에서 경을 도덕의 근원으로 인식하고 있다는 것은 분명한 사실이다.

퇴계의 자기 수양은 일상 속에서 굳건하게 경을 견지하는 것이다. 그리하여 도덕을 바로 세워야 능히 사람들을 다스릴 수 있다. 이것이 이황의 치도治道(나라를 다스리는 도리)다. 그러나 그는 '현실에 맞지 않고 실상이 없다'는 비판에 직면해야 했다. 특히 조정에서 나랏일을 오랫동안 맡아 온 대신들이 각을 세웠다.

선조 즉위를 전후해 윤원형 등 훈척 세력이 밀려나자, 이준경을 필두로 현실적인 관료들이 잠시 실권을 잡았다. 그들은 훈척세력의 전횡으로 흩어진 민심을 수습하고자 사회경제 개혁에 나섰다. 정공도감正供都監(공납을 바로잡는 관청)을 비롯해 갖가지 개혁 방안들이 나왔다. 이황과는 통치에 대한 발상부터 달랐다. 이에 이황은 나랏일의 우선순위를 따져 보자며 다음과 같은 상소를 선조에게 올렸다.

"신정新政은 도술道術을 밝힘으로써 인심人心을 바르게 하는 것입니다. 도술이란 어떤 것입니까. 천명天命에서 나와 인륜人倫에 행해지는 것입니다. 그것을 밝히는 데 있어서는 본말本末, 선후先後, 완급緩急의 순서가 있어야 합니다. 임금이 몸소 실천하고 깨달아 백성에게 가르침을 행하는 것이 근본입니다. 그렇다면 근본은 당연히 먼저 하고 서둘러야 할 것이며, 말단은 뒤에 하고 천천히 해야 할 것입니다."

_《선조수정실록》 1568년 8월 1일, 이황의 상소문

이황은 갓 즉위한 어린 임금에게 새로운 정치는 '도덕정치'라고 못 박았다. 임금이 몸소 실천하고 깨달아 백성에게 가르침을 행하는 것이 근본이므로 이것을 먼저 서둘러야 한다. 사회경제 개혁은 말단에 지나지 않으니 나중에 천천히 해도 된다.

이황은 학문적 지지층인 향촌 사대부들을 의식했는지도 모른다. 그들은 이미 향촌에서 부와 지위를 굳히고 있었다. 자신들의 특권을 침해할 수도 있는 사회경제 개혁을 좋아할 리 없었다. 400여 년 전 주자가 걸었던 발자취를 이황이 뒤쫓은 셈이다.

군신공치,
사림의 나라로

이황의 정치관은 주자학을 신봉하는 선비들 사이에 폭넓은 공감대를 형성하고 있었다. 도덕정치를 추구한 이 선비들을 '신진사림新進士林'이라고 부른다. 신진사림은 명종 말년과 선조 초년 사이에 정치개혁을 내걸고 조정에서 약진을 거듭하였다.

사림의 뿌리는 고려 절의파 선비들로 거슬러 올라간다. 고려 말 신진사대부 가운데 상당수는 조선 건국에 반대하며 뿔뿔이 흩어졌다. 이 가운데 정몽주를 종주로 삼고 길재, 김숙자, 김종직으로 이어진 학통은 절의의 표상으로 자리매김하며 학문적 명성을 키웠다. 조선 전기의 임금들은 그들을 조정에 출사시키기 위해 애썼다. 조선 건국파만으로는 나라를 운영하기가 어려운 데다 분열된 사대부 사회도 통합할 필요가 있었기 때문이다.

이후 사림은 훈구파 견제라는 시대적 소명에 힘입어 본격적으로 정치 무대에 등장했다. 1세대 사림은 성종 때 언론삼사言論三司(사헌부, 사간원, 홍문관)를 중심으로 모습을 드러냈다. 그들은 임금과 대신들에게 과감한 언로를 행사하다가 연산군에 의해 무오사화, 갑자사화를 겪었다. 2세대 사림은 중종 재위기에 조광조와 뜻을 함께 했다. 지치至治(요순 시절의 지극한 다스림)의 이상을 꿈꿨으나 기묘사화로 인해 좌절을 맛봤다.

명종 말년과 선조 초년의 신진사림은 3세대 사림에 해당한다. 이 시점에는 성리학이 조선 땅에 널리 퍼졌고, 사대부 계층이 사회경제적인 힘을 쥐고 있었다. 신진사림의 저변은 과거와 비교할 수 없을 만큼 두터워졌다.

반면 어린 임금은 힘이 없었고 훈척 세력은 밀려난 상태였다. 신진사림은 주자학의 성스러운 권위를 앞세워 도덕적인 발언권을 높여 나갔다. 그들의 정신적 지주이자 강력한 후원자가 바로 큰 스승 퇴계 이황이었다.

그렇다면 신진사림의 키를 잡은 인물은 누구였을까? 이황은 선조에게 작별을 고하면서, 오랜 세월 필담을 나누고 신뢰를 쌓아 온 기대승을 천거했다. 하지만 그가 귀향한 후 신진사림을 이끌고 정국을 주도한 주인공은 율곡栗谷 이이李珥였다. 율곡은 구도장원九度壯元(과거 시험의 9개 관문에서 모두 수석을 차지함)의 천재적인 두뇌와 임금에게 쓴소리를 아끼지 않는 의로운 인품으로 신진사림의 귀감이 되었다.

1575년 이이는 성리학적 지배의 교과서라 할 《성학집요聖學輯要》를 지어 선조에게 바쳤다. 이 책에서 그는 성현의 학문을 '수기치인修己治人'이라고 정의했다. '나 자신을 닦아 사람을 다스린다'는 의미다. 그것은 성리학적 지배에 대한 이이의 해석인 동시에, 도덕정치를 향한 신진사림의 열망을 담고 있었다. 이이와 신진사림은 마침내 현실적인 노대신들을 밀어내고 조정을 장악한다. 사림이 오랜 시련 끝에 집권에 성공한 순간이다.

도덕정치를 앞세운 사림의 집권은 임금과 신하의 관계에 변화를 몰고 왔다. 성리학이 지배하는 세상! 주자학과 이기심성론에 심취한 선비들은 임금보다 도덕이 먼저였다. 신하의 도는 의리를 따르는 것이지, 임금을 따르는 게 아니었다. 임금은 자기 수양에 힘쓰고 백성을 교화하면서 신하와 함께 나라를 다스리는 존재가 되었다. 남송의 주자가 언급한 군신공치君臣共治가 조선에서 이뤄진 셈이다.

하지만 그들이 따지는 도덕적 의리라는 것도 학통에 따라 여러 가지 해석이 가능했다. 퇴계학파와 남명학파, 그리고 율곡학파의 해석이 다를 수 있다는 말이다. 이들 학통은 각각 남인, 북인, 서인으로 분화되면서 이 땅에 붕당정치의 불을 지폈다. 신하들은 자기 당의 이해득실을 따지며 다툼을 벌였고, 교만한 임금은 이를 바로잡기는커녕 오히려 분열을 부추기면서 부질없이 왕권 강화에 몰두했다. 이와 같은 폐단을 미리 내다본 것일까?《주역》에 정통한 이황은 죽기 전 어느 날 제자 이덕홍에게 걱정을 털어놓았다고 한다.

"요새 '효상爻象'(주역의 괘로서 변화의 형상을 뜻함)이 매우 우려스럽다."

"선생님은 이미 산림에 계시는데 무엇이 두렵다는 말씀입니까?"

"내 한 몸이야 상관없지만 저 사람(선조 혹은 이이)의 위태함이나 나라의 쇠잔함이라면 어쩌겠느냐?"

이황의 우려대로 조선은 민생 파탄에 신음하다가 1592년 임진왜란에 휩싸인다. 그러나 이미 시대의 소임을 마친 자가 무슨 회한이 있을 것인가. 퇴계는 스스로 도덕적 이정표가 되어 조선을 '성리학의 나라', '주자학의 나라', '사림의 나라'로 이끌었다.

물론 이황의 도덕은 신분제 사회에서 하늘의 이치인 윤리 규범을 앞세워 사회적 약자를 억압하는 수단으로 쓰이기도 했다. 역사적으로 볼 때 그 폐단이 가볍지 않다. 하지만 그렇다고 무조건 폄하하는 것은 바람직하지 않다. 동물적인 권력욕과 탐욕이 팽배해 인간의 가치를 짓밟는 오늘날에 이르면 이황의 도덕은 '인간학'의 재정립 측면에서 복권의 여지가 있다. 인간성 회복은 윤리적 주체임을 자각해야 가능하기 때문이다.

퇴계는 인간의 마음속에 우주가 있다고 말했다. 우리는 한 사람 한 사람 우주를 품은 어마어마한 존재다. 퇴계 이황의 유지가 담긴 묘표墓表(죽은 이의 행적을 적은 글)는 그래서 울림이 크다. 시대의 소임을 마친 자가 느끼는 홀가분함과 아쉬움이 교차하면서 시공을 초월한 삶의 역사적 의미를 일깨운다.

나의 회포 여기에서 막히었으니　　　　　　　我懷伊阻

나의 패옥 누가 있어 어루만지랴　　　　　　我珮誰玩

옛사람들 모습을 떠올려 보니　　　　　　　　我思古人

실로 이런 나의 마음을 먼저 얻었네　　　　　實獲我心

그러나 후세 사람들은 어찌 알리오　　　　　寧知來世

오늘의 이내 마음 알지 못할걸　　　　　　　不獲今兮

근심 가운데도 즐거움 있고　　　　　　　　　憂中有樂

즐거움 속에서도 근심이 있네　　　　　　　　樂中有憂

조화를 따라서 사라짐이여　　　　　　　　　乘化歸盡

다시 또 무엇을 구하겠는가　　　　　　　　　復何求兮

_ 이황,《퇴계집退溪集》

조광조는 어떻게 '불멸의 선비'가 되었나?

조선 중기의 개혁가 조광조는 1515년 역사 무대에 혜성처럼 등장했다가 4년 만에 허무하게 최후를 맞았다. 하지만 그는 죽고 나서 선비의 표상으로 받들어지며 뜨겁게 부활했고, 50년 후 신진사림 집권의 기폭제가 되었다. 조광조는 어떻게 '불멸의 선비'가 되었을까?

"양사兩司(사헌부와 사간원)를 파하고 언로를 다시 여소서!"

_《중종실록》 1515년 11월 22일

조광조가 조정에 출사하던 해에 임금에게 나아가 아뢴 말이다. 등장부터 심상치 않다. 그해 과거에 급제한 일개 사간원 정언(정6품)이 임금의 면전에서 자신의 상관들을 몽땅 자르라고, 언로가 잘못됐으니 다시 열라고 거침없이 직언을 퍼붓다니! 뒷배라도 있었나?

기실 조광조는 과거 시험을 치기 전부터 명망이 높았다. 그는 절의파 학통을 잇는 김굉필의 제자였다. 김굉필은 김종직의 문인으로 1498년 무오사화가 터졌을 때 희천으로 유배를 떠났다. 조광조는 유배지를 찾아가 김굉필에게 《소학》, 《근사록》 등을 배우며 성리학에 눈을 떴다. 요즘으로 치면 명문대 학벌을 얻은 것이다. 조광조는 또 결벽증에 가까운 바른 생활 사나이였다. 한번은 그가 공부방에서 책을 읽고 있는데 이웃집 처자가 불쑥 들어왔다. 맑은 기상이 우러난 조광조의 목청에 반해 상사병을 얻은 아가씨가 홀로 짝사랑을 키우다가 담을 넘어 들어온 것이다. 조광조는 부모에게 걱정을 끼쳤다며 처자를 엄하게 나무라고 회초리로 종아리를 쳤다고 한다.

조광조는 성현의 가르침을 있는 그대로 실천에 옮기는 원리주의자였다. 성균관 유생 시절 그는 방 안에서도 흐트러짐 없이 의관을 정제하고 자세를 꼿꼿이 했다. 처음에는 다른 유생들의 비웃음을 샀지만 얼마 지나지 않아 경외의 대상이 되었다. 조광조를 두고 '참된 선비'라는 평판이 나돌았다. 그의 일거수일투족은 장안의 화제가 되었고, 세간의 명성은 중종 임금의 귀에까지 흘러 들어갔다.

1515년 즈음, 중종은 야심찬 구상을 하고 있었다. 1506년 반정으로 왕위에 오른 그는 공신들의 눈치를 보면서 임금 노릇을 제대로 하지 못했다. 박원종, 유순정, 성희안 등 이른바 '반정 3공신'이 차례로 세상을 떠나자, 중종은 왕권을 정상화시켜야겠다고 마음먹었다. 왕은 우선 신진 세력을 등용해 실권을 쥔 훈구파를 견제하고자 했다. 임금의 눈에 조광조는 쓸모가 커 보였다. 명망도 있겠다, 성품도 곧겠다, 신진 세력의 구심점으로 적격이었다.

조광조의 드라마틱한 등장도 중종이 기획했을 가능성이 크다. 조정에 갓 출사한 말단 관리가 감히 자기 상관들을 몽땅 자르라고 요구하다니. 임금과 주파수를 맞추지 않고서는 꺼내기 힘든 발언이다. 이는 1515년 조광조가 치른 문과 알성시 시험에서 중종이 제시한 다음의 책문策問을 통해서도 짐작할 수 있다.

"요순시대의 잘 다스려진 정치를 되살리려면 먼저 어떤 것을 힘써야 하겠는가?"

책문은 임금이 중시하는 국정 현안을 과거에 응시한 유생들에게 묻는 것이다. 조광조는 답안지에 요순의 정치를 하늘과 사람이 하나라는 취지로 풀이하고, 그 실현 방도에 대해 이렇게 주장했다.

"임금은 홀로 다스릴 수 없습니다. 반드시 신하에게 맡겨야 합니다."

중종이 책문으로 내놓은 '요순시대의 잘 다스려진 정치', 그것이 바로 조광

156

조가 충격 발언에 이어 나라의 새로운 비전으로 제시한 '지치至治'다. 그는 임금과의 사전 교감을 바탕으로 정치 구도를 바꾸려 했다. 실제로 이를 계기로 성리학적 지배를 열망하는 선비 관료들이 조광조에게로 모여들기 시작했다. 당시 청요직淸要職(삼사의 언관과 육조의 낭관)을 중심으로 형성되고 있던 신진 세력이 조광조를 구심점 삼아 결집한 셈이다.

역사는 그들을 '기묘사림己卯士林'이라고 부른다. 기묘사화己卯士禍(1519)에 희생된 선비들이라는 뜻이다. 초창기 사림, 즉 성종 때 대거 출사했다가 연산군에 의해 화를 입은 선비들이 1세대 사림이라면, 기묘사림은 2세대 사림에 해당한다. 기묘사림은 성리학적 이상을 부르짖는 선비 관료 집단이었다. 그들에게 공자와 주자가 이상향으로 삼은 요순시대는 피가 끓어오르는 테마였다. 열정이 활활 타올랐다.

'지치'를 실현하려면 임금을 요순 같은 성인聖人으로 만들어야 한다. 기묘사림은 중종에게 《성리대전性理大全》을 강의하고 "백성을 교화하기 위해서는 임금이 먼저 도덕을 닦아야 한다"고 조언했다. 나아가 조광조는 임금뿐 아니라 사대부와 백성들도 요순시대처럼 되어야 한다고 믿었다. 그는 팔도에 《소학》과 《근사록》, 《여씨향약언해》 등을 보급하고 유교 도덕이 민간에 뿌리내릴 수 있게 장려했다. 또 양반사회의 풍속을 해친다 하여 '여악女樂'(관기가 행하는 가무와 풍류)도 폐지했다.

그렇다고 조광조가 뜬구름 잡는 이상주의에만 빠져 있었던 건 아니다. 사실 요순시대는 아득히 먼 옛날로 소읍 수준의 나라에 지나지 않았다. 인구도 훨씬 많고 관료제가 잘 발달한 조선에서 〈격양가擊壤歌〉(요순시대 태평 세월을 읊은 옛노래)만 부르고 있을 수는 없었다. 그는 현실 개혁에도 적지 않은 관심을 보였다. 특히 새로운 시대를 열기 위해 인재 풀을 획기적으로 넓히려 한 점이 눈에 띈다.

"조선은 땅덩어리가 작아 인물이 적은 데다 또 서얼과 노비를 분별하여 쓰지 않습니다. 중원에서도 귀천을 가리지 않고 골고루 쓰지 못함을 걱정하거늘 하물며 작은 나라가 이래서야 되겠습니까?'

_《중종실록》 1518년 3월 11일

조광조가 경연 자리에서 중종에게 건넨 조언이다. '금수저'와 '흙수저'를 차별하지 말고 인재를 골고루 쓰자는 주장이다. 그는 고상하지만 허황된 선비들만으로는 나라를 이끌어 갈 수 없다는 걸 잘 알고 있었다. 재주 있는 서얼과 노비도 등용해야 백성에게 이롭고 나라가 편안해지는 것이다.

그러나 조광조와 기묘사림은 완급 조절에 서툴렀다. 나랏일을 당위만으로 밀어붙이다가는 파국으로 치닫기 쉽다. 이해관계를 조정하고 반대자도 물밑으로 설득해야 하는데 기묘사림에게는 그만 한 경륜이 없었다. 조광조만 해도 30대 중후반의 나이였다. 성리학적 지배에 집착한 그들은 브레이크 없는 폭주를 거듭했고, 그 과정에서 훈구파는 물론 궁중 내명부까지 적으로 돌렸다.

조광조는 성리학 이외의 도道는 잡스러운 것이라며 불교, 도교, 민간 신앙에 대해 강경한 입장을 취했다. 그는 죽은 사람의 명복을 비는 불교 제례로 왕실에서 면면히 이어져 온 기신재忌晨齋를 단호하게 혁파했다. 무녀들을 두고 굿, 점복 등을 행하던 소격서昭格署도 철폐를 피하지 못했다. 이 관서는 궁중 내명부 여인들에게 각별한 곳이었다.

중종은 난색을 표했다. 당시 내명부의 큰어른이었던 대왕대비 정현왕후(성종의 계비이자 중종의 친모)의 반대가 부담스러웠을 것이다. 하지만 조광조는 임금의 난처한 처지를 헤아리기는커녕 퇴청을 거부한 채 밤샘 상소를 올렸다. 하도 끈질기게 요구하니까 어쩔 수 없이 들어줬지만, 중종은 그때부터 실눈을 뜨고 조광조를 보기 시작했다.

기묘사림이 요구한 정몽주, 김굉필, 정여창에 대한 문묘 종사도 사달이 났다. '문묘 종사文廟從祀'는 성균관의 공자 사당에 학식과 덕행이 뛰어난 유자의 위패를 모시는 일인데, 정치적으로 민감한 사안이었다. 조선 성리학의 정통성을 밝히는 것과 직결되기 때문이다. 기묘사림의 요구는 고려 절의파 학통에 정통성을 부여하려는 의도였다. 이에 조선 건국파의 후예인 훈구파와 고관대작들이 들고일어났다. 자신들이 피땀 흘려 조선을 일궈 왔는데 어깃장이나 놓던 자들이 공을 훔치려 든다는 것이었다.

기묘사림은 반박했다. 절의를 숭상하는 성리학의 도에 따라야 한다는 논리였다. 게다가 그들 가운데도 조선 건국파의 후손들이 적지 않았다. 예컨대 조광조만 해도 개국공신 조온의 5대손이었다. 결국 이 논란은 정몽주 한 사람만 문묘에 종사하는 것으로 매듭지어졌으나, 갈등의 골이 깊이 패였다.

조광조와 기묘사림의 폭주는 정국공신 개정 주장으로 절정에 다다랐다. '정국공신靖國功臣'은 연산군을 폐위하고 중종을 추대하는 데 공을 세운 사람들에게 내린 훈호다. 이를 개정하라는 말은 곧 중종 치하에서 권세를 누리던 훈구파에게 직접 칼을 겨눈 것이다. 조광조는 "나라의 병통이 이익의 근원에 있다"며 위훈 삭제를 강력하게 요청했다. 성리학의 도는 사사로운 이익을 경계하고 도덕적 의리를 내세운다. 그는 117명에 이르는 정국공신이 바로 그 사사로운 이익의 근원이라고 보았다.

정국공신 가운데 상당수는 연산군 시절 폭군에게 총애를 받고 충성 서약까지 한 자들이었다. 누구의 친인척이거나 금품 청탁의 대가로 숟가락을 올린 가짜들도 수두룩했다. 조광조의 주장은 그들을 공신록에서 삭제하고 전답, 노비, 면세 등의 특혜도 박탈하자는 것이었다. 기묘사림이 정국공신 개정을 밀어붙이자, 훈구파는 부글부글 끓어올랐다. 어쨌든 임금을 세우고 뒷받침해 온 사람들이다. 상황이 이렇게 흘러가자 중종도 딴마음을 품었다. 훗날 퇴계 이황은 이에 대해 기묘사림이 "창을 거꾸로 잡고 나아갔다"며 애석해했다. 재앙은 이미 예고돼 있었다.

1519년 11월 15일 새벽 훈구파 남곤, 홍경주, 심정 등이 임금의 부름을 받았다며 경복궁에 들어왔다. 그들은 전부터 희빈 홍씨(홍경주의 누이), 경빈 박씨 등 후궁들을 움직여 조광조를 모함해 왔다. 한자의 자획을 나눠 예언을 조작한 '주초위왕走肖爲王'(조씨가 왕이 된다는 뜻) 사건이 대표적이다. 나뭇잎에 꿀로 글자를 써서 벌레가 갉아먹게 한 뒤 왕의 눈에 띄도록 한 것이다.

이들이 그날 새벽 입궁한 것은 조광조 일파의 처단을 촉구하기 위해서였다. (왕명이 관건이긴 하나) 상황만 놓고 보면 정변이나 다름없었다. 훈구파는 왜 정상적인 절차를 밟지 않고 이런 비상 수단을 썼을까?

당시 기묘사림은 조정의 요직에 포진했다. 사헌부, 사간원, 홍문관 등 언론 삼사는 물론 왕의 비서실인 승정원까지 조광조의 남자들로 채워져 있었다. 뿐만 아니라 실권을 가진 좌의정, 이조판서, 병조판서 등도 조광조와 기묘사림에 호의적이었다. 국법에 따라 처벌하려면 조정에서 논의를 거쳐야 하는데, 이런 구도에서는 말도 꺼내기 힘들었다. 임금을 앞세워 불시에 치는 것 말고는 방도가 없었다.

하지만 이 거사는 곧 저항에 부닥친다. 당장 병조판서가 선비를 몰래 죽이는 건 불가하다며 강하게 반발하고 나섰다. 군사를 움직이는 병조판서 자리에는 조광조를 옹호하는 이장곤이 앉아 있었다. 그는 새벽에 영문도 모르고 입궁했다가 사태가 심상치 않게 돌아가자 제동을 걸었다. 왕을 압박해 조광조 일파를 주살하려고 한 남곤 등은 계획을 수정했다.

그들은 한 발 물러나 일단 조광조 등을 체포하되, 처결은 대신들과 의논하기로 했다. 이윽고 중종의 체포령이 떨어졌다. 대사헌 조광조를 포함한 15명의 신진 관료들이 의금부에 끌려갔다. 왕이 규정한 죄목은 다음과 같았다.

> "조광조, 김정, 김식, 김구 등은 서로 붕당을 맺고서 저희에게 붙는 자는 천거하고 저희와 뜻이 다른 자는 배척하였다. 다른 신하들이 그 세력이 치열한 것을 두려워하여 아무도 입을 열지 못하였으니 국론과 조정을 날로 그르치게 하였다." _《중종실록》1519년 11월 15일

'붕당을 맺고 국론을 그르친 것'이 죄라는 말이다. 조선은 법도를 중시한 나

라였다. 국법으로 처벌하려면 죄목이 구체적이어야 했다. 이렇게 애매모호한 죄로는 형률刑律을 적용하기 어려웠다. 대신들은 임금에게 조광조에 대한 처벌을 신중히 하라고 촉구했다. 영의정 정광필이 다음과 같이 아뢰었다.

"이들에게 과격한 잘못이 있게 된 것은 임금께서 너그러이 용납하신 소치입니다. 저 사람들은 임금께서 뽑아서 말을 다 들어주지 않았습니까? 만약 하루아침에 중벌을 가한다면 함정에 빠뜨리는 것과 같습니다."

_《중종실록》1519년 11월 16일

정광필은 평소 조광조 등에게 재상의 도리를 갖추지 못했다는 비난을 받았다. 하지만 그들이 고초를 겪게 되자 앞장서서 방패막이를 자처했고, 특히 조광조가 사지에 빠지지 않도록 애를 썼다. 과거 연산군에게 사냥이 너무 잦다는 간언을 했다가 유배를 당한 전력이 있는 그였다. 중종 때 재상이 되어 기묘사림에게 면박을 당하기도 했지만 오히려 젊은 사람들이 바른말하는 풍조를 가상히 여겼다고 한다.

한편 영의정 정광필이 조광조 일파를 옹호한 또 다른 이유는, 이 사건의 배후에 임금이 있다고 확신했기 때문으로 보인다. 중종은 조광조에게 죄주는 것이 남곤·홍경주·심정을 비롯한 조정 신료들의 요청이라고 강조했으나, 정광필은 진상을 알고 있었다. 거사 하루 전 남곤이 왕의 밀지를 가지고 그를 찾아왔기 때문이다.

중종은 정국공신 개정을 짐짓 허락한 다음, 남곤 등에게 따로 밀지를 내려 조광조 일파를 제거하고 싶다는 의중을 드러냈다. 전형적인 뒤통수다. 《실록》은 이 밀지의 내용을 사관의 사평에 일부만 담고 있다.

"임금이 신하와 함께 (또 다른) 신하를 제거하려고 꾀하는 것은 도적의 모의에 가깝기는 하나, 간사한 당이 이미 이루어졌고 임금은 고립되어 제재하기 어려우니, 함께 꾀하여 제거해서 종사宗社를 안정시키려 한다."

_《중종실록》1519년 12월 29일

중종 자신도 이런 꼼수가 적잖이 부끄럽고 민망했던 모양이다. 그럼에도 그가 사화를 도모한 것은 왕권과 관련해서 해석해 볼 필요가 있다. 중종이 조광조를 중심으로 신진 세력을 규합한 것은 반정으로 득세한 훈구파를 견제하기 위해서였다. 처음에 기묘사림이 임금을 요순 같은 성군으로 받들려고 했을 때는 왕권 신장에 대한 희망을 가졌을 것이다. 그러나 조광조 일파가 임금보다 도덕을 우선시하며 과격하게 개혁을 밀어붙이자 희망은 부담으로 바뀌었으리라.

정국공신 개정은 조광조에게 불만을 품고 있던 중종이 결정적으로 마음을 돌린 계기였다. 위훈 삭제로 공신들은 술렁였다. "위망危亡의 화가 조석朝夕에 다가와 있다"는 남곤의 말은 훈구파가 느낀 두려움을 대변한다. 그런데 공신들 못지않게 임금도 위기의식이 컸다. 훈구파가 무너지면 조광조 일파를 제어할 자신이 없었다. '통제할 수 없는 신권'은 용납하기 어려웠다. 그것이 조광조를 죽여야 할 이유였다.

대신들이 반대했지만 중종은 조광조를 사지로 몰아 갔다. 남곤 등도 극형은 지나치다고 만류했으나 막무가내였다. 왕은 조광조를 옹호하던 영의정 정광필을 교체하고 훈구파 남곤을 이조판서에 임명해 대간을 새로 구성했다. 조광조 일파의 여죄를 캐내 조정의 중론으로 삼으려 한 것이다. 이미 왕이 밀지를 내려 사화를 도모했다는 사실이 알려진 이상, 어정쩡하게 물러서면 오히려 자기가 궁지에 몰릴 수도 있었다.

1519년 12월 16일, 중종의 전교로 조광조에게 사약이 내려졌다. 조광조는 체포된 후에도 "선비로 태어나 믿을 것은 임금의 마음뿐"이라며 충심을 전했다. 하지만 왕은 마음을 내주지 않았다. 도리어 "조광조는 죽어도 아까울 것이 없다"면서 사사賜死를 종용했다. 이 사화가 훈구파의 음모라고 여겼던 조광조도 생의 마지막 순간에는 주군의 변심을 뼈아프게 받아들였을 것이다. 그러나 그는 임금을 원망하지 않았다.

"임금 섬기기를 어버이 섬기듯 했고 나라 걱정하기를 집안 걱정하듯 했
네. 광명한 저 태양이 세상을 굽어보며 밝디밝게 나의 충심을 비춰 주네."

_《중종실록》 1519년 12월 16일

그의 절명시에는 선비의 절의가 뚝뚝 묻어난다. 조광조가 세상을 떠난 후
외딴 섬이나 변방으로 보내진 기묘사림도 차례차례 뒤를 따랐다. 살아남은
자들도 사무치는 슬픔에 몸부림쳤다. 더러는 사화에 앞장선 자들에게 울분을
토하다가 역도로 몰려 처형당했고, 유명을 달리한 동지들을 안타까워하며 술
독에 빠져 산 이들도 있었다. 조광조의 절친이었지만 온화한 성품 덕에 화를
면한 이자는 죽기 직전에 이런 일기를 남겼다.

"슬프다. 때로 술을 얻으면 몹시 마시고 십여 일씩 일어나지 않으니, 양치질
하고 빗질하는 것을 오랫동안 폐하고 티끌이 손톱에 가득하다. 그런데도 입
을 벌려 먹을 것을 기다리고, 사람을 향해서 말하고 웃으니, 어찌 (내가) 추한
물건이 아니겠는가?'

그 후 뜻 있는 선비들은 조정에 출사하지 않고 향촌에서 학문과 심성을 닦
는 데 몰두했다. 그들은 조광조를 '불멸의 선비'로 떠받들었다. 그것은 선비들
의 표상이자 회한을 의미했다. 성리학적 지배를 향한 선비들의 열망은 수면
아래에서 강철같이 제련되었다. 강철이 뜨겁게 달궜다가 차갑게 식히는 과정
을 반복하면서 단단해지듯이, 선비들은 냉정과 열정 사이에서 학문을 파고들
며 새 시대를 준비했다. 진정한 성리학의 나라를 꿈꿨다.

'최초의 조선인' 정도전이 설계하고, '불멸의 선비' 조광조가 신호탄을 쏘아
올린 성리학적 지배는, 퇴계 이황과 율곡 이이의 활약에 힘입어 마침내 완성
되었다.

사림 집권 초래한 대비의 치맛바람

"전하의 나랏일이 그릇되었고, 나라의 근본이 망했으며, 하늘의 뜻은 떠나 버렸고, 민심도 이미 이반되었습니다. (중략) 어머님께서 생각이 깊으시기는 하나 한낱 궁중의 과부에 지나지 않고, 전하께서는 어리시어 다만 선왕의 외로운 아드님일 뿐이니, 어찌 감당하시렵니까?"

1555년 11월 남명南冥 조식曹植이 명종 임금에게 올린 상소다. 조식은 벼슬은 하지 않았지만 초야에서 수양에 힘쓰며 선비들의 존경을 한몸에 받고 있었다. 그는 당시 나라 사정을 벌레가 갉아먹고 수액이 말라 버린 나무에 비유하며 폐단을 통렬하게 비판했다. 게다가 임금의 어머니인 문정왕후에게 '과부'라고 지칭하며 책임을 물었다. 이것이 그 유명한 '을묘사직소乙卯辭職疏'다. 조식은 왜 자신의 작심 발언에 문정왕후를 끌어들였을까?

명종은 1545년 열두 살의 나이로 왕위에 올랐다. 대비 문정왕후가 미성년자 임금을 대신해 수렴청정을 했다. 그런데 이 여인, 치맛바람이 대단했다. 조선시대에 수렴청정이야 여러 차례 있었지만 누구도 그녀만큼 노골적으로 권력욕을 드러내진 않았다. 오죽하면 세간에서 여왕이라 불렀을까.

문정왕후는 중종의 세 번째 부인이었다. 첫 번째 부인 단경왕후는 연산군 처남 신수근의 딸이었는데 중종반정 직후 강제 이혼 당했다. 두 번째 부인 장경왕후는 세자(인종)를 낳자마자 산후병으로 죽었다. 문정왕후는 제 자식인 경원대군(명종)을 왕위에 앉히기 위해 세자를 집요하게 괴롭혔다. 1543년 세자가 기거하는 동궁에 큰불이 난 것도, 이듬해 즉위한 세자(인종)가 8개월 만에 요절한 것도 그녀의 사주에 의한 횡액이라는 설이 있다.

마침내 어린 아들이 왕위에 오르면서 문정왕후의 권세는 하늘을 찔렀다. 그녀는 동생 윤원형을 앞세워 조정을 장악하고, 그 첩인 정난정을 통해 시전市廛과도 결탁했다. 문정왕후의 권력욕은 1553년 수렴청정을 그만둔 후에도 사그라지지 않았다. 성인이 된 명종은 어머니의 치마폭에서 벗어나려고 했지만 대비는 막무가내였다. 궁녀들을 시켜 아들을 실시간으로 감시하는가 하면, 말을 안 듣는다고 임금의 뺨을 때리기도 했다.

조식이 임금의 어머니를 거론한 이유가 여기에 있다. 당시 조선은 문정왕후의 치맛바람에 흔들리고 있었다. 그녀에게 맞선 신하들은 을사사화, 양재역 벽서 사건 등으로 대거 목숨을 잃거나 유배를 떠났다. 반면 탐관오리들은 불의한 권력에 빌붙어 백성의 고혈을 빨아먹었다. 그 실태가 1557년 단양군수 황준량이 조정에 올린 상소에 자세히 적혀 있다.

"이제 집도 없이 떠도는 백성이 궁벽한 골짜기에 이르러 원망에 차서 울부짖는 자가 얼마인지 알 수가 없습니다. 뭇 사람들의 원망이 골수에 사무쳤는데도 위로 통할 수가 없으니 반드시 그 잘못에 대한 책임을 묻는 자가 있게 될 것입니다."

이 경고는 '의적' 임꺽정의 등장으로 현실화되었다(1559). 먹고살기 위해 도적에게 의탁하는 백성이 적지 않았다. 뭉치면 도적이고, 흩어지면 백성이었다. 그것은 문정왕후와 그 일가가 누린 부귀영화의 그림자였다.

1565년 문정왕후가 세상을 떠나자, 나라를 주무르던 외척 세력과 훈구파도 지는 해가 되었다. 새로이 집권한 사림士林은 그들을 나라의 큰 도둑으로 단죄했다. 진짜 도둑은 임꺽정이나 백성이 아니라 정치를 잘못한 위정자들이라는 것이다. 그러나 태릉에 묻힌 문정왕후는 임금의 어머니인 덕분에 이 역사적 심판에서 비켜섰다.

'엄친딸' 신사임당과 '가출소년' 이율곡

삼종지도三從之道! 조선시대 여성은 어려서 아버지를 따르고, 시집가서는 남편을 섬기며, 늙으면 아들에게 의지하는 삶을 강요받았다. 그녀들의 존재 이유는 딸로서, 아내로서, 어머니로서 집안에 기여하는 것이었다. 여성이 자신의 재능을 갈고닦으면 욕먹었다. '여자는 재주 없음이 곧 덕(女子無才便是德)' 이었기 때문이다.

오늘날 5만 원권 지폐의 주인공인 신사임당은 조선을 대표하는 여성이자 '현모양처賢母良妻'의 대명사다. 그러나 그녀의 삶을 들여다보면 삼종지도와는 동떨어진 의외의 모습이 엿보인다. 사임당의 행적은 친정이자 외가인 강릉 오죽헌을 빼놓고 이야기하기 어렵다. 그녀는 이곳에서 딸부잣집 둘째딸로 태어났다. 흥미로운 점은 사임당의 아버지 신명화와 외할아버지 이사온이 처가를 중심으로 결혼 생활을 했다는 것이다.

외할아버지 이사온은 어린 손녀가 그림에 뜻을 두자 값비싼 도구와 재료를 아낌없이 제공했다. 이름 있는 선비였던 아버지 신명화도 딸에게 시문과 글씨를 가르쳤다. 집안 어른들이 소매를 걷어붙이고 열 아들 부럽지 않은 '엄친딸'로 키우려 한 것이다. 19세에 이원수와 혼인한 것도 딸의 재능을 아낀 어른들의 배려라고 볼 수 있다.

남편 이원수는 권신 이기의 당질이었으나 부친을 일찍 여의는 바람에 가세가 기울었다. 반면 사임당의 외가는 강릉 일대의 부유한 세력가였다. 쇠락한 시댁에서 '화가' 며느리를 대놓고 간섭하기가 어려웠다. 덕분에 사임당은 결혼한 뒤에도 친정어머니를 모신다는 명목으로 오죽헌에 머물렀고, 남편은 본가인 파주와 강릉을 오가는 생활을 했다. 신사임당은 삼종지도의 길에서 살짝 비껴 있었고, 그 자그마한 자유 덕분에 '불세출의 화가'가 되었다.

"사임당의 산수와 포도는 평하는 이들이 '안견에 버금간다'고 한다. 어찌 부녀자의 그림이라 하여 가벼이 여길 것이며, 또 어찌 부녀자에게 합당한 일이 아니라고 나무랄 수 있으랴."

서얼 출신 문인 어숙권의 수필집 《패관잡기稗官雜記》에 실린 사임당에 대한 당대의 평이다. 조선 전기의 대화가 안견에 비할 만큼 성취를 이루었다고 하였다. 실제로 신사임당은 어린 시절 안견의 그림을 모사模寫하기도 했다.

"(어머니는) 평소에 묵적墨跡이 뛰어났는데 7세 때 안견의 그림을 모방해 산수도를 그린 것이 아주 절묘했다."

이율곡이 쓴 〈선비행장先妣行狀〉의 내용이다. 모사는 그림 배우는 사람이 실력을 키우기 위해 쓰는 방편이다. 이후 사임당은 자신의 색깔을 분명히 하면서 산수와 포도에서 독보적인 경지로 접어들었다. 하지만 그녀가 화가로 승승장구하는 사이 신변에 중대한 변화가 생겼다.

"늙으신 어머님을 고향에 두고 / 외로이 서울로 떠나는 이 마음 / 머리 돌려 북평 땅을 바라보니 / 흰 구름만 저문 산을 날아 내리네."

신사임당의 시 〈유대관령망친정踰大關嶺望親庭〉에는 대관령을 넘다가 친정인 강릉 오죽헌 쪽을 바라보는 그녀의 애틋한 마음이 담겨 있다. 결혼 후에도 친정에서 거처해 온 사임당은 38세 때 파주에서 서울로 옮긴 시댁 살림을 주관하기 위해 상경한다. 시어머니가 늙어서 더 이상 집안일을 볼 수 없었기 때문이다.

맏며느리였던 사임당은 넉넉지 못한 시댁 살림을 도맡았다. 자연히 그림 그리는 일은 줄일 수밖에 없었다. 하지만 예술가의 감수성마저 억제하기는 어려웠으리라. 시나브로 친정에 대한 그리움이 깊어 갔다. 그곳은 예술의 뿌리인 동시에 자신의 삶을 일군 소중한 장소였다.

"어머니는 평소에 늘 강릉 친정을 그리워했다. 깊은 밤 사람들이 조용해 지면 반드시 눈물지으며 울었다. 어느 때는 그렇게 밤을 꼬박 새우기도 하였다."

이율곡이 회상한 어머니의 모습이다. 그의 《선비행장》에는 사임당의 말년 도 잘 드러나 있다. 1551년 여름 사임당은 공무로 평안도에 출장 나간 남편에 게 눈물로 쓴 편지를 띄웠다. 율곡이 자세히 언급하지 않았지만, 그 무렵 이원 수가 첩을 두고 외도를 시작한 사실과 무관하지 않아 보인다.

과거 시험에서 연거푸 고배를 마신 이원수는 음서로 관직을 구하여 한강 수운을 감독하는 수운판관에 올랐는데, 그 길로 주막집 여인과 정을 통하고 따로 살림을 차렸다. 자존심 강한 신사임당은 이 일로 큰 충격을 받았다.

"여보, 나 죽은 뒤에 새장가 들지 마세요. 7남매나 두었으니 더 구할 것도 없 잖소. 부디 성현의 교훈을 기억하세요."

그녀는 가슴앓이를 하다가 남편에게 새장가 들지 말라는 유언을 남기고 48 세에 생을 마감했다. 그럼에도 불구하고 아버지가 냉큼 첩을 집에 들이자 셋 째 아들 율곡은 충격과 실망에 빠졌다. 열여섯 살 소년은 사임당의 무덤 곁에 움막을 짓고 3년간 시묘侍墓를 한 다음 집을 나갔다. 승려가 되겠다며 금강산 으로 들어간 것이다. 비록 1년 후 하산했지만 이 가출 행보는 훗날 유학자로 서 흠집 잡히는 빌미가 되었다. 율곡 이이는 그 뒤 구도장원九度壯元(과거 시험 의 아홉 관문에서 1등을 차지함)의 명성을 얻으며 퇴계 이황과 함께 조선의 성 리학적 지배를 완성했다. 사후에는 서인의 종주로 추앙받았는데, 퇴계의 후예 인 남인은 '선비의 탈을 쓴 중'이라고 그를 깎아내렸다.

그러나 조선 후기에 서인계가 강성해지면서 이율곡과 신사임당은 본의 아 니게 꽃가마를 타게 된다. 서인의 정신적 지주 송시열은 율곡 선생을 높이기 위해 그 어머니까지 성스러운 존재로 만들었다. 물론 그것은 있는 그대로의 사임당이 아니라 삼종지도와 현모양처의 화신으로 박제된 이미지였다.

4

이순신

불멸의 전설

1597년 4월 1일, 이순신李舜臣(1545~1598)이 감옥 문을 나섰다. 남대문 밖에서 아들 울이 기다리고 있었다. 그를 위로하기 위해 지인들이 하나둘 모여들었고, 정승·판서들이 아랫사람을 보내 문안했다. 이순신은 정으로 권하는 술을 억지로 마시고 흠뻑 취했다. 북받치는 슬픔을 참을 길이 없었다. 잠자리에 들었지만 잠을 이루지 못했다. 식은땀이 온몸을 적셨다.

이순신이 한양으로 압송된 것은 그해 2월의 일이었다. 일본에 머물고 있던 왜장 가토 기요마사加藤淸正가 조선으로 돌아온다는 정보가 발단이 되었다. 전해에 강화협상이 결렬되었으니 가토의 복귀는 새삼스러울 게 없었다. 문제는 또 다른 왜장 고니시 유키나가小西行長 측에서 가토가 어떤 배를 타고 언제, 어디로 오는지 알려 줄 테니 그를 없애라고 조선 측에 제안해 온 것이었다. 선조는 흥분했다. 조선 침략의 원흉을 처단할 절호의 기회가 아닌가.

삼도수군통제사 이순신에게 출전령이 내려졌다. 직속 상관인 도원수 권율도 가토 요격을 독촉했다. 그러나 이순신은 꿈쩍도 하지 않았다. 고니시 측에서 거짓 정보를 흘렸다는 판단이었다. 물론 고니시와 가토의 사이가 나쁘다는 것은 널리 알려진 사실이었다(실제로 두 사람은 임진왜란 종결 후 서로 칼을 겨눴다). 이 때문에 조정에서는 고니시의 정보를 믿을 만하다고 보았다. 반면 이순신은 도요토미 히데요시가 조선 재침再侵(정유재란)을 선언한 마당에 저들이 분열을 일으킬 리 없고, 그렇다면 고니시와 가토의 목적은 눈엣가시인 자신을 함정에 빠뜨려 제거하는 것이라고 의심했다.

선조는 이순신의 항명에 분노했다. 사헌부 등에서도 이순신을 잡아들이라는 요구가 빗발쳤다. 이순신의 후원자인 영의정 유성룡마저 등을 돌릴 만큼 분위기가 좋지 않았다. 다만 우의정 이원익 등이 "조선이 믿는 것은 수군이요, 수군이 믿는 것은 이순신"이라며 재고를 요청했을 뿐이다. 결국 이순신을 체포하라는 어명이 떨어졌다. '조정을 기망하고 임금을 무시했으며 나라를 저버렸다'는 죄목이었다. 선조와 조정 대신들은 입을 모아 이순신이 오만방자하다고 성토했다. 이렇게 된 이상 중벌이 불가피했다.

생사의 갈림길에 선 이순신을 구한 것은 판부사 정탁의 상소였다. 그는 비록 이순신이 죽을 죄를 지었다고 하나 장수로서의 활약 또한 잊어서는 안 된다고 간곡하게 아뢰었고, 전공을 세워 죗값을 갚게 하자며 이순신의 백의종군을 간청했다. 선조도 원균에게 수군을 맡기는 게 내심 불안하던 터라 이를 허락했다. 이순신도 이순신이지만 원균에 대한 평판도 엇갈리고 있었기 때문이다.

참담한 심정으로 감옥 문을 나선 이순신 앞에는, 도원수 권율의 진지陳地로 향하는 백의종군 길이 놓여 있었다. 길이 끝나는 곳에서 시작된 또 다른 길, 굽이굽이 명량으로 이어진 그 행로는 조선의 운명이 걸린 벼랑 끝 길이었다.

《난중일기亂中日記》에는 1597년 4월 한양에서 내딛은 이 반년의 여정에서 삶과 죽음의 경계를 넘나드는 이순신의 마음 풍경이 적나라하게 드러나 있다. 죽음으로 되살아나는 불멸의 전설이 시작되고 있었던 것이다.

'정신승리'에 취한 조선

1597년 4월 2일 종일 비가 내린 그날 저녁, 이순신은 한양을 떠나기 전 오랜 후원자인 영의정 유성룡과 독대를 했다. 이튿날 새벽 닭이 울어서야 헤어졌다고 하니 꽤 긴 시간 동안 이야기를 나눈 셈이다. 무슨 할 말이 그리도 많아 밤을 꼬박 새웠을까?

이순신이 고초를 겪고 있을 때 유성룡은 그를 두둔하기는커녕 "분에 넘치게 높은 자리에 앉다 보니 교만하고 게을러졌다"며 질책을 쏟아 냈다. 이순신 또한 이 날선 비판을 전해 들었을 터. 어쩌면 그는 길 떠나기에 앞서 유성룡의 진의를 알고 싶었는지도 모른다.

6년 전인 1591년 2월 이순신이 전라좌도수군절도사(약칭 전라좌수사)에 임명된 것은 유성룡의 천거 덕분이었다. 당시 이순신은 정읍현감에서 진도군수로 보직을 바꾸고 새 임지로 떠나는데, 갑작스레 전라좌수사라는 요직이 내려졌다. 종6품에서 정3품으로 무려 여섯 직급이나 뛰어오른 파격 승진이었다.

사간원 등에서는 이순신이 누구이기에 과분한 자리를 주느냐며 반대하고 나섰다. (뒤에 밝혀졌지만) 이 낙하산 인사를 주도한 인물이 유성룡이었다.

> "제가 한동네에 살아 이순신의 사람됨을 깊이 알고 있습니다. 그는 직무를 감당할 능력이 있고 성품이 굽히기를 좋아하지 않아, 제법 취할 만하기 때문에 제가 천거했습니다." _《선조실록》 1597년 1월 27일

사실 선조는 이순신이 어떤 사람인지 잘 몰랐다. 그가 어느 고을 사람인지, 글은 얼마나 하는지 묻는 대목이 《실록》에 나온다. 그럼에도 선조는 '동네 아는 형' 유성룡을 믿고 과감하게 이순신을 전라좌수사에 발탁했다. 사간원 등의 반대도 "지금은 인재가 필요한 때"라며 단호하게 물리쳤다.

임진왜란 발발과 관련하여 많은 사람들이 200여 년간 평화에 젖어 있던 조선이 불의의 습격을 받아 속수무책으로 당했다고 생각하는데, 그 무렵 조선은 나날이 짙어지는 전쟁의 그림자를 분명히 체감하고 있었다. 조선과 일본에 양다리를 걸치고 있던 쓰시마 도주가 몇 년 전부터 거듭 사신을 보내 도요토미 히데요시의 대륙 정벌 야욕을 전했다. 도요토미 히데요시는 심지어 조선 국왕에게 입조入朝를 요구하기도 했다. 자신의 신하가 되라는 말이었다. 이에 조선에서도 1590년 통신사를 파견해 일본의 사정과 침략 의지를 탐지했다.

1591년 일본에서 돌아온 조선통신사는 엇갈린 입장을 내놓았다. 정사

황윤길이 도요토미 히데요시가 틀림없이 전쟁을 일으킬 것이니 반드시 대비해야 한다고 역설한 반면, 부사 김성일은 공연히 민심을 흉흉하게 만들지 말라며 자신이 볼 때는 전쟁 조짐이 없다고 반박했다. 함께 일본에 다녀왔는데 정반대의 주장이 나온 까닭은 무엇일까? 여기에는 1575년 동서분당東西分黨 이래 격화돼 온 동인과 서인의 당쟁이 크게 작용하였다.

1590년 통신사가 일본으로 떠날 때만 해도 조정에서는 서인이 주도권을 잡고 동인이 수세에 몰려 있었다. 한 해 전인 1589년 정여립 모반사건으로 이발·최영경 등 1천여 명에 이르는 동인계 인사들이 죽거나 파직당했다. 그런데 1591년 조선통신사가 귀환할 무렵에는 정국이 급변했다. 서인이 광해군을 세자로 책봉하라고 요구했다가, 신성군을 마음에 두고 있던 선조의 노여움을 산 것이다. 이 일로 정철, 윤두수 등 서인계 핵심 인사들이 조정에서 밀려났다. 처절하게 당했던 동인들이 복수를 다짐하며 재기를 모색하던 시국이었다.

부사 김성일은 퇴계 이황의 애제자로 동인을 대표하는 인물이었다. 그는 서인 쪽 사람인 정사 황윤길이 전쟁 운운하는 데는 정략적 의도가 숨어 있다고 봤다. 서인들의 광해군 세자 책봉 요구에는 나라를 안정시킨다는 명분이 있었다. 세자는 '국본國本', 곧 '나라의 근본'이므로 왕위 계승자를 정해 둬야 임금과 신하가 마음놓고 일하고 나라와 백성도 편안해진다는 인식을 반영한다. 따라서 전쟁 위기를 부추길수록 세자 책봉을 추진한 서인의 명분이 힘을 얻고 조정 내 입지도 되살릴 여지가 생긴다.

호기를 맞은 동인들로서는 그런 꼴을 두고볼 수 없었다. 이에 김성일은 전쟁 가능성을 강력하게 부인했다. 동인의 이해득실을 우선에 둔 것이다.

김성일은 '대궐 안의 호랑이'라고 불릴 만큼 강직하기로 정평이 난 인물이었다. 공신력 있는 그의 말은 먹혔고, 전쟁 위협은 일축되는 분위기였다. 하지만 이황 문하에서 동문수학한 유성룡이 따로 불러서 묻자, 김성일은 이렇게 고백한다.

"나도 어찌 왜적이 침략하지 않을 것이라고 단정하겠습니까. 다만 온 나라가 동요될까 두려워 그것을 풀어 주려 한 것입니다."

_ 유성룡, 《징비록懲毖錄》

그렇다면 당리당략을 떠나 실제 조선통신사가 본 전쟁 가능성은 어느 정도였을까? 통신사의 실무 책임자로 따라간 종사관 허성을 주목해 보자. 그는 동인이었지만 서인 황윤길의 예측을 옹호했다. 즉, 전쟁이 일어날 가능성이 크며 반드시 대비해야 한다는 입장이었다. 동인의 이해득실을 따지지 않고 일본에서 보고 듣고 판단한 대로 고해 올린 것이다. 이 때문에 허성은 동인계의 따돌림을 받게 되지만 결과적으로 직분에 충실했다고 볼 수 있다.

100년 내전을 종식하고 전국戰國을 통일한 일본은 욱일승천의 기세를 떨치고 있었다. 군사는 정예화되었고 자신감은 하늘을 찔렀다. 도요토미 히데요시는 이 들끓는 에너지가 갈등의 표출로 이어지는 것을 경계했다. 그가 대륙 정벌에 나서려 한 이유가 여기에 있었다. 과대망상 때문이 아니라, 통제하기 어려운 내부의 힘을 해외로 돌린 것이다.

도요토미 히데요시는 조선통신사 편에 보낸 국서에 '정명향도征明嚮導',

즉 '명나라를 칠 테니 조선이 길잡이를 하라'고 쓰고, 이를 받아들이지 않으면 조선부터 정복하겠다고 으름장을 놨다. 통신사는 그 국서를 가지고 귀국했다. 그러나 조선은 시시각각 조여 오는 전쟁의 압박을 애써 외면했다. 세력을 회복한 동인계는 당론으로 '전쟁은 없다'고 못 박았다. 서인에게 명분을 주지 않으려고 엄연한 현실을 부정한 것이다. 그로 인한 불안감은 문화적 우월감으로 뭉개 버렸다. '미개국未開國' 일본이 감히 '소중화小中華' 조선을 치지는 못한다는 둥, 도요토미 히데요시는 쥐의 눈에 원숭이 형상이라 두려워할 만한 인물이 못된다는 둥, 온갖 고담대언高談大言(고상한 이야기와 큰 소리)이 판을 쳤다. 그들은 '정신승리'라는 마약에 취해 있었다.

이순신이 전라좌수사에 임명된 것이 이 즈음이었다. 비록 일본의 전쟁 위협은 폄하되었지만 침략 의지를 확인한 만큼 최소한의 방비는 하지 않을 수 없었다. 허물어진 성벽을 보수하고 왜적 방어의 최전선에 인재를 등용하는 일이 그것이었다.

이순신이 바로 그 인재였다. 그를 천거한 유성룡은 동인에 속했지만 정승으로서 나랏일에 깊이 관여했기에 현실적인 안목을 갖추고 있었다. 그는 이순신의 담력과 지략을 진즉 알아보았다. 상관에게 밉보여 파직과 강등을 거듭하느라 품계는 낮았지만, 이는 굽힐 줄 모르는 성품 탓이므로 난세에는 오히려 취할 만했다.

그런데 이 대목에서 흥미로운 사실이 눈에 띈다. 이순신이 전라좌수사로 천거되기 직전 물망에 올랐던 또 한 사람, 바로 원균이다. 이순신보다 다섯 살 위인 원균은 북방의 여진족을 여러 차례 무찔러 전공을 인정받았다. 품계 역시 부령부사(종3품)여서 전라좌수사(정3품) 승진의 적임자로 비쳤다. 하지만 선조는 인사고과 점수가 좋지 않다는 사간원의 지적을 받아들여 그의 임명을 보류했다. 원균이 경상우수사로 발령받은 것은 임진왜란이 일어나기 2개월 전인 1592년 2월의 일이다. 그러고 보면 이순신과 원균의 악연도 참 뿌리가 깊은 셈이다.

1597년 4월 2일 밤, 영의정 유성룡은 감옥에서 나온 이순신을 불러서 무슨 말을 했을까? 이순신의 항명을 다룬 어전회의에서 유성룡이 토해 낸 질책은 아마도 진심이었을 것이다. 그는 이순신이 가토 기요마사를 요격하라는 명을 정면으로 거부한 것은 교만에서 비롯되었다고 봤다. 백의종군 길을 떠나는 이순신에게 유성룡은 초심으로 돌아가라고 당부하지 않았을까? 뜻밖에 전라좌수사가 되어 벅차고 무거운 책임감을 느끼던 그때로….

그리고 이순신과 원균의 불화에 대해서도 언급했으리라. 《실록》을 보면 두 사람의 '상힐相詰'(서로 비방함)은 전란 기간 내내 조정의 골칫거리였다. 굽힐 줄 모르는 성품의 이순신이었지만, '동네 형' 유성룡의 조언에는 마음을 열 수밖에 없었을 것이다. 그렇게 다독이고 울분을 다스리며 유성룡과 이순신은 밤새도록 술잔을 기울였다.

20여 일 만의 첫 승리

이튿날 한양을 벗어난 이순신은 먼저 본가인 아산으로 향했다. 아산에 당도하기 무섭게 청천벽력 같은 부고가 전해졌다. 새벽 꿈이 심란하여 종을 보내 알아봤더니, 아니나 다를까 4월 11일에 어머니가 세상을 떠났다는 것이었다. 이순신은 가슴을 치며 슬퍼했다. 하늘의 해조차 캄캄해 보일 만큼 큰 슬픔이 밀려왔으나, 죄인의 몸으로 백의종군에 나선 그는 어머니 영전에 하직을 고하고 다시 길을 재촉해야 했다.

어찌 하랴. 어찌 하랴. 천지 사이에 어찌 나와 같은 사정이 있겠는가. 어서 죽는 것만 같지 못하구나.   _ 이순신, 《난중일기亂中日記》 1597년 4월 19일

슬픔을 삭일 겨를조차 허락받지 못한 이순신은 낮에는 터벅터벅 길을 걷고, 밤이면 홀로 앉아 애통해했다. 꿈자리 또한 어지러웠다. 고인이 된 두 형이 꿈에 나타나 서로 붙들고 통곡했다. "어머니 장사를 지내기도 전에 아우가 길을 나섰으니 누가 상사喪事를 주관하느냐"며 애달파하였다. 이 무렵부터 이순신에게는 생사의 경계를 넘나드는 정서가 풍기기 시작한다.

하지만 이순신은 혼자가 아니었다. 그의 백의종군 길로 조문객들이 밀려들었다. 전쟁을 함께 치른 부하들이 달려와 슬픔을 나눴고, 지방 수령들은 고달픈 행로의 숙식을 챙겼으며, 나랏일에 매인 조정 대신들도 하인을 보내 성의를 표시했다. 신분을 막론하고 골육을 잃은 그의 아픔을 달래 줬다. 임진년 이래 이순신의 활약을 지켜보며 전란의 두려움을 이겨 온 조선 사람들이었다. 이 땅에 사는 사람이라면 누구나 그에게 빚을 진 셈이었다. 만약 그가 아니었다면 조선은 어찌 되었을까?

1592년 4월 13일 저녁 무렵, 왜장 고니시 유키나가가 이끄는 선발대 1만 8,700명이 부산 앞바다에 당도했다. 절영도 등지에 상륙해 하룻밤을 지낸 일본군은 이튿날 새벽 공성전을 감행했다. 그들은 부산진과 동래성을 연이어 함락시킨 뒤 일사천리로 경상도 상주에 이르렀다(4월 25일). 가토 기요마사, 모리 데루모토 등의 후속 부대도 속속 상륙해 북으로 밀고 올라갔다. 도합 16만 명에 육박하는 대규모 정예군이 조선 땅을 거침없이 질주하였다.

조선군의 초동 대응은 허술하기 짝이 없었다. 경상좌수사 박홍과 경상좌병사 이각은 적의 군세에 겁먹고 일찌감치 도망쳐 버렸다. 일본군을 막아야 할 최전선 장수들이 무책임하게 관문을 열어 준 것이다. 부산진첨사 정발, 동래부사 송상현이 관내 병사와 백성들을 모아 끝까지 싸웠지만 전멸을 면치 못했다. 이후로는 변변한 저항 한 번 못 해 보고 군사 요충지들을 내줬다. 대구에서는 황당한 일도 벌어졌다. 경상감사 김수의 지시로 일대 수령들이 휘하 병력을 거느리고 집결했는데, 지휘관인 순변사 이일이 도성으로부터 제때 합류하지 못하는 바람에 뿔뿔이 흩어졌다.

나라의 방위 체제는 이미 안으로 무너져 있었다. 당시 조선의 전략은 '제승방략制勝方略', 곧 유사시에 각 지방의 군사를 끌어모아 특정 지역에서 적의 주력부대를 격파하는 것이었다. 이 전략이 주효하려면 중앙과 지방이 유기적으로 결속하고 움직여야 한다. 숙련되지 않은 제승방략은 우왕좌왕하다가 적에게 기선제압을 당할 위험성이 컸다. 여기에 만연한 병역 비리가 결정적으로 발목을 잡았다. 군대를 제때 동원하려면 군적軍籍(병역 명부)에 오른 장정들이 즉시 소집에 응해야 하는데, 조선의 군적에는 쓸 만한 장정들이 많지 않았다. 상당수가 생업을 핑계로 뇌물을 써서 빠지고, 대신 어린아이나 노인, 심지어 죽은 사람들의 이름을 채워 넣었다. 그러니 시의 적절하게 군대를 편성할 수 없었다. 순변사 이일도 도성에서 군대를 소집하다가 시일을 지체하는 바람에 낭패를 본 것이다. 조선군은 지휘 체계도 변변한 훈련도 없이, 잘 준비되고 조직된 왜적들을 맞았다.

조선군이 일본군에 맞서 제대로 방어선을 펼친 것은 4월 28일의 일이었다. 북방에서 용장으로 이름을 떨치던 삼도순변사 신립은 충주 탄금대에 배수의 진을 치고 일본군을 기다렸다. 뒤늦게 상주로 내려갔다가 제대로 싸워 보지도 못하고 도망쳐 온 이일도 신립에게 합류했다.

《선조실록》에 따르면, 신립은 정예군 10만 명을 이끌고 일본군과 대적했다. 《난중잡록亂中雜錄》은 6만 대군이라고 적었다. 그러나 이는 과장된 기록이다. 신립은 직속 기마대를 이끌고 남하해 경기도에서 허겁지겁 장정들을 끌어모았다. 실제로 일본군에 맞선 신립 군은 1만 명에도 못 미쳤으며, 기마대를 제외하면 훈련이 거의 안 된 오합지졸이었다.

신립이 탄금대에서 배수의 진을 친 이유가 여기 있었다. 앞서 종사관 김여물은 조령에서 매복하고 있다가 기습하자는 작전을 냈다. 험준한 산세를 이용하여 일본군을 저지하겠다는 구상이었다. 상당히 설득력 있는 전법이었지만 신립은 받아들이지 않았다. 그는 산전수전 다 겪은 노련한 지휘관이었다. 매복 작전은 지리에 밝고 경험이 풍부해야 성공할 수 있다. 급조한 오합지졸 군대로는 낭패를 보기 십상이다.

신립이 배수의 진을 친 탄금대는 먼 옛날 악사 우륵이 가야금을 연주했다는 곳이다. 깎아지른 절벽 아래로 달래강과 남한강이 합류하며 거센 물살을 일으키고 있었다. 뒤로 물러설 곳은 없다. 오직 앞에 나타나는 적을 뚫어야 살길이 열리니, 오합지졸이라도 결사항전할 수밖에 없다. 그것이 이 군대로부터 뽑아낼 수 있는 최대치라고 신립은 판단했을 것이다.

대신 그에게는 북방에서 동고동락해 온 기마대가 있었다. 숫자는 1천여 기에 불과했지만 그들이 적진을 돌파한다면 싸움의 주도권을 쥐고 적을 밀어붙일 수 있다고 예측했다. 그러나 신립은 적의 조총부대를 얕잡아 보는 실수를 저질렀다.

조총은 1543년경 포르투갈 상인이 일본에 전해 준 신무기였다. 전국시대 일본 다이묘(봉건 영주) 가운데 조총을 가장 효과적으로 쓴 인물은 오다 노부나가였다. 1575년 나가시노 전투에서 그의 조총부대는 경쟁자 다케다 신겐이 길러 낸 무적 기마대를 궤멸시켰다. 오다 노부나가는 조총부대를 셋으로 나눠 돌아가며 쏘게 함으로써 조총을 장전하는 데 허비하는 시간을 없앴다. 이 삼단발사 전법으로 그는 전쟁 판도를 바꾸며 일약 전국시대의 패자로 떠올랐다. 오다 노부나가를 계승한 도요토미 히데요시 역시 임진왜란 당시 최강의 조총부대를 조선 땅에 투입했다.

4월 28일 아침 조령을 넘은 일본군이 탄금대로 몰려오자, 신립은 기마대에 돌격 명령을 내렸다. 여진족을 상대로 위력을 떨치던 그의 기마대는 용맹스럽게 나아가 적진을 유린했다. 조선 기마대의 기세에 잠시 일본군의 전열이 흐트러졌다. 하지만 그들은 전투 경험이 풍부한 상승 부대였다. 일본군은 슬금슬금 뒤로 물러서며 신립의 기마대를 습지로 끌어들였다.

며칠 전부터 비가 내려 질퍽해진 습지였다. 말의 기동성이 떨어지자 기마대는 맥을 추지 못했다. 일본군은 기다렸다는 듯이 포위망을 형성했다.

적장 고니시 유키나가의 명에 따라 조총부대의 집중사격이 퍼부어졌다. 진흙탕 위에 말과 사람이 뒤엉켜 쓰러지며 아비규환을 이루었다. 이 광경을 지켜보던 보병들도 허둥대기 시작했다.

승부는 급속도로 기울어졌고 배수의 진은 무용지물이 되었다. 조선군은 파죽지세로 밀려오는 일본군을 피해 도망치기 급급했으며, 이일도 전장을 등지고 한양으로 내뺐다. 그러나 삼도순변사 신립은 장수의 기개를 보여 줬다. 일본군에게 겹겹이 둘러싸인 그는 마지막까지 적을 베다가 벼랑에 몸을 던졌다. 그이의 장렬한 죽음과 함께 전투는 학살로 바뀌었다. 탄금대를 지나 충주성에 들이닥친 일본군은 신립의 군대를 믿고 피난 가지 않은 양민들을 닥치는 대로 살육했다.

그날 저녁 한양에 탄금대의 비보가 전해졌다. 3백 리 길을 숨가쁘게 달려온 전령들이 조선 주력군의 참패를 전하자, 도성 민심은 순식간에 공포에 사로잡혔다. 사람들은 당장 짐을 싸서 피난길에 올랐으며, 사대문을 지키던 관리와 군졸들도 문을 열어 놓고 사라져 버렸다.

선조는 민심을 달래기 위해 "종묘사직을 지키겠다"고 큰소리쳤지만 뒤로는 도망갈 궁리에 여념이 없었다. 단순히 도성을 떠나는 수준의 파천播遷이 아니었다. 탄금대 패전을 보고받는 순간 그의 영혼은 이미 압록강 건너 명나라 땅을 헤매고 있었다. 선조는 내관에게 금덩이를 준비하라고 지시했다. 금덩이는 낯선 타국에서 왕으로서의 체면을 차리는 데 요긴하게 쓰일 터였다.

선조는 4월 30일 새벽 파천을 결행했다. 왕과 왕비를 따르는 신하, 내관, 궁녀, 군졸은 고작 100여 명에 불과했다. 임금이 도성을 빠져나갔다는 사실이 알려지자, 남아 있던 백성들은 분노했다. 그들은 궁궐과 관아로 몰려갔다. 불길이 치솟고 노비대장, 공문서, 사초 등이 잿더미로 변했다.

5월 2일 일본군은 침공 20일 만에 한양을 점령했다. 선조는 유도대장 이양원, 도원수 김명원 등에게 도성 방어를 당부하고 떠났지만, 도망간 임금의 영이 설 리가 없었다. 그들은 적이 나타나지도 않았는데 대포와 무기를 한강에 수장시키고 임진강 쪽으로 퇴각해 버렸다. 이후 일본군은 뗏목을 타고 밧줄을 당기며 위태롭게 한강을 건넜다. 전술적 허점을 보인 셈이지만 그들을 요격할 군대가 없었다.

너무나도 쉽게 한양을 접수한 일본군은 지체 없는 북진을 결정했다. 일본군은 평안도, 함경도, 강원도로 병력을 보내 조선을 막다른 골목으로 모는 한편, 한양에 대규모 본진을 남겨 뒤를 받치는 전략을 채택했다. 조선의 무기력한 방위체제가 그들의 자신감을 한껏 끌어올린 것이다.

조선군은 적의 북진을 가로막고 도성을 수복하기 위해 임진강과 용인에서 일전을 벌였지만 역부족이었다. 선조는 북방의 교두보인 평양마저 일본군에게 내주고(6월 15일) 압록강이 흐르는 의주까지 쫓겨 갔다(6월 22일). 그는 강 건너 명나라 귀화를 열망했다. 세자에게 분조分朝(국난에 대처하기 위해 조정을 나눠 책임을 맡김)를 명해 강계로 나아가게 한 것도 명나라의 허락을 받을 때까지 적의 시선을 돌리려는 의도였다.

그러나 일본의 침략전쟁이 자국에 미치는 것을 두려워한 명나라는 선조의 요청을 묵살했다. 대신 소규모 지원군을 파견해 전황을 살펴보고, 일본군을 어떻게든 조선 땅에 묶어 둘 궁리를 했다. 그 사이 고니시 유키나가의 일본 선발대는 의주의 턱밑까지 치고 올라왔고, 가토 기요마사의 부대도 함경도 일대를 휩쓸었다. 건국 200년 만에 조선은 절체절명의 위기에 봉착했다.

일본군은 최후의 총공세를 준비했다. 이제 한 방만 더 먹이면 조선을 끝장낼 수 있을 것 같았다. 하지만 그들에게도 고충이 있었다. 전근대사회 전쟁에서 승패의 관건 중 하나는 보급이었다. 특히 임진왜란 당시의 일본군처럼 장거리 원정에 나선 경우 물자와 식량, 보충 병력이 원활하게 공급되지 않으면 전쟁을 수행하기 어렵다. 고심 끝에 그들이 채택한 전략은 수륙병진책水陸竝進策, 곧 수군이 서해로 진입해 대동강에서 고니시 군과 가토 군의 보급을 마치고, 압록강으로 올라가 육군과 함께 의주를 협공하는 것이었다. 그러나 일본군은 끝내 이 전략을 실행하지 못했다. 일본 수군이 서해로 진입하지도 못한 채 박살나고 말았기 때문이다. 이 극적인 반전을 이끈 주인공이 바로 전라좌수사 이순신이었다.

1592년 5월 4일, 이순신과 그의 함대가 출격했다. 여수를 출발해 경상도 연안에 이른 이순신 함대는 옥포, 합포, 적진포, 사천, 당포, 당항포, 율천리 등지에서 일본 수군에 연전연승을 거뒀다. 7월 8일에는 한산 앞바다에서 그 유명한 학익진을 펼쳐 적선 66척을 격침시키는 대승을 거두었다. 이순신이 남해의 제해권을 거머쥠으로써 일본군의 수륙병진책은 물거품이 되었고 조선은 반격의 교두보를 확보하였다.

이순신의 승전보는 조정은 물론 민간에 널리 회자되었다. 전란을 맞아 삶의 막다른 골목에 몰려 있던 백성들이 두려움 속에서 찾은 희망이 바로 이순신이었다.

"신이 지금 연해를 돌아다녀 보니 산골짜기마다 피난하는 자들이 가득합니다. 어린아이와 노인들이 짐을 지고 손잡아 끌며 구슬피 웁니다. 한결같이 우리 배를 바라봅니다." _이순신, 《이충무공전서李忠武公全書》

1597년 어머니를 잃고 백의종군에 나선 이순신에게 위로와 격려가 쏟아진 것은 그래서다. 기나긴 강화협상이 결렬되고 일본군의 재침이 본격화된 시점이었다. 스멀스멀 피어오르는 공포심 속에서 백성들은 다시 용기를 부르는 이름을 떠올렸다. 기댈 곳 없는 이들에게 이순신, 그 이름 석 자는 승리의 주문이었다. 천지신명께 비는 마음으로 되뇌이고 또 되뇌였을 것이다. 온 조선의 여망이 밤하늘 달빛이 되어 그의 외로운 길에 쏟아지고 있었다.

화끈한 싸움의 기술

조문과 함께 이순신이 백의종군 길에서 가장 많이 접한 것은 원균에 대한 험담이었다. 이순신은 《난중일기》에 원균을 '흉악한 자'로 묘사하였다.

원균이 곡식을 사 오라는 구실로 서리胥吏를 육지에 보내 놓고 그 아내를 사통하려 하였다. 그 여인이 악을 쓰며 따르지 않고 밖으로 나와 고함을 질렀다. _이순신, 《난중일기亂中日記》 1597년 5월 8일이 대목은 한산도에서 온 군관 이경신의 전언을 기록한 것이다. 1597년 5월 원균은 삼도수군통제사로서 한산도를 본거지 삼아 조선 수군을 지휘하고 있었는데, 부하들을 함부로 대하여 신망을 얻지 못하였다. 원균의 명을 따르지 않거나 근무지를 이탈하는 장수와 병사들이 속출했다. 이순신은 걱정 반 원망 반의 심정으로 지켜보았다.

그럼에도 불구하고 원균은 조정에 줄을 대 지위를 공고히 했다. 《난중일기》에서는 "뇌물로 실어 보내는 짐이 서울 길을 연잇는다"며 원균의 행태를 비꼬았다. 원균도 백의종군 죄인에 대한 비방을 그치지 않았다. 그는 어째서 전란 중에 이순신을 끊임없이 물고 늘어졌을까?

두 사람의 관계는 1591년 이순신이 파격적으로 전라좌수사에 임명되었을 때부터 꼬였다. 이 악연은 이듬해 4월 임진왜란이 터지자 걷잡을 수 없이 번져 나갔다.

전라좌수사 이순신은 전쟁 초기에 올린 장계에서 왜적의 상륙을 방치한 경상도 수군의 문제점을 지적한 바 있다. 수군이 싸움을 걸었다면 육군 또한 방비할 시간을 벌 수 있었다는 것이다. 실제로 경상우수사 원균은 우왕좌왕하다가 요격의 적기適期를 놓쳐 버렸고, 이 때문에 수세에 몰려 전선을 거의 다 잃는 지경에 이르렀다. 지휘관의 무능함에 질린 부하 장수들도 살길을 찾아 흩어졌다.

물론 원균에게도 변명거리는 있었다. 그가 경상우수사로 부임한 것은 전란이 터지기 2개월 전이었다. 지휘 체계를 확립하고 수군을 조련하기에는 시간이 부족했다. 하지만 싸움 한 번 제대로 못 해 보고 경상도 수군을 망가뜨린 일이 합리화될 수는 없었다. 그 책임에서 벗어나려면 반드시 공을 세워야 했다. 원균은 할 수 없이 이순신에게 손을 내밀었다.

1592년 5월 4일 이순신 함대의 1차 출격은 원균의 구원 요청에 따라 이루어졌다. 전라좌수사 이순신이 경상도 연안으로 나아가 일본군과 싸우려면 조정의 출동 허가가 필요했다. 조정에서는 원균의 요청을 받아들여 이순신에게 경상도 수군과 합세해 왜적을 물리치라는 명을 내렸다. 명목상으로는 연합함대를 꾸리라는 지시였지만, 실상을 들여다보면 전라좌수영 함대나 마찬가지였다.

이순신의 전라좌수영군이 판옥선과 어선을 합쳐 85척을 거느리고 1차 출격에 나선 반면, 원균의 경상도 수군은 거의 궤멸된 상태였고 배도 고작 5척에 불과했다. 게다가 이억기의 전라우수영군은 이 작전에 참여하지 않았기에 조선 수군 연합함대는 사실상 이순신의 지휘 하에 있었다. 물론 작전 지역이 경상도 연안이었으므로 원균의 입김도 작용은 했을 것이다.

연합함대는 5월 7일 옥포에서 적선 26척을 격침시키고 연이어 합포에서도 5척을 불태웠다. 이튿날에는 적진포를 습격해 11척을 또다시 침몰시켰다. 약탈과 살육에 여념이 없던 왜적들은 혼비백산했다. 수많은 적병들이 화포에 폭사하거나 화살에 맞아 죽었고, 물에 빠지거나 불에 타서 목숨을 잃은 자들도 부지기수였다. 거제도 일대는 일본군의 비명과 신음으로 지옥을 방불케 했다.

이순신이 지휘하는 해전은 화끈했다. 조선 수군은 먼 거리에서 화포를 이용하여 왜적들을 무력화시킨 다음, 가까이 다가가 화살을 쏘거나 적선을 들이받고 적의 배에 올라 백병전을 펼쳤다. 이순신이 직접 수군을 훈련시키며 갈고 닦은 이 전술은 일본군과의 해전에서 맹위를 떨쳤다. 이와 함께 그가 심혈을 기울여 정비한 무기의 힘도 컸으니, 특히 세 가지가 승리의 요인이었다.

첫 번째는 판옥선板屋船이다. 1555년 을묘왜변 이후 조선 수군은 새로운 함선을 개발했다. 왜선은 노략질한 다음 재빨리 도망갈 수 있도록 가볍게 만들어졌다. 그걸 잡으려면 쫓아다녀서는 안 된다. 가로막고 화포를 쏘는 게 효과적이다. 따라서 크고 튼튼한 함선이 필요했다. 조선 수군은 조방장 정걸에게 이 임무를 맡겼고, 그 결과 판옥선이 탄생했다.

판옥선은 최대 인원 160명을 태울 수 있는 2층 구조의 배로, 화포와 화약을 잔뜩 싣고 왜선을 내려다보면서 활을 쏘았다. 중량감이 있어 선체로 들이받으면 왜선이 견디지 못했다. 그렇다고 속도가 처지는 것도 아니었다. 시속 25킬로미터로 항해하며 방향을 바꾸는 것도 신속했다. 이순신은 이 판옥선을 전라좌수영 함대의 주력으로 삼았으며 개발자인 조방장 정걸을 수하로 두고 있었다.

두 번째는 화포다. 조선 수군의 화포는 최무선으로 거슬러 올라간다. "왜구를 막는 데는 화약만 한 것이 없다." 《태조실록》에 실린 최무선의 말이다. 그는 고려 말에 원나라 기술자와 중국 강남 상인 등으로부터 화약 제조 비법을 습득해 이를 국산화하는 데 성공했다. 뿐만 아니라 화통도감 설치를 주도하고 갖가지 화포들을 제작하여 진포에 상륙한 왜선 300척을 불사르기도 했다.

최무선이 축적한 화포 기술은 아들 최해산을 통해 조선으로 이어졌다. 임진왜란을 1년여 앞두고 전라좌수사로 부임한 이순신은 천자총통, 지자

총통, 현자총통, 황자총통, 승자총통 등 사거리와 위력이 각양각색인 화포들을 갖추고 전란에 대비했다. 그는 최무선처럼 '왜적을 막는 데는 화포만한 것이 없다'는 선견지명을 갖고 있었다. 그것은 이순신 함대의 연승 행진으로 증명되었다.

마지막으로 거북선을 빼놓을 수 없다. 거북선은 갑판의 윗부분을 단단한 덮개로 씌운 특수 함선으로서, 내부의 승무원과 전투 요원들이 안전하게 자신의 임무를 수행할 수 있다. '구선龜船'에 대한 기록은 《태종실록》 1413년, 1415년 기사에 단편적으로 나타났다가 이후 사라져 버렸는데, 이배가 임진왜란 때 이순신의 '비밀 병기'로 역사 무대에 등장해 맹활약을 펼친 것이다.

"신이 일찍이 왜적들의 침입이 있을 것을 염려하여 별도로 거북선을 만들었는데, 앞에는 용머리를 붙여 그 입으로 대포를 쏘게 하고, 등에는 쇠못을 꽂아 적이 뛰어들지 못하게 했습니다. 또 안에서는 능히 밖을 내다볼 수 있어도, 밖에서는 안을 들여다볼 수 없습니다. 비록 적선 수백 척 속이라도 쉽게 돌입하여 포를 쏘게 되어 있으므로, 이번 출전 때에 돌격장이 그것을 타고 나아갔습니다."

_ 이순신, 《이충무공전서李忠武公全書》 '당포파왜병장唐浦破倭兵狀'

이순신 함대에 거북선이 모습을 드러낸 것은 1592년 5월 29일의 2차 출격 때부터였다. 왜적과의 서전을 승리로 장식한 이순신은 이 비밀 병기를 앞세워 진짜 뜨거운 맛을 보여 줄 참이었다. 이윽고 사천 포구에 웅크린 적선을 발견하자, 그는 거북선에 돌격 명령을 내렸다.

일본군은 당혹스러웠다. 갑자기 거북 모양의 배가 시뻘건 불을 내뿜으며 달려드는 게 아닌가. 조총을 쏴 봤지만 꿈쩍도 안 하고 오히려 대포알과 불화살이 쏟아져 나왔다. 거북선에 뒤이어 조선의 판옥선들도 화포를 발사하며 일제히 진격했다. 사기가 꺾인 왜적들은 스스로 물에 뛰어들어 죽거나 겨우 목숨만 부지한 채 육지로 달아났다.

한산대첩,
전쟁 흐름을 바꾸다

이순신은 그렇게 사천, 당포, 당항포, 율천리 등지에서 승리를 거듭했다. 2차 출격에서 왜선 72척을 격침시켰고, 적병 3만여 명(최대 추정치)을 죽였다. 반면 조선 수군의 피해는 전사자 13명, 부상자 34명에 그쳤다. 부상자 중에는 사천에서 왼쪽 어깨에 총탄을 맞은 이순신도 포함돼 있었다. 화끈한 싸움의 대가답게 전투에 앞장섰다가 입은 부상이었다.

이순신 때문에 수륙병진책이 차질을 빚자, 도요토미 히데요시는 불같이 화를 내며 조선 수군을 섬멸하라는 엄명을 내렸다. 와키자카 야스히루, 가토 요시아키, 구키 요시타카 등의 맹장들이 나섰다. 그 가운데 용인전투를 승리로 이끈 와키자카 야스히루가 먼저 움직였다. 그는 전선 73척을 거느리고 7월 7일 견내량(거제도 서쪽의 좁은 해협)에 나타났다.

이에 맞서 조선 수군은 다시 한 번 연합함대를 꾸렸다. 이순신과 이억기의 전라도 수군이 전선 65척을 이끌고 노량에 이르자, 경상도의 원균도 그 사이 수리해 둔 7척을 모아 합류했다. 72척의 조선 수군 연합함대는 세찬 바람 때문에 일단 당포에 정박했다. 그때 산 위에서 먼 바다를 내다보던 목동이 헐레벌떡 뛰어내려와 귀중한 정보를 알려 줬다. 70여 척의 왜선이 좀 전에 견내량 포구로 들어갔다는 것. 바로 와키자카 군이었다.

다음 날 아침, 조선 함대는 견내량 근방에 이르렀다. 포구 안에서 적선 두 척이 나와 정찰하고 돌아갔다. 이순신은 판옥선 대여섯 척을 투입해 적 선을 뒤쫓게 했다. 견내량 포구로 들어서니 과연 일본 함대 70여 척이 열 을 지어 정박해 있었다. 정찰선을 따라온 조선 판옥선을 보고 와키자카 야 스히루는 전원 출동을 명했다. 판옥선은 뱃머리를 돌려 포구를 빠져나갔 다. 와키자카 군이 함성을 지르며 쫓아왔다. 이 추격전은 한산도 앞바다까 지 이어졌다.

그것은 일본 함대를 견내량에서 끌어내려는 이순신의 유인책이었다. 견 내량은 포구가 좁아서 아군의 판옥선끼리 부딪힐 위험성이 컸다. 설사 해 전에서 이긴다고 해도 적이 육지로 도망가 버리면 도로아미타불이었다. 아군의 피해를 줄이고 적을 확실히 제압하려면 싸움터를 바꿀 필요가 있 었다. 이에 판옥선 대여섯 척을 미끼 삼아 일본 함대를 낚은 것이다.

이순신은 '자기 주도적인' 전투를 선호했다. 늘 자신이 원하는 곳에서 적 과 싸우려 했다. 이번에는 한산도 앞바다가 그 무대였다. 이곳은 비교적 너른 바다여서 조선 수군이 자유자재로 전술을 운용할 수 있었다. 와키자 카 군 또한 빠져나갈 길이 없었다. 육지는 헤엄쳐 가기에 너무 멀었고, 섬 은 고립된 채 굶어 죽기 십상이었다.

일본 함대가 한산도 앞바다에 들어온 순간, 조선 함대는 빠른 속도로 포진하며 학이 날개를 펴듯 에워쌌다. 병법서에 기병용 진법으로 나오는 '학익진鶴翼陣'이 바다에서 펼쳐진 것이다. 이 진법은 적이 눈치 채기 전에 신속하게 전개해야 하므로 기병대처럼 기동력이 뛰어나지 않으면 수행하기 어렵다. 바다에서 학익진을 쓴다는 것은 그만큼 충분한 훈련을 받았음을 뜻한다. 이순신이 얼마나 치밀하게 전란에 대비해 왔는지 보여 주는 대목이다.

전라좌수영의 판옥선들을 중심으로 조선 함대가 학익진을 펼치는 순간 일본군은 지옥을 맛보았다. 조선 수군은 학의 날개를 서서히 좁혀 들어가며 인정사정 없이 화포 공격을 퍼부었다. 선두의 전선들이 순식간에 격침되자 와키자카 군은 전의를 상실하고 도망가기 시작했다. 이번에는 돌격대장 거북선이 적진 한가운데 뛰어들어 대포알과 불화살을 날렸다. 판옥선은 적선을 좌충우돌 들이받으며 부숴 나갔다.

도처에서 불기둥이 치솟으면서 한산도 앞바다는 일본 함대의 무덤으로 바뀌었다. 일본 전선 73척 가운데 59척이 침몰했다. 일본군 전사자도 8,980여 명에 이르렀다. 조선 함대의 피해는 미미했다. 수군 18명이 전사했을 뿐 이번에도 함선의 피해는 없었다.

1592년 7월 8일의 이 싸움이 행주대첩, 진주대첩과 함께 임진왜란 3대 대첩의 하나로 꼽히는 한산대첩이다. 이 싸움은 세계 전쟁사에 길이 남을 해전이다. 16세기에는 역사의 판도를 바꾼 해전이 동서양을 막론하고 벌어졌다. 1571년 레판토 해전에서는 에스파냐, 베네치아, 교황청이 주도한 신성동맹 함대가 지중해 패권을 놓고 투르크 함대와 격전을 치렀다. 이 싸움의 승자는 에스파냐의 펠리페 2세였다. 그러나 그는 1588년 에스파냐령 네덜란드의 반란 세력을 지원해 온 잉글랜드를 응징하고 영국 해적으로부터 대서양을 오가는 신대륙 선단을 보호하기 위해 '무적함대'를 띄웠다가 칼레 해전에서 영국 함대에게 대패하고 만다.

레판토 해전과 칼레 해전, 그리고 한산대첩의 공통점은 화포전에서 우위를 점한 쪽이 승리했다는 것이다. 16세기 이후 세계 해전의 추세는 화포전으로 기울고 있었다. 이순신은 여기에 학익진이라는 파격적인 진법을 더해 화포전의 효과를 극대화했다. 레판토 해전이나 칼레 해전과 달리, 한산대첩에서는 지휘관의 뛰어난 리더십이 돋보였다. 이순신 덕분에 조선은 남해의 제해권을 장악하였고 일본의 수륙병진책을 좌절시켰으며 반격의 교두보를 확보할 수 있었다.

실제로 한산대첩을 전후해 전쟁의 흐름이 눈에 띄게 바뀌었다. 세자 광해군이 이끌던 분조分朝는 경기 이천으로 남하해 민심을 달래고 육군과 의병을 독려했다. 한산대첩이 벌어진 그날, 광주목사 권율은 김제군수 정담, 동복현감 황진 등과 함께 전주로 들어가는 고갯길인 이치와 웅치에서 일본군을 격파했다. 정담이 백병전 끝에 전사하고 황진이 조총에 쓰러졌지만, 권율은 큰 칼을 휘두르며 끝까지 전투를 지휘하여 곡창지대인 전라도를 지켜 냈다.

맨주먹으로 일어선 의병의 활약도 눈부셨다. 두려움의 먹구름이 걷히면서 백성들은 각지의 의병장 휘하로 모여들었다. 곽재우, 정인홍, 김면, 고경명, 조헌, 김천일 등 주요 의병장들은 고금의 학문에 밝은 유생들로 지략과 용기를 갖추고 있었다. 곽재우 부대는 7월에 경상도 의령에서 전라도로 진군하는 일본군을 막았으며, 8월에는 조헌 부대가 충청도 금산에 주둔한 왜적들과 사투를 벌여 남하를 저지했다. 10월의 진주대첩 쾌거는 의병과 관군의 합작품이었다.

피어오르는 의심

하지만 조선의 반격이 본격화되면서 전공을 탐내는 거짓 보고와 중상모략도 횡행했다. 이 같은 일을 저지른 자들은 대개 전쟁 초기에 도망치거나 졸전을 벌인 관리들이었다. 그들은 자신의 죄를 어떻게든 만회해야 했다. 가장 좋은 방법은 왜적과 싸워 공을 세우는 것일 텐데 애초 비겁하고 무능했던 자들에게는 언감생심이었다. 그들이 쓴 수법은 다른 사람의 전공을 빼앗고 깎아내리는 것이었다. 대표적인 인물이 이순신의 발목을 잡은 원균이었다.

원균은 몇 척 안 되는 배로 이순신 함대를 따라다니면서 죽은 일본군의 목을 베는 데 열중했다. 전공을 입증하기 위해서였는데, 적의 머릿수만 보면 이순신을 능가할 정도였다. 또한 원균은 이순신에게 조선 수군의 승전보를 공동으로 올리자고 제안했다. 말이 연합함대지 엄연히 전라좌수영군이 주력이었고 전투 지휘도 이순신이 다 했다. 원균의 요구는 전공을 가로채려는 잔꾀에 불과했다. 이순신은 그 제안을 무시하고 단독으로 행재소行在所(임금이 궁을 떠나 머무르는 곳)에 장계를 띄웠다.

원균은 이순신에 대한 중상모략도 서슴지 않았다. 임진왜란 발발 직후 자신이 구원 요청을 했으나 이순신이 늑장 출동을 하는 바람에 경상도 수군이 무너지고 말았다는, 참으로 궁색한 책임 전가였다. 하지만 원균의 비방에도 불구하고 이순신은 공을 오롯이 인정받아 이듬해 삼도수군통제사(종2품)에 임명되었다.

1592년 9월 일본 수군의 본진인 부산포에서 적선 100여 척을 불태운 것을 마지막으로 이순신은 신중하게 대처하기 시작했다. 이는 일본군의 새로운 전략에 대응한 것이었다. 도요토미 히데요시는 한산대첩의 참패를 곱씹으며 전략을 '수륙병진책'에서 '수륙방어책水陸防禦策'으로 변경했다. 해안과 내륙의 근거지를 방어하면서 기회를 엿보는 계책이었다. 이에 따라 이순신도 섣부른 공격보다는 견제 위주 작전을 펼친 것인데, 선조의 의중에 어긋나는 행보였다.

조선군과 의병의 반격이 본격화되고 명나라의 5만 대군까지 들어오며 전쟁의 양상은 공세로 전환되었다. 1593년 조·명연합군이 평양과 한양을 잇달아 수복하자 선조는 파천播遷의 치욕을 씻으려고 안달이 났다. 그는 하루빨리 국내에서 일본군을 쓸어내고 그 여세를 몰아 일본 본토까지 쳐들어갈 계획을 세웠다. 명나라가 전면전보다는 강화협상에 치중하자, 선조는 조선만이라도 적극 전투에 나서겠다는 뜻을 밝혔다.

이순신의 신중한 작전은 당연히 임금의 눈 밖에 났다. 1594년 10월의 장문포해전도 그랬다. 도체찰사 윤두수가 거제도의 왜적을 끌어내 섬멸하기 위해 수륙합동작전을 지시했다. 육지에서는 의병장 김덕령과 곽재우가 적에게 싸움을 걸고, 바다에서는 이순신 함대가 위용을 과시했다. 그러나 일본군은 도발에 응하지 않았다. 결국 이 전투에서 조선군이 올린 소득은 왜선 2척을 격침시키는 데 그쳤다. 23회에 이르는 이순신의 해전 중에서 가장 전공이 미미했다.

윤두수와 의병장들은 노발대발했다. 이순신의 소극적인 태도가 도마에 올랐다. 선조도 유성룡의 반대로 뒤늦게 작전 중지령을 내리긴 했지만 못마땅하긴 마찬가지였다. 자신을 비난하는 목소리가 높아지자, 이순신은 오히려 사직을 청하는 강수를 두었다. 자신이 정말로 물러나길 바라지 않는다면 흔들지 말라는 경고이자, 임금에 대한 신임 요구였다.

이순신이 강하게 나오자 비난은 수그러들었다. 대신 그를 헐뜯던 원균이 유탄을 맞았다. 이 수륙합동작전을 윤두수에게 건의한 사람이 경상우수사 원균이었기 때문이다. 결국 원균은 충청병사(종2품)로 자리를 옮겼다. 외형상으로는 승진이었지만 문책의 의미도 담겨 있었다. 이렇게 보직을 바꾼 후에도 원균의 중상모략은 그치지 않았다.

이순신에 대한 선조의 의심과 원균의 비방은 1596년에 이르면 임계치를 넘어선다. 선조는 어전회의에서 공식적으로 이순신을 성토했다.

"이순신이 처음에는 힘껏 싸웠으나 그 뒤로는 흩어진 적을 부지런히 잡지 않았고 또 군사를 이끌고 나가 적을 토벌하는 일도 없으므로 내가 늘 의심하였다. 동궁이 남으로 내려갔을 때 여러 번 사람을 보내 불러도 오지 않았다. 이순신의 사람됨을 볼 때 공을 세울 자인지 모르겠다."

_《선조실록》1596년 6월 26일

대신들은 임금의 의도를 눈치채고 그 대안으로 원균을 거론했다. 이런 분위기에서 고니시 유키나가의 반간계反間計는 쉽사리 먹혀들었다. 이순 신은 끝내 죄인으로 전락하고 말았다.

백의종군한 이순신이 도원수 권율의 진지에 도착한 것은 1597년 6월 4 일, 도성 감옥 문을 나선 지 두 달여 만이었다. 백의종군한 죄인에게 주어 진 임무는 말을 돌보고 화살촉을 다듬는 허드렛일이었다. 권율은 간혹 막 사로 이순신을 불러들여 전황에 대한 의견을 주고받았다. 그 가운데는 원 균의 동향도 포함돼 있었다.

새로 삼도수군통제사에 임명된 원균은 이순신으로부터 전선 200척, 화 약 4천 근, 군량미 1만 석 등을 인수했다. 이순신은 장기전에 대비해 군수 물자를 넉넉하게 확보하고 바닷길을 지키고 있었다. 이 전쟁의 성격과 추 세를 정확하게 파악한 것이다. 원균도 한산도의 조선 수군 본영을 차지하 자 전임자의 신중한 작전을 답습했다. 수군 총수로서 그것이 최선책이었 기 때문이다. 하지만 선조와 일본군은 그를 가만 내버려 두지 않았다.

이순신 없이 치른 칠천량전투

1597년 7월 초, 새로 건조한 일본 전선 600여 척이 부산 앞바다에 모습을 드러냈다. 한때 이순신이 제패했던 남해 바다에 다시 전운이 감돌았다. 선조는 조선 수군이 적의 예봉을 꺾기를 바랐다. 임금의 뜻을 받든 도원수 권율은 삼도수군통제사 원균을 독촉했다. 안골포(오늘날의 창원)에 왜성을 쌓은 일본군에게 선제공격을 가하라는 것이었다. 이곳은 바닷길을 열려는 일본 수군의 배후 기지였다. 부산의 일본 전선들을 격파하려면 먼저 안골포를 쳐야 했다.

그러나 원균은 역으로 수군과 육군이 함께 안골포의 적을 무찌른 후 부산으로 나아가자고 제안했다. 육군이 현지로 들어가려면 넘어야 할 장애물이 많았다. 권율이 볼 때 그것은 차일피일 공격을 미루려는 꼼수에 불과했다. 급기야 도원수는 통제사 휘하의 세 수사들을 직접 다그쳤는데, 경상우수사 배설이 전투에 나섰다가 전선만 수십 척 잃고 패퇴하였다.

화가 난 권율은 원균을 소환하여 곤장을 쳤다. 애첩을 끼고 술독에 빠져서 싸우지 않는다는 죄목이었다. 수군 총수가 끌려가 장형을 받자 가뜩이나 불안한 지휘 체계가 흔들렸다. 이순신은 전투에 임할 때 군율을 매우 중시했다. 1592년 5월 1차 출격에 나설 때도 왜적에게 두려움을 느끼고 집으로 도망간 병사를 찾아 부하들이 지켜보는 앞에서 목을 베었다. 그는 추상같이 엄격한 영을 세우고 지휘관부터 말단 병졸까지 운명공동체임을 강조했다. 그런 이순신에게 사생활이 문란하고 수하의 아내까지 범하려 한 원균이 얼마나 한심해 보였을까?

결전의 시간이 다가올수록 이순신은 초조하게 원균의 행태를 지켜보았다. 원균에 대해 점도 쳐 보고 심지어 그의 꿈까지 꾸었다.

꿈에 원공과 함께 모였는데 내가 공의 윗자리에 앉아 음식상을 내올 때 원공이 즐거운 기색을 보이는 것 같았다. 그 징조를 잘 모르겠다.

_ 이순신, 《난중일기》 1597년 7월 7일

이순신이 알 수 없는 징조에 불길해하고 있을 무렵, 아니나 다를까 한산도에서 급보가 날아왔다. 권율에게 곤장을 맞고 돌아간 원균이 7월 중순에 경상우수사 배설, 전라우수사 이억기, 충청수사 최호와 함께 전선 100여 척을 거느리고 부산진 앞바다로 나아가 싸움을 걸었는데, 절영도에서 풍랑을 맞고 물러나다가 역습을 당했다는 것이었다. 원균은 우왕좌왕하다가 7월 14일 함대를 이끌고 칠천도로 도망쳐 들어갔다.

그날 밤 원균은 부하들을 모아 놓고 섬을 에워싼 일본군을 상대로 결사항전하자고 독려했다. 배설이 무모한 싸움을 말렸으나 소용없었다. 비극적 결말을 앞두고 원균은 장수다운 최후를 고집했다. 이튿날 조선 함대는 칠천도와 거제도 사이의 칠천량 바다에 닻을 내리고 끊임없이 몰려오는 적선과 결연하게 맞서 싸웠다. 하지만 배설이 전선 12척을 끌고 도망치자 전열은 급속도로 무너졌다.

뭍으로 도망간 조선 병사들은 뒤쫓아 온 왜적의 칼날에 몰살당했다. 통제사 원균은 물론이고 전라우수사 이억기, 충청수사 최호 등 수군의 지휘관들도 전사했다. 전선들은 불태워지거나 적의 손에 넘어갔다. 회복하기 어려운 참패였다. 7월 18일에 이 소식을 전해 들은 이순신은 통곡을 참지 못했다. 죽은 이들은 대부분 그의 전우들이었다.

원균은 그렇게 이순신이 쌓아 놓은 조선 수군의 위업을 물거품으로 만들었다. 꿈속에서 이순신이 내온 밥상을 즐겁게 먹은 게 이런 의미였을까?

허나 그것은 원균 한 사람의 실책이 아니었다. 어차피 원균이나 이순신은 임금과 조정의 정치놀음에 칼춤 추는 소모품 무장이라는 점에서 다를 바 없지 않은가.

칠천량 패전에 당황한 선조는 속히 이순신을 삼도수군통제사로 임명했다. 뒷수습을 하라는 뜻이었다. 병사와 전선, 무기도 없는데 무엇을 할 수 있다는 말인가. 천하의 이순신도 막막했을 것이다. 그는 일단 무거운 발걸음을 내디뎠다.

"제가 직접 해안으로 가서 듣고 본 뒤에 방책을 정하겠습니다."

이순신은 남해, 사천, 하동, 구례, 곡성, 순천, 장흥, 해남 등지를 돌며 흩어진 수군을 끌어모았다. 거제현령 안위를 비롯해 살아남은 부하들이 소식을 듣고 달려와 울부짖었다. 일본군이 남해안에서 기세를 올릴 때라 일부 지휘관과 수령들은 도망치거나 숨기에 급급했다. 이순신은 그들이 버려 두고 간 활과 화살, 총통을 챙기면서 기지로 점찍어 둔 진도를 향해 나아갔다.

그 과정에서 백성의 마음을 다잡는 일도 잊지 않았다. 두려움에 휩싸인 채로 전쟁을 치를 수는 없는 일. 이순신은 소를 훔치려고 왜적이 왔다고 헛소문을 퍼뜨린 두 사람을 붙잡아 목을 베었다. 그는 두려움을 조장하는 행위를 결코 용서하지 않았다. 이순신이 애써 수습하긴 했지만 조선 수군의 전력은 열악하기 그지없었다. 백성과 합심하지 않으면 압도적인 일본군을 상대할 수 없었다.

이 와중에 선조는 어차피 중과부적이니 육군과 합류하라는 영을 내린다. 일본의 10만 대군이 천안 방면으로 북진하자, 임금은 또다시 해주로 도망갈 궁리를 하고 있었다. 그는 평양에 주둔한 명군 제독 양호에게 구원 요청을 하는 한편 자신을 지키러 오라고 조선군 장수들을 닦달했다. 눈앞의 상황에 겁이 나 바닷길이 열리면 어떤 화가 닥치는지 망각한 왕에게 이순신은 이렇게 화답했다.

"신에게는 아직 12척의 전선이 있나이다."

_ 이순신,《이충무공전서李忠武公全書》

열세 척의 배로, 명량대첩

9월이 되자, 이순신은 진도 벽파진으로 들어가 진을 치고 일본 함대와의 결전을 준비했다. 가진 배는 판옥선 12척이 고작이었다. 일본군은 여러 차례 전선을 보내 이순신의 군세를 살펴봤다. 비록 조선 수군은 망가졌지만 이순신은 이순신이었다. 그가 살아 있는 한 조선 수군을 업신여길 수 없었다.

일본 함대가 벽파진 건너편 어란 앞바다에 모습을 나타낸 것은 9월 14일이었다. 정탐 군관 임준영의 보고에 따르면, 왜적들은 조선 수군을 섬멸하고 곧장 서울로 올라갈 계획이라고 했다. 이순신은 이번에도 싸울 곳을 직접 골랐다. 그는 조류와 지형을 십분 고려하여 명량에서 일본군을 막기로 결정했다. '명량鳴梁'은 진도와 해남 사이의 좁은 해협으로 물살이 빠르고 거센 곳이었다. 이 고장 사람들은 '울돌목'이라고 불렀다.

이튿날 이순신은 전라우수영 앞바다로 진을 옮겼다. 일본 함대를 명량으로 끌어들이기 위한 포진이었다. 전선은 전라우수사 김억추가 끌고 온 1척을 보태 13척에 불과했다.

"병법에 이르기를 '죽고자 하면 살 것이요, 살려고 하면 죽는다'고 했다. 또 '한 사람이 길목을 지키면 능히 천 명도 두렵게 할 수 있다'는 구절도 있다. 이는 오늘의 우리를 두고 하는 말이다. 만약 너희 장수들이 내 지시를 어긴다면 군율을 엄격히 적용하여 결코 용서치 않을 것이다."
_ 이순신,《난중일기》1597년 9월 15일

계란으로 바위치기나 마찬가지인 싸움을 앞두고 이순신은 승리에 대한 믿음을 심어 주면서도, 군율을 엄격히 적용하겠다는 뜻을 밝혔다. 9월 16일 아침, 드디어 일본 함대가 명량으로 진입했다. 무려 130여 척에 이르는 대함대였다. 적의 어마어마한 군세에 조선 수군은 하얗게 질렸고, 장수들은 앞으로 나아갈 엄두를 내지 못했다. 전라우수사 김억추가 탄 배는 어느새 10리나 물러나 버렸다.

그때 이순신의 대장선이 쏜살같이 앞으로 돌격했다. 지자총통, 현자총통 등이 맹렬하게 불을 뿜으며 천둥소리가 바다를 뒤덮었다. 군관들도 배 위에 늘어서서 화살을 빗발치듯 쏘아 댔다. 일본군 선봉대가 홀로 분전하는 대장선을 겹겹이 둘러쌌고, 일진일퇴의 공방전이 이어졌다.

이순신은 호각을 불게 하고 초요기招搖旗(전쟁에서 대장이 부하 장수를 부르거나 지휘하던 기)를 세워 뒤에서 머뭇거리고 있던 함선들을 소환했다.

거제현령 안위와 중군장 김응함이 먼저 이르렀다. 이순신이 대장선 위에 우뚝 서서 꾸짖었다.

"너희들이 군법에 죽고 싶으냐? 지금 여기서 어디로 도망갈 것이며, 그 죄를 나중에 어찌 면할 것이냐? 당장 처형하고 싶지만 적의 형세가 급하므로 우선 공을 세울 기회를 주마."

안위와 김응함의 배가 황급히 적진 속으로 뛰어들어 포탄과 화살을 퍼붓고 적선을 들이받으며 치열한 전투를 벌였다. 일본 병사들은 조선 함선에 개미처럼 달라붙어 꾸역꾸역 기어 올라왔다. 조선의 장졸들도 선상에 오른 왜적들과 죽을 힘을 다해 싸웠다. 칼이든, 창이든, 몽둥이든, 돌덩이든 손에 잡히는 건 무엇이든 들고 적을 쓰러뜨렸다.

부하들의 기운이 다할 조짐이 보이자, 이순신은 뱃머리를 돌려 적의 선봉장이 탄 배로 쳐들어갔고 모든 화력을 집중해 격침시켰다. 때마침 녹도만호 송여종, 평산포대장 정응두의 함선까지 가세하면서 전황은 순식간에 뒤집어졌다. 기사회생한 조선 수군은 뒤엉켜 싸우던 왜적들을 모조리 베었다. 한숨을 돌리려는 찰나, 일찍이 이순신에게 투항한 왜인 준사가 바다에 떠 있는 시신을 내려다보며 소리쳤다.

"저기 붉은 비단옷을 입은 자가 바로 안골포에서 본 적장 마다시입니다!"

아군의 피는 끓어올랐고 적의 사기는 크게 떨어졌다. 이 틈을 놓치지 않고 조선 수군이 총공세에 나섰다. 일제히 북을 치고 함성을 지르며 일본군 본대를 향해 진격했다. 결국 조선 수군은 명량에서 대승을 거뒀다. 13척의 함선으로 적선 31척을 쳐부쉈다. 이 기적의 승리를 '명량대첩'이라고 일컫는다.

큰 타격을 입고 후퇴한 일본 함대는 더 이상 이순신과 싸우려 들지 않았다. 그의 이름 석 자만 들어도 일본군은 전의를 잃고 두려움을 느꼈다. 이로써 일본은 1597년에 단행한 재침의 동력을 상실하고 말았다. 그 결과 육지에서도 퇴각에 퇴각을 거듭했다.

죽어야 사는 남자

《난중일기》에서 이순신은 이 승리가 '천행天幸'이었다고 말한다. 하늘이 내려 준 행운이라는 것이다. 하지만 명량대첩의 진행 과정을 보면 이순신의 힘이 컸음을 알 수 있다. 그는 절망적인 상황에서도 포기하지 않고 수군을 수습했으며, 조류와 지형을 감안해 최적의 싸움터를 골라 냈다. 전투에서는 대함대를 향해 돌격하는 담력, 수세를 공세로 바꾸는 순발력, 아군과 적군의 심리를 꿰뚫어 보는 통찰력을 발휘해 끝내 승리를 거머쥐었다.

명량대첩 이후 일본군은 다시 왜성을 쌓고 근거지를 지키는 전략을 들고 나왔다. 전투는 잦아드는 대신 민간인에 대한 약탈과 살육이 기승을 부렸다. 일본군은 순천, 사천, 울산 등 해안 지대에 똬리를 틀고 내륙 깊숙이 출몰해 노략질을 일삼았다. 수많은 마을과 사찰들이 그들의 손에 불탔다.

명군도 문제였다. 명나라가 지원군을 보낸 이유는 일본군을 조선 땅에 묶어 놓기 위해서였다. 결국 전화戰禍는 조선이 다 뒤집어 썼다. 명군은 일본군이 한반도 이남으로 밀려나자 본국에 부담이 없는 강화협상에 치중했다. 협상은 지지부진했고 조선의 피해만 눈덩이처럼 불어났다. 민폐를 입힌 건 일본군뿐만이 아니었다. 명군도 적을 수색한다는 명목으로 민가를 들쑤시고 다니며 조선 백성들의 목숨과 재산을 빼앗았다.

전쟁에서 죽어 나가는 것은 힘 없는 백성들이요, 약자들이었다. 임진왜란 기간에 죽은 조선인의 숫자는 200만 명으로 추산되는데 대부분 학살당하거나 굶어 죽은 양민들이었다. 일본군과 명군은 전공을 쌓기 위해 수시로 산속을 뒤져 양민들을 죽이고 목, 코, 귀를 베어 갔다. 오랜 전란으로 국토가 황폐화되면서 식량난도 심각했다. 《실록》에 "식량난이 극심하여 인육을 먹으면서도 괴이하게 생각하지 않는다"고 기록할 정도였다.

일본으로 납치된 조선인도 최소 10만 명 이상이었다. 피랍은 1597년 일본의 재침 이후 눈에 띄게 늘어났다. 끌려간 사람들은 성을 쌓거나 도로를 닦는 데 강제로 동원되었고, 영주나 무사들에게 전리품으로 분배되거나 포르투갈 노예상 등에게 노예로 팔려 갔다. 노예상들은 아예 조선 땅에 들어와 일본군을 따라다니며 인신매매를 했다.

> 일본으로부터 많은 해외 상인들이 들어왔는데 그중에는 인신매매상들도 끼어 있었다. 그들은 닥치는 대로 사람을 사서 새끼줄로 목을 묶고 지팡이로 두들기며 끌고 간다. 마치 지옥에서 온 나찰 같다.
>
> _ 승려 교넨, 《조선일일기朝鮮日日記》

당시 일본의 무역항인 나가사키에서는 모든 연령대에 걸쳐 셀 수 없이 많은 조선인 노예들이 최저 가격으로 팔려 나갔다고 한다. 그 때문에 마카

오 노예시장의 시세가 예년의 6분의 1 수준으로 떨어졌다. 수많은 양민들이 동남아, 인도, 유럽으로 끌려갔다. 임진왜란은 그렇게 우리 역사에 씻을 수 없는 상처를 남기고 종착역을 향해 달려가고 있었다.

이순신은 이 나라 백성들이 겪는 고통을 안타까운 마음으로 지켜보았다. "피난민이 길가에 가득 쓰러져 있는 참혹한 모습을 차마 볼 수 없다"고 《난중일기》에 적었다. 자신 또한 그 와중에 아들을 잃는 아픔을 맛봤다. 왜적들이 이순신에 대한 보복으로 본가인 아산을 습격했는데, 막내아들 면이 항거하다가 목숨을 잃은 것이다. 스물한 살 청년의 애석한 죽음이었다. 이순신은 목 놓아 통곡하였다.

내가 죽고 네가 사는 것이 이치에 마땅하거늘, 네가 죽고 내가 살았으니, 이런 어긋난 이치가 어디 있겠는가. 슬프다, 내 아들아! 내가 지은 죄 때문에 화가 네 몸에 미친 것이냐? 이제 내가 이 세상에 살아 있은들 누구에게 의지할 것인가. _ 이순신, 《난중일기》 1597년 10월 14일

1597년 4월 감옥 문을 나와 백의종군 길에 오르면서 생사의 경계를 위태롭게 걸었던 이순신은 어느덧 죽음에 초연한 경지로 접어들고 있었다. 어차피 전쟁이 끝나면 그의 장래는 기약할 수 없었다. 의심 많은 선조는 툭하면 항명하는 무장을 결코 용서치 않을 것이다. 민심을 잃은 임금이기에, 백성이 떠받드는 전쟁영웅을 더욱 용납치 않을 것이다.

'내가 죽을 자리는 내가 정한다.'

전쟁 막바지에 이순신은 이런 결심을 하지 않았을까? 정치놀음에 칼춤

을 추다가 오명을 쓴 채 죽을 바에는 왜적들에게 원수를 갚고 전장에서 최후를 마치는 것이 장수의 길이 아닌가. 싸움터를 자신이 골라 왔듯이, 죽을 자리도 스스로 정하면 된다. 1598년의 노량바다가 그곳이었다.

그해 8월 도요토미 히데요시가 죽으면서 유언으로 조선에서 철수하라는 명을 내렸다. 고니시 유키나가 등 일본 장수들은 명군 제독 유정에게 뇌물을 바치고 퇴로를 확보하려고 했다. 그러나 이순신은 왜적들의 무사 귀환을 단호히 거부했다. 그는 명나라 수군도독 진린과 연합함대를 결성했다. 진린도 일본군에게 뇌물을 받긴 했지만 이순신의 인격과 무용을 흠모하여 행동을 같이 했다.

11월 18일 밤, 순천 왜교성의 고니시 군을 구원하기 위해 수백 척의 일본 선단이 노량바다에 들어섰다. 인근 해역에서 벼르고 있던 조명 연합함대가 왜적들을 급습했다. 이순신은 '수帥' 자 기를 달고 선두에 나섰고, 진린이 그 뒤를 받쳤다. 두 사람은 일본군의 포위망에서 서로를 구해 주며 호흡을 맞췄다. 이렇게 밤새도록 혼전이 벌어진 가운데 조명 연합함대는 차츰 우위를 점하였다.

동이 트자 왜적들은 도망치기 시작했다. 이순신의 대장선이 맹렬히 따라붙었다. 평소 도망치는 적을 무리하게 추격하지 않던 그였지만 이날은 달랐다. 그때 별안간 적선들이 뱃머리를 돌리며 집중사격을 퍼부었다. 적진 깊숙이 들어간 대장선이 순식간에 조총 세례에 노출되었다. 군관 송희립이 쓰러졌다. 이순신이 몸을 움직여 부하를 붙잡으려는 순간, 일본군의 흉탄이 그의 가슴에 박혔다.

이순신은 "싸움이 계속되고 있으니 나의 죽음을 알리지 말라"는 당부를 남기고 숨을 거뒀다. 아들 회, 조카 완을 비롯해 극소수만 이 사실을 아는 가운데 전투가 이어졌다. 노량해전이 끝난 것은 정오 무렵이었다. 대승이었다. 적선 200여 척이 격침되고 왜적들의 시체가 바다에 가득했다.

명나라 수군도독 진린이 승리의 기쁨에 들떠 이순신의 배를 찾았으나, 그를 기다리고 있는 것은 이순신의 싸늘한 시신이었다. 진린의 통곡과 함께 이순신의 죽음이 비로소 알려졌다. 장졸들이 울부짖는 소리가 노량바다에 메아리쳤다.

임진년에 시작된 참혹한 전쟁은 1598년 11월 19일 이순신의 죽음으로 막을 내렸다. 7년 전쟁에 마침표를 찍은 것은 도요토미 히데요시가 아니라 이순신이었다. 전란으로 목숨을 잃고 고통에 신음하는 조선 백성들의 넋을, 스스로 희생양이 되어 달랜 셈이다. 노량바다는 위령慰靈의 제단이었다. '죽어야 사는 남자' 이순신은 그렇게 불멸의 전설을 완성했다.

권율, 행주치마, 대한늬우스

행주치마는 옛날 여자들이 부엌일을 할 때 치마 위에 덧입었던 짧은 치마를 말한다. 손과 그릇의 물기를 훔치거나 뜨거운 솥뚜껑을 들어올릴 때 요긴하게 쓰였다. 때로는 여인네의 한과 눈물도 닦아 냈을 것이다. 그런데 이 행주치마의 역사에 남정네 한 사람이 끼어든다. 행주대첩을 지휘하여 이순신과 함께 임진왜란의 판도를 바꾼 권율이다.

전쟁 영웅과 행주치마, 어울릴 것 같지 않은 이 조합은 정체불명의 어원설이 끼어들며 떼려야 뗄 수 없는 관계가 되었다. 행주대첩 때 부녀자들이 치마를 이용해 백병전과 투석전에 쓸 돌을 날랐고, 여기서 '행주치마'라는 단어가 유래했다는 설이다. 그러나 '행주치마'는 이미 중종 때 최세진이 지은 《사성통해四聲通解》와 《훈몽자회訓蒙字會》에도 등장한다. 임진왜란 전부터 사용된 용어인 것이다. 행주치마 설은 발음이 비슷한 낱말을 엮어 그럴듯하게 어원을 설명하는 민간의 구전일 뿐이다. 문제는 그것이 거꾸로 실제 역사처럼 다뤄지고 있다는 점이다. 이는 행주대첩의 참모습을 밝히는 데 지장을 초래한다.

1593년 2월 12일 한강 연안 덕양산의 작은 토성으로 왜적 3만 명이 몰려왔다. 방어에 나선 조선군은 관군과 승병을 합해도 3천 명에 못 미쳤다. 하지만 전라도순찰사 권율은 소수의 병력을 지휘해 열 배가 넘는 적들의 파상 공세를 물리쳤다. 그 승리의 진상은 통념과 적지 않은 차이가 있다. 하나하나 짚어 보자.

먼저 행주산성은 부녀자 등 민간인과 무관한 곳이었다. 이순신과 마찬가지로 권율도 싸움터를 주도적으로 정하고 적을 끌어들였다. 행주산성은 한양 수복의 교두보를 마련하기 위해 인위적으로 조성한 싸움터였다. 이곳을 공략하려면 덕양산을 비스듬하게 올라와야 하는데, 이 경우 조총의 위력은 반감된다. 권율은 여기에 안팎으로 성책을 만들어 왜적의 공격에 대비했다. 따라서 민간인은 거의 없었다고 봐야 한다. 부역에 동원할 수도 있었겠지만, 공병대 격인 승병이 주둔한 상태라 가능성이 희박하다.

다음으로 행주대첩은 백병전이나 투석전이 주가 아니었다. 나중에 선조에게 보고한 대로라면 이날 왜적의 돌격은 8~9차례 있었는데 대부분은 화력으로 막아 냈다. 권율은 이 싸움에 조선의 최신 병기들을 총동원했다. 새로 개발한 화차는 신기전 수백 발을 장전해서 동시에 발사할 수 있었다. 일종의 시한폭탄인 비격진천뢰를 화포로 멀리 쏘아 보내기도 했다. 또, 적의 조총에 대응하는 승자총통 등도 위력을 발휘했다. 전투의 성격상 부녀자가 돌을 나를 일이 없었던 것이다.

마지막으로 행주치마에 가려진 조선 육군의 무력을 거론하지 않을 수 없다. 한양 수복을 위해 전라도에서 북상한 권율 군은 행주대첩 이전에 이치전투, 독성산성전투에서 잇달아 승리를 거뒀다. 특히 이치에서는 일진일퇴의 공방전 끝에 전주로 들어가려는 왜적들을 물리침으로써 곡창지대인 호남을 보전할 수 있었다. 행주대첩은 그 완성판이었다. 이로써 전쟁 수행 능력을 입증한 조선은 일본과 명나라에 짓밟힌 주권을 차츰 회복하기 시작했다.

오늘날 행주산성 입구인 대첩문에 들어서면 '권율 장군과 행주치마'라는 안내판과 함께 여성 의병대가 치마로 돌을 나르는 부조가 눈에 띈다. 이 시설물들은 1970년 국가적인 정화사업 이후 생겨났다. 당시 박정희 정권은 산업화의 인력 수요를 충족시키기 위해 여성들에게 공장 취업을 적극 권장했다. 작업복을 입고 산업 현장으로 향하는 그녀들의 이미지는 행주치마를 두른 여성 의병대로 형상화되었다. 1593년 2월 12일의 역사적인 승전 무대에 국민동원 체제를 선전하는 '대한늬우스'를 틀어 놓은 것이다.

히데요시에서 히로부미로

유성룡은 선조 때 영의정을 지내며 임진왜란을 수습하는 데 공을 세운 명재
상이었다. 전쟁이 종결되자 영의정에서 물러난 그는 고향 땅에 칩거하며《징
비록懲毖錄》집필에 몰두했다. 왜란을 미리 막지 못한 자신을 징계하고 참화
가 재발하지 않도록 조심하자는 취지에서 반성의 기록을 남긴 것이다.

그럼 유성룡은 무엇을 반성했을까? 그는 무엇보다 일본을 제대로 알려고
하지 않았다는 점을 뼈저리게 곱씹었다. 당시 일본은 전국시대를 통일한 여세
를 몰아 침략전쟁을 준비하고 있었다. 터질 듯한 에너지를 해외로 돌린 것이
다. 그 중심에 오다 노부나가의 뒤를 이어 통일을 완수한 도요토미 히데요시
가 있었다.

도요토미 히데요시는 어찌 보면 전국시대 덕을 본 인물이었다. 오닌의 난
(1467~1477)을 신호탄으로 100년 넘게 지속된 일본의 전국시대는 하극상의
풍토가 지배했다. 가신이 섬기던 영주를 치고 다이묘로 거듭나는 일이 비일비
재했다. 말 그대로 전쟁의 시대였다. 신분이 미천해도 전장에서 공만 세우면
출세할 수 있었다. 빈농의 아들로 태어난 도요토미도 전공을 내세워 오다 노
부나가에게 발탁되었다.

동맹과 정복으로 세력을 확장하던 상급 다이묘도 부침을 거듭했다. 오다
노부나가는 포르투갈인이 일본 땅에 전한 조총을 전쟁에서 잘 활용하면서 두
각을 나타냈다. 그는 일본의 심장부 교토를 장악하며 전국통일의 초석을 마
련했다. 오다는 도쿠가와 이에야스와 동맹을 맺어 배후인 관동 지방을 안정
시키고, 도요토미 히데요시로 하여금 정복사업을 밀고 나가게 했다. 하지만
그는 1582년 심복의 배신으로 목숨을 잃고 만다.

이 반란을 진압하고 오다 노부나가를 계승한 인물이 도요토미 히데요시였

다. 그는 천황의 대리인 격인 관백關白에 올라 가신들의 충성을 확보하고 동맹을 견고히 했다. 뿐만 아니라 전국적인 토지조사를 실시하고 농민의 무장을 해제하며 사회질서를 잡아 나갔다. 1590년 마침내 전국통일을 완수한 도요토미에게 거칠 것은 없었다. 그는 오사카의 천수각에 앉아 바다 건너 또 다른 세계를 넘보기 시작했다.

도요토미 히데요시는 충동적인 인물이었다. 대륙을 정벌하겠다는 허황된 꿈이 그의 됨됨이를 말해 준다. 물론 정치적인 필요성도 있었다. 일본열도를 통일했지만 동맹을 맺고 있는 다이묘들이 언제 등을 돌릴지 모른다. 차라리 오랜 내전으로 정예화된 군사력을 바깥으로 돌려 불안한 동거도 해소하고 나눠 먹을 파이도 키우는 게 이로워 보였다. 국제항 오사카가 그의 본거지였으니 노예무역 등도 고려했을 터였다.

1591년 도요토미 히데요시는 조선에 '정명향도征明嚮導', 즉 명나라를 칠 테니 길을 안내하라고 통보한다. 중국에 사대해 온 조선이 이를 거절한 것은 당연한 일이었다. 그러자 이듬해 4월 16만 대군을 조선 땅에 파병했다. 그로부터 7년간 조선은 끔찍한 전화에 휩싸였다. 이순신 장군과 의병, 그리고 명군에 의해 저지당했지만 도요토미는 집요했다. 명나라와의 종전협상에서도 조선을 분할해 총독을 두겠다고 떼를 썼다. 일본군은 1598년 도요토미 히데요시가 죽은 후에야 물러갔다.

결과적으로 조선은 일본을 제대로 살피지 못한 대가를 톡톡히 치러야 했다. 건국 이래 200년 동안 평화를 누리면서 안주하다 보니 나라의 기강이 무너진 것이다. 임진왜란 전까지 조선을 둘러싼 대외 환경은 축복에 가까웠다. 명나라는 서북방의 몽골을 방비하느라 동북 지역은 신경 쓰기 어려웠고, 만주와 한반도 북부에 흩어져 살던 여진족은 분열 상태였다. 일본도 내전 중이었으므로 왜구의 동태만 파악하면 됐다.

이 때문에 조선은 방심했고 날이 갈수록 문약해졌다. 오죽하면 병조판서 이이가 와병 중에 출사해 이런 상소를 올렸을까? 임진왜란이 터지기 9년 전

(1583)의 일이다.

"우리나라가 오래도록 승평昇平(나라가 태평함)을 누려 태만함이 날로 더합니다. 안팎이 텅 비고 군대와 식량이 모두 부족하여 하찮은 오랑캐가 변경만 침범하여도 온 나라가 놀라 술렁입니다. 혹시 큰 적이 침범해 오기라도 한다면 아무리 지혜로운 자라도 어떻게 계책을 쓸 수가 없을 것입니다. 옛말에, 먼저 적이 나를 이기지 못하도록 대비한 다음에 적을 이길 기회를 기다리라고 하였는데, 지금 우리는 하나도 믿을 것이 없어 적이 오면 반드시 패하게 되어 있습니다. 생각이 여기에 미치니 한심하고 간담이 찢어지는 듯합니다."

율곡 이이는 그렇게 나라를 걱정하다가 1년 후 세상을 떠났다. 서인이었던 이이의 우려는 현실이 되었다. 동인 유성룡은 율곡의 충언에 귀 기울이지 않은 것을 뒤늦게 후회했을지도 모른다. 그래서 회한 속에서 《징비록》을 집필하지 않았을까?

그러나 유성룡의 반성과 경계에도 불구하고, 조선은 불과 수십 년 후 다시 여진족의 침입을 맞았고, 종국에는 남의 나라 식민지로 전락하는 치욕을 겪는다. 그리고 그 원흉은 조선에 총독을 두려 했던 도요토미 히데요시의 또 다른 화신, 이토 히로부미였다.

5

허균

천지간 괴물의 꿈

"아버지를 아버지라 부르지 못하고, 형을 형이라 부르지 못하니, 어찌 사람이라 하오리까?"

여기까지 쓰고 허균은 붓을 내려놓았다. 아버지를 아버지라 부르지 못하는 불우한 벗들이 지금 의금부에 끌려가 옥고를 치르고 있다. 박응서, 서양갑, 심우영 등 일곱 명의 서자庶子(첩에게서 태어난 자식)들이다. 죄목은 문경새재에서 상인을 살해하고 은 700냥을 강탈했다는 것. 세상 사람들은 이 옥고를 '칠서지옥七庶之獄'이라고 불렀다.

허균은 그들과 친분이 깊었다. 함께 술 마시고 시를 읊으며 삐뚤어진 세상에 울분을 토했다. 일곱 명의 서자들은 대부분 도성 명문가의 자제들이었다. 박응서는 영의정을 지낸 박순의 서출이었고, 서양갑은 목사 서익의 피를 물려받았다. 하지만 어머니의 미천한 신분이 발목을 잡았다. 조선은 법으로 서자들의 벼슬길을 막았다. 본인들뿐 아니라 그 자손들까지 이 굴레에 묶여 과거 시험을 볼 수 없었다.

서자들에 대한 금제禁制(금지하고 제한함)는 태종 이방원의 유산이었다. 태조 이성계의 두 번째 부인 신덕왕후 강씨에게 유감이 많았던 이방원은 왕자의 난을 일으켜 임금이 된 뒤 죽은 강씨를 후궁, 즉 첩으로 강등시켜 버렸다. 그리고 첩의 자식, 서자들의 벼슬길을 원천적으로 봉쇄했다. 서자의 자손들에게까지 금제를 가한 데에는 정도전의 영향도 있다. 정도전은 할머니가 노비 출신이라는 설 때문에 관직에 있는 동안 툭하면 반대파의 공격을 받았다. 그가 태종 이방원에 의해 역적으로 규정되면서 정도전 같은 서자의 자손들도 된서리를 맞은 것이다. 이후 과거 시험을 볼 때 위로 직계 3대 내외와 외조부모를 밝혀 서자의 피가 흐르면 응시 자격을 박탈하는 법이 생겼다.

이러한 금제는 유교적 신분 질서라고 보기도 애매했다. 서자들도 모자라 그 자손들까지 사회적으로 억누른 것은 중국에도 없는 조선만의 가혹한 차별이었다. 서자와 그 자손들, 이른바 '서류庶流'는 하늘이 내려 준 재능을 썩히며 울분 속에서 살아가야 했다. 세월이 흘러 서류들이 늘어나면서 불만도 눈덩이처럼 불어났다.

불만이 쌓이면 해소하려는 움직임도 나타나기 마련이다. 이 금제도 개선의 조짐이 전혀 없었던 것은 아니다. 1567년 선조가 즉위하면서 서류들에게도 볕이 드는 듯했다. 새 임금의 아버지는 중종의 서자인 덕흥군이었다. 민가의 기준으로 보면 선조도 서류에 해당했다. 그래서인지 선조 재위기에 이 금제를 풀어 달라는 허통許通(허용하고 열어 줌) 요구가 뜨겁게 분출했다. 선조 또한 이에 호응하듯이 다음과 같은 말을 남겼다.

"해바라기가 해를 향하는 성질은 곁가지라 하여 다르지 않듯이, 신하가

충성을 바치고자 하는 마음이 적자에게만 있겠는가?'

때마침 임진왜란이 터지면서 한시적으로 허통이 실현되기도 했다. 전쟁을 치를 인력과 물자가 턱없이 부족하자 조정에서는 '납속책納粟策'을 반포했다. 군량미로 쓸 미곡을 내면 신분상의 금제를 풀어 주어, 서자들도 과거 시험을 볼 수 있게 된 것이다. 하지만 그렇게 벼슬길에 나아간 자들은 임진왜란 종결과 함께 배척당하여 거의 대부분 관직을 빼앗기고 조정에서 쫓겨났다.

서류들은 분노했다. 희망이 어른거리다가 사라졌기에 더욱 배신감이 컸다. 1608년 광해군이 우여곡절 끝에 즉위하자 그들은 다시 한 번 금제의 벽에 도전했다. 광해군도 선조의 서자가 아니던가? 서류 허통을 강력히 주장하는 상소가 새 임금에게 올라갔다. 칠서지옥의 주역들이 추진한 일이었다. 허균 또한 불우한 벗들을 위해 상소문 작성에 관여했다. 그러나 금제의 벽은 높았다.

이 문제는 해결의 실마리가 보이다가도 원점으로 회귀하기 일쑤였다. 결국 서류들은 행동에 나섰다. 박응서, 서양갑, 심우영 등 일곱 명의 서자들은 여주 남한강변에 거처를 마련하고 '무륜당無倫堂'(윤리가 없는 집이라는 뜻)이라는 이름을 붙였다. 나아가 그들은 '강변칠우江邊七友'를 자처하며 전국을 무대로 도적질을 일삼았다. 자금을 모아 거사를 일으키려 한 것이다. 허균은 은밀히 이 거사의 격문을 준비하고 있었다.

하지만 문경새재에서 은상을 털다가 살해한 일이 화근이 되었다. 주인의 원수를 갚으려는 종이 은밀히 뒤를 밟아 무륜당을 알아내고 포도청에 이를 고변했다. 강변칠우는 줄줄이 잡혀 갔다. 허균은 그들의 소식을 캐었다. 아니나 다를까, 상황은 나날이 악화되고 있었다. 이이첨, 유희분 등 북인정권의 실세들이 이 사건에 서인 김개남(인목대비의 부친)을 엮어 역모로 몰아가고 있다는 전언이었다. 이러다가 허균 자신도 대역죄인으로 몰릴 판이었다.

그러나 강변칠우은 몽둥이질에 뼈가 부러지고, 인두로 지져 살점이 떨어지는데도 허균의 이름을 털어놓지 않았다. 사기 조각 위에 무릎 꿇리고 돌덩이로 짓누르는데도 입을 다물었다. 허균의 가슴속에서 뜨거운 불덩이가 치솟았다. 강상綱常(삼강오상)의 윤리를 타파하고 신분 차별이 없는 나라, '율도국栗島國'을 건설하자던 형제의 맹약이 이대로 스러져 가는가!

> 하늘이 사람을 낼 때는 귀한 집 자식이라 하여 풍부하게 주고 천한 집 자식이라 하여 인색하게 주지 않는다. 옛날 어진 임금은 인재를 초야에서도 구하고, 군졸이나 창고지기나 도둑도 다 알맞은 자리에 등용해 재능을 펼치게 했다.
> _ 허균,《성소부부고惺所覆瓿藁》〈유재론遺才論〉

교산蛟山 허균許筠(1569~1618)은 우리나라 최초의 국문소설《홍길동전》의 지은이로 널리 알려져 있다.《홍길동전》에서 그는 성리학적 지배 질서의 위선과 모순을 통렬하게 질타했다. 특히 하늘이 내려 준 재능을 억압하는 유교 윤리와 신분 질서에 반기를 들었다. 허균의 문집에 실려 있는 '유재론遺才論'에는 이러한 생각이 오롯이 담겨 있다.

동인 명문가에서 태어난 허균은 어쩌다 성리학적 지배에 도전장을 던지게 되었을까? 그의 아버지 초당 허엽은 서경덕의 제자로서 동인 영수의 반열에 오른 인물이며, 이조판서를 지낸 이복형 허성 또한 동인의 한 갈래인 남인을 대표했다. 출신 성분만 보면 그가 성리학의 나라에서 이단자의 길을 걸을 이유가 전혀 없다. 허균이 사회적 약자의 편에서 그들에게 가해진 억압의 굴레를 타파하려는 혁명적 생각을 품게 된 출발점에는, 그가 사랑했으나 안타깝게 일찍 세상을 뜬 두 명의 여인이 있었다. 바로 누이 허난설헌과 아내 김씨이다.

허균을 울린 누이 허난설헌

허균은 여섯 살 연상의 누이 허난설헌許蘭雪軒을 특히 아꼈다. 남매의 어머니 김씨 부인은 허엽의 후처였다. 허봉, 허난설헌, 허균이 그녀의 소생이고, 장남 허성은 이복형제였다. 강릉에서 태어나 함께 자란 허난설헌과 허균은 어려서부터 사이가 좋았으며 글공부도 같이 했다. 두 사람은 당대 최고의 시인 이달에게 시문을 배웠는데, 허난설헌은 문재文才를 타고난 소녀 신동이었다.

〈광한전 백옥루 상량문〉은 허난설헌이 8세 때 써서 신동이라는 소문을 낳은 산문이다. 신선 세계의 궁궐에 초대받아 그 상량문上樑文(새로 짓거나 고친 건물의 내력을 적은 글)을 지었다는 내용의 이 글은 풍부한 상상력과 번뜩이는 천재성으로 장안의 화제가 되었다. 둘째 오빠 허봉은 여동생의 문재를 주목하고 마음껏 재능을 키울 수 있게 후원했다. 막역한 벗 이달에게 시문을 배울 수 있도록 주선한 것도 그였다.

허난설헌은 규중閨中 시인으로서 남다른 행보를 이어 갔다. 당대 여성의 규범에 비춰 볼 때 이례적인 일이었다. 조선시대 여성은 '삼종지도三從之道'에 얽매였다. 어려서는 아버지를 따르고, 시집가서는 남편을 섬기며, 늙으면 아들에게 의지하는 종속된 삶이었다. 허난설헌처럼 자신의 재능을 드러냈다가는 비난의 대상이 되기 십상이었다.

삼종지도는 16세기 중반 이후 성리학적 지배 질서가 정착하면서 더욱 강화되었다. 이전까지만 해도 유교 경전 속에 있던 가부장제가 책 밖으로 나와 사람들의 삶을 바꾸어 놓았고 여성의 지위도 점점 하락했다.

허난설헌은 15세에 김성립과 혼인하고 시집살이를 시작했다. 남편은 큰오빠 허성이 이끄는 남인계 인물이었다. 집안 내력도 흠잡을 데 없어서 5대 연속 문과에 급제해 세간의 주목을 받는 안동 김씨 명가였다. 문제는 집안 분위기가 친정과 사뭇 달랐다는 점이다. 자유로운 가풍 속에서 성장해 온 허난설헌은 가부장적인 시댁에 적응하지 못했다.

삼종지도의 화신인 시어머니에게 시를 짓는 며느리는 애물단지였다. 지식인 며느리를 질시하여 날마다 구박과 학대를 일삼았다. 남편 김성립도 아내를 살갑게 챙기는 성격이 아니었다. 이 고집 세고 무뚝뚝한 선비는 과거 공부를 핑계 삼아 바깥으로 나돌았는데, 실상은 기생집을 전전하며 술 퍼마시는 게 일이었다. 허난설헌은 외로웠다.

그 고통과 외로움은 여성의 가치를 인정하지 않는 시대와의 불화였다. 허난설헌도 처음엔 남편을 그리워하며 연시를 지었지만, 점차 가부장 사회를 비판하는 날카로운 시로 바뀌어 갔다. 불행은 꼬리를 물고 이어졌다.

아버지 허엽과 둘째 오빠 허봉이 객사하면서 친정이 몰락하였다. 엎친 데 덮친 격으로 돌림병에 두 명의 자식들을 잃고 뱃속의 아이마저 유산하는 불운이 겹쳤다. 너무 가혹한 운명이었다.

푸른 바닷물은 구슬빛 바다를 침범하고	碧海浸瑤海
푸른 난새는 채색 난새에게 기대었구나	青鸞倚彩鸞
부용꽃 스물일곱 송이	芙蓉三九朶
붉게 떨어지니 달빛 서리 차갑기만 하여라	紅墮月霜寒

_ 허난설헌, 〈몽유광상산시서夢遊廣桑山詩序〉

허난설헌이 스물세 살에 강릉 친정을 찾았을 때 지은 시다. 부용꽃 스물일곱 송이가 붉게 떨어졌다는 표현은 마치 자신의 죽음을 예언하고 있는 듯하다. 실제로 그녀는 1589년 27세의 나이로 한 많은 생애에 마침표를 찍었다. 죽기 직전, 허난설헌은 자기가 쓴 시를 모두 태우라는 유언을 남겼다고 한다. 방 한 칸 분량의 작품들이 그녀의 죽음과 함께 불탔다.

그러나 동생 허균은 누이를 그렇게 보낼 수 없었다. 그는 허난설헌이 친정에 두고 간 시와 자신이 암송하고 있는 시를 합해 임의로 《난설헌고蘭雪軒藁》를 엮었다. 허균은 발문을 부탁하고자 서애 유성룡에게 초고를 건넸다. 허난설헌의 규중시를 읽어 본 유성룡은 허씨 일가의 문재에 탄복했다며 다음과 같은 감상평을 내놓았다.

말을 세워 뜻을 창조함이 허공의 꽃이나 물속에 비친 달처럼 맑고 영

롱하다. 한나라와 위나라의 작품들보다 뛰어나고 성당盛唐(당나라 전
성기)과 견줄 만하다. 열사의 기풍이 있으며 세상에 물든 자국도 없다.

_ 유성룡, 《서애집西厓集》

유성룡은 허균에게 "집안의 말로 보배롭게 간직해서 반드시 후세에 전
하라"고 조언했다. 존경하는 선배의 말을 실천에 옮긴 걸까? 정유재란 발
발 즈음(1597) 조선에 온 명나라 사신 오명제 앞에서 허균은 신라부터 조선
까지 시대를 풍미한 한시 332수를 암송했고, 그것을 받아쓴 오명제가 본
국으로 돌아가 《조선시선朝鮮詩選》을 펴냈는데 이 책에 허난설헌의 작품
들이 수록되었다. 그녀의 시는 중국 문단의 주목을 받으며 인기를 끌었다.

몇 년 후에는 명나라 사신 주지번이 조선에 와서 자신을 영접한 종사관
허균에게 누이의 시를 달라고 했다. 허균은 진즉 엮어 놓은 《난설헌고》를
내놓았고, 주지번이 그걸 바탕으로 1606년 북경에서 《난설헌집蘭雪軒集》
을 출판했다. 이 시문집은 한시의 본고장인 중국에서 문인들의 격찬을 받
으며 날개 돋친 듯 팔려 나갔다. 한 세기 뒤에는 일본에서도 간행되어 인
기리에 판매되었다고 하니 국제적인 베스트셀러였다고 할 만하다.

청나라 황제가 조선 고금의 시문과 필적을 요구하며 《동문선東文選》
과 《난설헌집蘭雪軒集》을 거론하여 이에 응했다.

_ 이긍익, 《연려실기술燃藜室記述》

17세기 말에는 청나라 황제 강희제가 《난설헌집》을 콕 찍어서 요청하기

224

도 했다. 함께 거론한《동문선》이야 성종 대에 편찬한 국가 공인 시문집이니 당연하다 하겠지만,《난설헌집》은 조선에서 문장을 일삼기 어려운 아녀자의 작품집이었기에 깜짝 놀랄 일이었다. 허난설헌이 당대의 '한류스타'로 얼마나 큰 사랑을 받았는지 알 수 있는 대목이다.

이 때문에 삼종지도의 나라 조선에서도 그녀에 대한 재평가가 이뤄졌다. 엄혹한 가부장 사회에서 규방의 여성 시인을 인정한 것이다. 물론 뒷말이 없지는 않았다. 중국에서 출판된 허난설헌의 시 가운데 당시唐詩를 표절한 부분이 있었기 때문이다. 이는 애초 허균이 사신에게 누이의 작품들을 전하면서 초기 습작들을 걸러 내지 못한 탓이었다.

허난설헌의 둘째 오빠 허봉은 일찍이 여동생에게 자신이 아끼던 두보의 시집을 보내면서 시성詩聖의 소리가 그녀에게서 재현되기를 바랐다고 한다. 하지만 허난설헌은 가혹한 시대를 살면서 타고난 재능을 발휘하지 못하고 요절했다. 그 애석한 죽음은 허균에게 평생 상처로 남았다. 그는 누이의 시를 암송하고 다니며 재능을 억압하는 유교 윤리를 거역하기 시작했다.

하늘거리는 창가의 난초 가지와 잎 그리도 향기롭더니
가을바람 잎새 스치자 슬프게도 찬 서리에 다 시들었네
빼어난 색깔 이울어져도 맑은 향기만은 끝내 죽지 않고
그 모습에 내 마음 아파 눈물이 흘러 옷소매를 적시네

盈盈窓下蘭 枝葉何芬芳

西風一被拂 零落悲秋霜

秀色縱凋悴 淸香終不死

感物傷我心 涕淚沾衣袂

허균을 울린 아내
김씨

젊은 날 부부의 연을 맺은 아내의 죽음도 허균의 가슴에 오랜 세월 봉인돼
있었다. 허균은 1585년 열일곱 살 때 안동 김씨 김대섭의 차녀와 혼인했
다. 그녀의 친정어머니는 청송 심씨 심전의 딸로 인순왕후의 6촌 여동생이
었다. 명문가끼리 얽히고설킨 혼맥이었다. 다정한 성품인 허균은 아내와
금슬이 좋았다고 한다.

　가족사의 비극은 1592년 임진왜란이 발발하며 되풀이되었다. 강원도로
피난을 떠난 김씨 부인은 열악한 상황에서 아들을 낳고 며칠 후 산후병으
로 세상을 등졌다. 아이마저 곧 어미 뒤를 따랐다. 이 일로 허균은 큰 충격
을 받았다. 후일 그는 아내에 대한 그리움과 미안함을 담아 한 편의 행장
을 내놓는다.

　우리 가난한 때 당신과 마주 앉아 밤새워 책을 읽다가 내가 싫증을 내
　면 당신은 꼭꼭 '게으름 부리지 마십시오. 나의 부인 직첩이 늦어집니
　다'라고 웃으며 말하였다. 18년 뒤에야 한 장의 빈 교지를 영전에 바치
　게 될 줄 어찌 알았겠는가.

　　　　　　　　_ 허균, 《성소부부고》 〈망처숙부인김씨행장亡妻淑夫人金氏行狀〉

1609년 허균이 당상관인 형조참의에 오르자, 일찍 떠난 아내 김씨에게 도 외명부의 '숙부인淑夫人' 직첩이 내려졌다. 교지를 영전에 바치면서 그는 지난날의 추억을 떠올리고 아내의 행장을 써 내려갔다. 다정한 부부의 일상에 절로 미소 짓다가도 가슴이 아린다. 그의 글에서는 아내 위에 군림한 동시대 남편들과는 다른 면모가 느껴진다.

조선시대 부부의 도는 삼강의 한 축인 '부위부강夫爲婦綱'으로 정의할 수 있다. 남편은 아내의 근본이므로, 아내 된 자는 굳센 정절로 남편을 섬겨야 한다. 그럼 남편은 아내를 어떻게 대해야 할까? 이황은 손님처럼 공경하라고 가르쳤고, 이이는 집안의 기강을 세우려면 잠자리에서도 친밀함을 삼가야 한다고 했으며, 조식은 수양과 공부를 위해 밤을 함께 보내는 것도 경계했다. 허균의 행장에 드러난 부부간의 살가운 정은 선비에게는 금물이었다. 이러한 윤리적 옥죄임 속에 선비의 아내들은 생업과 살림을 책임지며 고된 삶을 살았다.

> 선비 아내는 방적과 양잠이 본업이요, 치자를 들여 염색하고, 장과 초와 기름을 팔며, 대추와 밤과 감을 내어 생계를 돕는다.
>
> _ 이덕무,《사소절士小節》

대부분의 선비들은 요즘으로 치면 고시생이었다. 과거 공부에 매진하느라 집안을 돌보지 않았다. 아내들은 바느질과 길쌈으로 먹고살 길을 열었다. 빈번한 제사와 접객을 위해 머리카락을 잘라 팔기도 했다. 과거 시험 보러 가는 노잣돈도 아내들의 쌈지에서 나왔다. 시어머니가 며느리에게 물려 준 곳간 열쇠는 어마어마한 삶의 무게였다. 경제적으로 넉넉하지 못했던 허균도 아내의 희생과 헌신에 마음의 빚을 져야 했으리라. 그것이 행장의 행간에 그리움과 미안함으로 맺혀 있다.

아내가 세상을 떠난 후 허균은 1594년 문과에 급제하고 벼슬길에 올랐다. 문과 급제자는 성적순으로 갑과 3인, 을과 7인, 병과 22인을 뽑았는데, 그는 을과에 뽑혀 세자에게 경사經史와 도의道義를 가르치는 설서說書 등의 직책을 받았다.

1597년 허균은 내친 김에 문과 중시까지 봤다. 중시重試는 종3품 이하 당하관들이 10년마다 한 번씩 보는 과거였다. 여기서 그는 장원급제했고, 이듬해 황해도도사(종5품)가 되어 임지로 떠났다. 품계는 그리 높지 않지만 지방 수령을 감찰하는 '알짜' 보직이었다.

그러나 허균의 벼슬길은 순탄하지 않았다. 그는 군자君子의 길을 외면하고 자꾸 엇나갔다. 황해도에서도 한양 기생을 끌어들였다는 이유로 탄핵을 받고 부임 여섯 달 만에 도사 직에서 쫓겨났다. 도성으로 돌아와 형조정랑(정5품), 성균관사예(정4품), 사복시정(정3품) 등을 역임했지만 여자 문제로 구설수가 끊이지 않았다. 허균은 워낙 재주가 출중하여 몸가짐만 신경 쓰면 출셋길이 보장돼 있었다. 그런데도 엇나가기만 하는 그를 주위에서는 안타까워했다. 스승인 유성룡도 종종 불러들여 타일렀다. 그런데 이에 대한 허균의 대답이 걸작이다.

"남녀 간의 정욕은 하늘이 내려 준 본성입니다. 선비로서 성현의 가르침에 따라야 하겠지만 그분들도 하늘을 거스를 순 없지 않습니까?"

여자 문제뿐만이 아니었다. 1604년에는 수안군수(종4품)로 부임했는데 이번에는 불교를 믿는다는 풍문에 시달렸다. 유교 윤리로 풍속을 교화해야 할 지방 수령이 불교에 빠져 있다는 것은 말이 안 되는 일이었다. 결국 그는 대간의 탄핵을 입고 벼슬길에서 물러났다. 1607년 삼척부사(종3품) 자리에서 석 달 만에 파직된 것도 같은 이유였다. 이번에는 아예 관아에 불상을 모시고 염불과 참선을 하다가 쫓겨났다. 허균은 유학자 가문에서 태어나 성리학을 공부한 선비였지만 불교를 적대시하지 않았다. 오히려 출가하여 승려가 되려고 했을 만큼 깊이 빠져들었다.

"이 오묘한 진리를 알지 못했다면 평생을 헛되이 낭비할 뻔했다."

친구에게 보낸 서신에서 그는 불교에 대해 이렇게 술회하였다. 불교 때문에 탄핵을 당하고 관직에서 쫓겨났지만 허균의 소신은 흔들리지 않았다.

도교는 또 다른 의미에서 그에게 영향을 끼쳤다. 허균의 가문은 노장老莊(노자와 장자) 사상과도 관련이 깊었다. 허난설헌이 가학家學이라고 밝혔을 정도다. 이는 두 사람의 아버지 허엽이 도학자 서경덕의 제자였다는 점을 빼고 설명하기 어렵다.

화담 서경덕은 북송오자北宋五子 중 장재의 '기일원론氣一元論'을 조선 성리학에 접목했다. 그는 우주 공간에 충만한 원기原氣를 탐구 대상으로 삼고, 그 기氣의 본질을 태허太虛라 하였다. 생성하고 소멸하는 모든 것은 무한히 변화하는 기의 율동律動이다. 기가 모이고 흩어지는 것으로 우주 만물을 인식한 것이다. 서경덕의 주장은 오늘날 극이나 소설의 소재로 쓰이는 도술道術을 떠올리게 한다. 민간설화에 등장하는 도사 전우치가 화담의 제자라고 일컬어지는 것도 이 때문인지 모른다.

게다가 서경덕은 노자와 장자처럼 자연 속에서 진정한 자유를 추구했다. 한자로 '자유自由'는 '스스로 말미암음'을 뜻한다. 벼슬에 얽매이지 않고 독자적인 처사의 길을 걸은 화담의 삶이 그러했다. 하지만 자유에는 대가 또한 따르는 법이다. 그는 유학자들에게 이단 취급을 받기도 했다. 퇴계 이황은 서경덕의 학설을 호되게 비판했다.

"이기理氣를 논하는 것이 무질서하고 미덥지 못하며 잡되다."

여기서 잡되다는 것은 도교의 기미가 있다는 뜻이다. 유가儒家 성현의 생각과 다르므로 정통이라고 볼 수 없다는 것이다. 그러거나 말거나 서경덕은 산중에서 하늘의 도를 닦으며 자연의 이치를 실천하는 삶을 살았다. 1546년 그는 임종을 앞두고 제자에게 마음이 편안하다고 했다. 죽음 또한 본래 상태로 돌아가는 것일 뿐이니.

소식 듣고 만물의 이치를 보면 달이 차고 기우는 것과 같다
시작에서 끝으로 돌아가니 항아리 치며 노래한 뜻을 알겠다
아, 인생이 약상弱喪 같다는 것을 아는 이 얼마나 되는가
제 집으로 돌아가듯 본래 상태로 돌아가는 것이 죽음일지니
消息看來月望弦
原始反終知鼓缶
堪嗟弱喪人多少

爲指還家是先天

이 시에서 항아리 치며 노래한 것은 장자莊子가 아내를 잃고 보인 기이한 행동이다. 친구 혜시惠施가 아내가 죽었는데 슬프지 않은가 묻자, 장자는 이렇게 대답했다고 한다.

"죽음은 사계절의 변화처럼 자연스러운 일인데 이를 슬퍼하면 천명을 어기는 것이네."

죽음은 슬퍼할 일이 아니다. 오히려 '약상弱喪'(고향을 떠나 방랑함)을 마치고 제 집으로 돌아가는 것이니 노래를 불러 축하함이 마땅하다. 그것이 우리네 인생이요, 자연의 이치라는 말이다.

허엽이 서경덕에게 배운 것은 자연과의 합일을 통해 자유로운 인간성을 회복하라는 가르침이었다. 그 가르침이 허봉, 허난설헌, 허균 형제에게 도교적인 가풍으로 이어진 것이다. 실제로 허균도 누이처럼 은둔과 양생의 신선술에 동경을 표했다. 자신이 터득한 방법을 《한정록閑情錄》이라는 책에 남기기도 했다. 하지만 그가 진정으로 물려받은 것은 하늘 아래 자연이 그러하듯 인간도 본질적으로 자유롭다는 가치관이었다.

성리학적 지배 질서에서 유교 윤리에 반하는 허균의 생각과 처신은 분명 이단이었다. 그것은 신분 질서에 관한 문제의식과 맞물리며 혁명사상으로 발전했다.

허균의
불후한 벗들

벼슬에서 번번이 쫓겨난 허균은 각지의 서자 친구들과 어울리며 우정을 쌓아 나갔다. 허균은 명문가 적자 출신으로는 흔치 않게 서자들의 한과 울분을 깊이 공감했다.

허균이 어린 시절 누이 허난설헌과 함께 시문을 배운 바 있는 스승 이달도 서자였다. 손곡 이달은 문재가 출중했지만 서자였기 때문에 문과에 응시할 수 없었다. 다른 서류들처럼 잡과雜科를 보고 기술직으로 나아갈 생각도 없었다. 그저 온 나라를 떠돌며 시를 지었을 뿐이다. 그는 시사詩社를 결성해 남원 광한루, 대동강 부벽루, 한양 봉은사 등지에서 시회를 열곤 했다. 그러다가 허봉과 막역한 사이가 되어 동생들을 가르친 것이다.

이달은 조선 중기 삼당시인三唐詩人의 한 사람으로서 백광훈, 최경창과 더불어 고려시대부터 한시의 주류를 이뤄 온 송시宋詩풍을 당시唐詩풍으로 전환한 주역이었다. 덕분에 사역원 한리학관漢吏學官이나 접빈사 종사관으로 명나라 사신에게 시재詩才를 선보이는 일을 맡기도 했다. 그러나 성격이 자유분방해서 예법에 얽매이지 않고 도전적인 언행을 일삼아 오래 벼슬하긴 어려웠다. 이 때문에 그를 증오하거나 질투하는 자들도 많았다.

결국 이달은 평양의 한 여관에 얹혀살다가 죽었다. 나이 일흔이 넘도록 자식도 없었다. 허균은 불우한 삶을 살다 간 스승을 그리워하며《손곡산인전蓀谷山人傳》을 지었다. 서자들은 벼슬길이 막힌 데다 생산기술을 보유한 것도 아니기에 생계가 막막했다. 남다른 재주를 가지고 있어도 편히 몸닐 곳도 없이 떠돌며 걸식하는 인생을 살았다. 그 자괴감과 먹고사는 괴로움을 허균은 잘 알고 있었다.

"나는 큰 고을 원이 되었네. 마침 그대가 사는 곳과 가까우니 어머님을 모시고 이리로 오게. 내 절반의 봉급으로 대접하리니 결코 양식이 떨어지지는 않을 것이네. 그대의 재주는 나보다 열 배지만 세상에 버림받음은 나보다 심하니, 내가 밥상을 대할 적마다 부끄러워 밥이 넘어가지 않네."

1608년 허균이 공주목사로 부임하자마자 서자 이재영에게 보낸 편지글이다. 이재영은 그가 어릴 때부터 사귀어 온 친구였다. 심우영도 빼놓을 수 없다. 심우영 역시 관찰사 심전의 서자로 문명文名을 떨쳤으나 생계가 막막하여 이따금 허균에게 의탁했다. 허균은 이 불우한 벗들을 식객으로 거두며 점차 서류들과의 교류를 넓혀 나갔다. 서양갑, 박응서 등 이른바 '강변칠우'와의 만남은 필연이었다. 그들은 의기투합하여 서류 허통許通에 발 벗고 나섰다.

서자 정번이 알성시에 장원급제하였으나 대간이 논의하여 탈락시켰다. 정번이 도포와 홀을 던지고 나가면서 말했다. "사람이 착하지 못한 짓을 행하면 재앙이 반드시 그 자신과 후손에게 미치는 법이오. 나의 급제를 취소시킨 자도 재앙이 자손에게 이를 것이오." 그 대간에게 외아들이 있었는데 이듬해 죽자 사람들이 말했다. "천도天道는 돌려주기를 좋아하니, 참으로 두려운 일이다."　　　　　_유몽인,《어우야담於于野談》

'서류 허통'이란 서자와 그 자손들의 벼슬길을 막고 있는 조선 특유의 금제를 푸는 것이다. 위 글에서 엿볼 수 있듯이 당시에도 이 금제를 '착하지 못한 짓'으로 여기는 사람들이 적지 않았다. 그런 짓을 하면 천벌을 받는다고 두려워했다. 서류들의 한과 울분이 하늘에 닿아 있다고 생각했기 때문이다.

1608년 광해군이 우여곡절 끝에 왕위에 오르자 강변칠우는 행동에 들어갔다. 서류 허통 상소로 왜란 직후 또다시 자신들을 가로막은 금제의 벽을 허물려 한 것이다. 하지만 지지 세력이 취약한 광해군은 신분 질서를 중시하는 사림 붕당의 눈치를 보느라 그들이 원하는 비답을 주지 못했다. 서양갑, 박응서 등이 초抄한 서류 허통 상소에는 허균의 입김이 담겨 있었다. 상소가 받아들여지지 않자 강변칠우는 실력 행사를 다짐하며 여주 남한강변에 근거지를 마련하고 '무륜당無倫黨'이라는 현판을 걸었다. 그 실력 행사의 내용은 (자세히 알려지지 않았으나) 신분 질서와 그 근간인 유교 윤리에 도전하는 모종의 거사가 유력하다. 그들은 민심을 모으기 위해 격문을 준비했다. 허균도 적극 가담했다.

기생 매창, 노비 유희경

허균은 서류들 외에도 신분 질서에 신음하는 하층민들과 여러모로 친분이 두터웠다. 기생도 그런 부류 중 하나였다. 조선시대 기생은 연회나 술자리에서 기예를 일삼는 여성 예인藝人들이었다. 악기, 노래, 춤으로 흥을 돋우었다고 하여 '여악女樂'이라 부르기도 했다. 이러한 기예는 도성의 장악원과 각 지방의 교방에서 가르쳤다. 대부분 양반 사대부들을 상대했기에 문장이나 시에 능한 여인들도 많았다.

허균은 부안의 명기 이매창李梅窓과 시를 논하면서 특별한 인연을 맺었다. 이매창을 처음 만난 것은 1601년 전운판관이 되어 조운漕運(배로 세곡을 운반하는 일)을 감독하기 위해 전라도로 내려갔을 때였다. 부안에 도착하니 비가 몹시 내려 하루 묵기로 했는데, 지인이 기생 한 명을 데리고 찾아왔다. 계유년에 태어났다고 하여 '계생癸生'이라 불리는 기생이었다.

> 창기倡妓 계생은 이귀의 정인이다. 거문고를 뜯으며 시를 읊는데 생김새는 볼품없으나 재주와 정감이 있어 더불어 이야기할 만하였다. 종일토록 술잔을 기울이며 시를 읊고 서로 화답하였다.
>
> _ 허균, 《성소부부고》〈조관기행漕官紀行〉

계생의 호가 '매창梅窓'이다. 두 사람의 첫 만남은 조심스러웠다. 관기였던 계생은 그 무렵 김제군수를 지냈으며 훗날 인조반정의 주역이 된 이귀의 정인이었다. 하지만 그녀의 뛰어난 시재를 접한 허균은 주위의 눈에도 불구하고 가까이하였을 뿐만 아니라, 조선 땅에서 내로라하는 문인들에게 소개하기도 했다. 당대 제일의 시 평론가 허균 덕분에 이매창은 문인들 사이에서 유명세를 탔다.

1608년 공주목사에서 또다시 파직된 허균은 부안 우반동의 정사암을 수리하여 한동안 머물면서 이매창과 자주 만나 시를 짓거나 불교와 도교를 공부하는 일로 소일했다. 누이 허난설헌의 시고(시의 초고)도 그녀에게 보여 줬다. 이 정신적인 교제는 이매창의 시 세계에 적지 않은 영향을 미쳤다. 허균은 한양으로 돌아간 후에도 편지를 보내 참선을 하는지 묻고 간절한 정을 표했다. 그 감정에는 천한 신분에 대한 안타까움도 섞여 있었다.

조선시대 기생은 천민 신분이었다. '말을 알아듣는 꽃'이라 하여 '해어화解語花'라고도 불렸는데, 이는 역설적으로 기생이 사람 취급을 받지 못했음을 보여 준다. 술자리에서 짓궂게 희롱하거나 때로는 폭행을 가해도, 그들은 분대화장粉黛化粧 속에 감정을 감추고 삭여야만 했다. 분대화장(하얀 분을 짙게 바르고 먹으로 눈썹을 그리는 광대 화장)은 천한 기생의 신분임을 나타내는 '주홍글씨'이기도 했다.

허균은 이매창 외에도 재주가 뛰어난 기생들에게 두루 관심을 보였다. 전대의 송도 명기 황진이黃眞伊에 대한 묘사도 주목할 만하다.

진랑眞娘(황진이)은 개성에 살던 여자 소경의 딸이다. 성품이 쾌활해서 남자 같았으며 거문고에 능하고 노래를 잘하였다. 산수山水 간에 놀기를 좋아하여 풍악산(금강산)으로부터 태백산, 지리산을 지나 나주에 이른 적도 있다. 마침 고을 원이 잔치를 베풀어 감사를 대접하고 있었다. 기생이 가득한데 진랑이 떨어진 옷, 때 묻은 얼굴로 상좌에 앉았다. 이를 잡으면서 태연히 노래하고 거문고를 타는데 조금도 부끄러워하지 않으니 모두 기가 질렸다. _ 이긍익,《연려실기술》

《연려실기술燃藜室記述》에 실린 이 글은 지금은 전하지 않는 허균의《지

소록識小錄》을 인용한 것이다. 그는 황진이를 술자리의 교태 넘치는 기생이 아니라, 음악적 재능이 뛰어나고 풍류를 즐길 줄 아는 사람으로 그렸다. 허균은 성별이나 신분에 관계없이 교감할 수 있는 인간이었다.

실제로 황진이는 죽기 전에 화담 서경덕을 스승으로 모시고 도에 귀의하였다. 야사에 따르면 30년 면벽수도를 했다는 지족선사도 한순간에 그녀에게 무너졌으나, 서경덕은 여러 해 동안 유혹했음에도 태산처럼 흔들리지 않았다고 한다. 이에 탄복한 황진이가 남녀 관계를 떠나 인간 대 인간으로 서경덕과 교류한 것이다.

허균도 그런 정신적인 교감을 꿈꿨던 것일까? 허균은 이매창과 시담詩談을 나누는 데서 그치지 않고 불교와 도교를 함께 공부하였다. 그러나 그녀의 삶은 길지 않았다. 1610년 서른여덟의 나이로 매창이 세상을 떠나자, 허균은 진심으로 슬퍼하며 애도의 글을 남겼다.

계생은 시에 능하고 글도 이해하며 또 노래와 거문고도 잘했다. (기생이었지만) 천성이 고고하고 청결하여 음탕한 것을 좋아하지 않았다. 나는 그 재주를 사랑하여 교분이 막역하였다. 비록 담소하고 가까이 지냈지만 문란하지 않았기에 오래가도 변하지 않았다. 지금 그 죽음을 듣고 한 차례 눈물을 뿌리고서 율시 두 수를 지어 슬퍼한다.

_ 허균,《성소부부고》〈병한잡술病閑雜述〉

신분을 넘나드는 허균의 오지랖은 노비 출신들까지 아울렀다. 대표적인 인물이 유희경劉希慶이다. 유희경은 서경덕의 문인인 박순에게 당시唐

詩를 배우고 백대붕과 함께 '풍월향도風月香徒'라는 시 모임을 조직했다. 또, 창덕궁 옆 계곡에 작은 집을 짓고 '침류대枕流臺'라고 불렀다. 허균도 이곳을 종종 찾아 유희경과 교류했다.

> 유희경이란 자는 천례賤隸지만 사람됨이 맑고 빼어나며 신중했다. 충심으로 주인을 섬기고 효성으로 어버이를 섬기니 사대부 가운데 그를 사랑하는 이들이 많았다. 시에 능해 매우 무르익었다.
>
> _ 허균,《성소부부고》〈성수시화惺叟詩話〉

허균은 자신의 시평서 〈성수시화惺叟詩話〉에 유희경을 '천례賤隸'라고 했다. 주인을 섬겨야 하는 종이라는 말이다. 하지만 유희경은 신분을 떠나 인품과 효성, 그리고 시재로 널리 인정을 받았다. 또, 남언경에게 '문공가례文公家禮'를 전수받는 등 예법에도 밝아 나라의 국장이나 사대부가의 장례를 지도하기도 했다.

임진왜란 때 유희경은 의병으로 나가 싸워서 선조에게 포상과 교지를 받았을 뿐만 아니라, 명나라 사신들의 잦은 왕래로 호조의 재정이 마르자 계책을 일러 주어 그 공으로 통정대부通政大夫가 되었다. 하지만 특전은 전란이 끝나면서 사라졌다. 미천한 신분의 족쇄는 늙어 죽을 때까지 그의 발목을 잡았다.

서울 장안에서 상을 당한 사람들은 알건 모르건 간에 유희경에게 상복을 마름질하도록 시켰고, 그는 미천한 신분인지라 사양하지 못했다.

나이 칠십에 상갓집 일꾼이 되어 굶주린 채 곡읍하는 자리로 달려갔으니, 식자들이 이를 애처롭게 여겼다.

_ 유몽인, 《어우야담於于野談》

조선에서 노비, 특히 개인이 소유권을 갖는 사노비는 재산과 같은 존재였다. '일천즉천一賤則賤'이라 하여 부모 중 한 사람이 노비면 자식도 그 신분을 대물림했으며, 노비의 소유권은 종모법從母法에 따라 어머니 쪽 주인에게 귀속되었다. 조선시대 노비의 수는 개국 후 인구의 30~40퍼센트 정도에서 17세기에 이르러 60퍼센트까지 치솟았다. 전란과 대기근으로 굶어죽을 처지에 몰린 백성들이 자발적으로 노비가 되거나 자식들을 부호에게 파는 일이 크게 늘어난 때문이다. 주인들도 노비를 재산으로 여겨 그 숫자를 늘리는 데 혈안이 되었다. 종을 양인과 혼인시켜 자식들에게 노비의 굴레를 씌우거나, 고리대를 써서 빚 못 갚는 자들을 머슴으로 만들어 버렸다.

이들 사노비들은 가혹한 인권유린을 당하기 일쑤였다. 주인이 노비에게 벌을 준다는 명목으로 신체의 일부를 훼손하거나 목숨을 빼앗기도 했으며, 여성 노비에게는 성폭력이 일상사였다. 국법으로 금하는 짓을 해도 노비는 주인을 고발할 수 없었다. 주인과 노비의 관계를 임금과 신하, 부모와 자식의 관계와 같은 천륜으로 규정했기 때문이다. 이를 어기고 고발했다가는 패륜이라 하여 오히려 노비가 처형당하거나 죽도록 얻어맞았다.

중국에서는 명나라 이후 노비라는 신분이 사라졌다. 머슴의 일을 하는 자가 있다 해도 신분을 대물림하지는 않았다. 오직 조선에서만 신분 질서라는 미명 하에 이런 병폐가 계속되고 있었다. 이는 노비 주인인 양반들의 탐욕이 빚어낸 악덕이었다. 그들은 노비를 사람 취급하지 않았다. 노비들의 원한은 골수에 사무쳤다. 임진왜란 때 궁궐과 도성을 불태운 이들도 노비들이었다.

조선은 공맹과 주자의 이상을 내걸고 성리학적 지배를 실현했으나, 실상은 탐욕에 눈먼 양반 사대부 계층이 대다수 백성들을 억압하고 짓밟는 사회였다. 허균은 그 본질을 꿰뚫어 봤다. 여성, 서자, 기생, 노비 등 유교 윤리와 신분 질서 때문에 고통 받는 사람들과 가까이 지내면서 그의 내면에는 혁명사상이 싹텄다. 그 맹아가 '호민豪民'이었다.

"자기의 모습을 푸줏간에 감춘 채 남몰래 다른 마음을 품고서 세상을 부릅뜨고 지켜보다가, 시대의 변고가 나면 다행히 여겨 제 소원을 풀어 보려는 자가 호민豪民이다. 무릇 이들 호민이야말로 참으로 두려운 존재다."
_ 허균, 《성소부부고》 〈호민론豪民論〉

광해군 시대의 위험인물

허균은 성리학적 지배 질서에 반하는 위험인물이 되어 갔다. 하지만 그가 어느 날 갑자기 그런 생각을 품은 것은 아니었으니, 진즉 그 조짐을 읽은 이들이 있었다.

역적 허균은 총명하고 영특했다. 아홉 살에 시를 지었는데 아름다웠다. 어른들이 칭찬하며 말했다. "이 아이는 훗날 문장에 능한 선비가 될 것이다." 그런데 유독 (배다른 누이의) 매형 우성전만은 생각이 달랐다. "비록 문장이 뛰어난 선비가 된다고 할지라도 허씨 가문을 뒤엎을 사람 또한 이 아이일 것이다."

— 유몽인, 《어우야담》

이 이야기는 우성전의 남다른 감식안을 보여 주는 사례로 선비들 사이에서 화제가 되었다. 우성전뿐 아니라 신흠도 몇 마디 보탰다. 허균이 종사관으로서 명나라 사신을 맞았을 때 상관인 영위사迎慰使 신흠은, 그가 사신들 앞에서도 주눅 들지 않았다고 했다. 유불도儒佛道(유가, 불가, 도가) 삼가에 두루 통달하여 말과 글로 당해 낼 사람이 없었던 허균의 모습이 신흠에게는 이렇게 비쳤다.

"이자는 사람이 아니다. 필시 여우, 너구리, 뱀, 쥐 따위의 정령일 것이다."

선조는 이처럼 문장과 학문이 빼어난 허균을 아꼈다. 지방관에 나갈 때마다 처신을 잘못해 쫓겨나도 계속 기회를 줬고, 명나라 사신을 접대하는 자리에 그를 거듭 썼다. 중국 사신에게 조선의 문장과 학문을 자랑하는 데 허균만 한 인물이 없었다. 그렇게 공을 세우도록 하고 새로운 벼슬을 내렸다. 선조의 총애가 얼마나 두터웠는지 미루어 짐작할 수 있다.

하지만 1608년 광해군 즉위 이후 허균의 입지는 달라지기 시작했다. 아무리 큰 뜻을 품고 있어도 포부를 실현하려면 시운時運이 맞고 조력자를 잘 만나야 하는데, 광해군 시절 대북 정권은 허균에게는 재앙이었다. 소수파에 의해 추대된 임금이었기에 광해는 끊임없는 옥사를 통해 정권을 유지하려 했고, 허균과 같이 혁명적인 인물은 그 희생양이 될 가능성이 컸다.

광해군이 왕위에 오르는 과정은 험난하기 그지없었다. 선조가 후궁 인빈 김씨의 4남인 신성군을 후계자로 마음에 둔 반면, 조정 신료들은 공빈 김씨의 차남인 광해군을 지지했고, 이 때문에 오히려 부왕의 눈 밖에 났다. 위로 친형 임해군까지 버티고 있어서 명분에서도 밀렸다.

광해군에게 날개를 달아 준 것은 아이러니하게도 1592년에 터진 임진왜란이었다. 탄금대전투에서 신립 군이 참패했다는 비보가 전해지자, 도망갈 궁리를 하는 선조의 바짓가랑이를 붙잡고 대신들은 국본國本을 정하라고 청했다. 달아날 생각밖에 없는 선조는 그들의 뜻대로 광해군을 세자에 봉하고 서둘러 도성을 떠났다.

선조는 파천을 하면서 세자 광해군에게 분조分朝를 맡겼다. 조정을 나눠 일부를 전선 쪽에 배치하여 세자로 하여금 왕을 대신하게 하고, 자신이 명나라로 도피할 때까지 시간을 벌어 주기를 바랐다.

그런데 광해군은 선조의 기대를 뛰어넘어 실질적인 왕의 소임을 훌륭히 수행했다. 그는 백성이 원하는 것이 무엇인지 잘 알고 있었다. 그것은 바로 국난으로 고통 받는 사람들 곁을 지키는 일이었다. 광해군은 왜군과 도적이 들끓는 곳을 종횡무진하며 의병을 조직하고 민심을 수습했다. 우왕좌왕하던 백성들은 세자의 출현만으로도 눈물을 흘리며 감격했다. 그가 이르는 곳마다 백성들이 구름처럼 모여들었다.

어느덧 광해군은 백성의 희망이 되어 있었다. 비겁한 처신으로 민심을 잃은 선조는 가시방석이었다. 궁지에 몰린 선조는 틈만 나면 선위 파동을 일으켰다. 국왕이 선위禪位(왕위를 다음 임금에게 물려줌) 의사를 밝히면 세자와 신하들은 극력 만류하며 충성심을 드러내야 한다. 너덜너덜해진 왕권을 지키고자 속이 뻔히 보이는 미봉책을 쓴 것이다. 어쨌든 선조의 노련한 수는 먹혀들었다. 광해군의 입지는 좁아졌고, 신하들도 다른 길을 모색했다.

1598년 전란이 종결되면서 선조는 후계 구도를 원점에서 재검토하기 시작했다. 광해군은 이제 왕위를 위협하는 정적일 따름이었다. 이런 와중에 1600년 의인왕후가 세상을 떠나고 선조가 맞아들인 계비 김씨(훗날의 인목대비)가 1606년 적자嫡子(본처가 낳은 자식) 영창대군을 낳았다. 늙은 선조에겐 눈에 넣어도 아프지 않은 늦둥이 아들이었다. 조정은 크게 술렁였다. 명나라를 의식한 신하들도 적자의 명분을 고려하지 않을 수 없었다.

그 무렵 조정의 요직을 차지한 붕당은 소북小北이었다. 사림士林은 선조 초년에 훈구파를 몰아내고 집권한 이래 분화를 거듭했다. 1575년 동서분당東西分黨으로 '구주류' 서인西人과 '신주류' 동인東人이 나뉘었고, 1590년대에는 동인이 '강경파' 북인北人과 '온건파' 남인南人으로 분열되었다. 1600년대 들어 북인은 다시 광해군을 옹립하려 한 대북大北과 이를 반대하며 신중론을 편 소북으로 갈라져 대립했다.

소북은 영의정 유영경을 중심으로 영창대군을 왕위에 앉히려고 했으나, 문제는 임금의 건강이었다. 1608년 선조는 57세의 나이로 숨을 거두며 보위를 세자 광해군에게 물려주었다. 아무리 영창대군이 예뻐도 세 살 아이에게 나라를 맡길 수는 없는 일이었다.

1608년 대북을 등에 업고 즉위한 광해군은 즉각 자신을 적대해 온 유영경과 그 일당을 척결했다. 그러나 서인과 남인에 대해서는 포용적인 자세를 취했다. 그는 서른넷의 나이에 산전수전 다 헤쳐 온 임금이었다. 소수파인 대북만으로는 국정을 운영할 수 없으므로, 사림의 양대 축인 서인과 남인을 끌어안을 수밖에 없었다. 소북도 유영경 등만 제거했을 뿐 처남 유희분과 박승종은 오히려 곁에 뒀다.

"근래 사론士論(선비의 논의)이 합일되지 않아서 외처럼 나뉘고 콩처럼 튀었다. 각기 명목을 만들어 서로 배척함에 있어 전혀 꺼리는 기색이 없으니, 이는 국가의 복이 아니다. 지금은 의당 피차를 막론하고 오직 인재만을 천거하고 어진 사람만을 기용하여 다 함께 시대의 어려움을 극복해 나가게 하라." ─《광해군일기》1608년 2월 25일

백관이 모인 자리에 광해군이 내린 비망기다. 당쟁의 폐단을 지적하며 사심 없이 공정하게 사람을 쓰겠다고 밝힌 대로, 실제 그는 여러 붕당을 아우르는 통합의 정치를 지향했다. 남인 이원익에게 영의정을 맡기고 좌의정은 서인 이항복에게, 우의정은 남인 이덕형에게 내주었다. 집권당 대북은 이조와 승정원, 그리고 대간에 포진했다. 붕당 간의 견제와 균형을 이루려 한 흔적이 보인다.

통합의 정치는 선정善政으로 이어졌다. 즉위 석 달 후 광해군은 이원익의 건의를 받아들여 대동법大同法을 경기 지역에 시범적으로 실시하였다. 공납貢納(고을의 특산품을 거둬들이는 조세)의 폐단을 바로잡고 공정성을 강화한 것이다. 또한 전란으로 황폐해진 토지 실태를 파악하기 위해 양전量田사업을 시행하고, 동양 의학의 신기원을 이룩한 허준의《동의보감東醫寶鑑》도 간행했다. 광해군 치세에 성과를 낳은 제도와 사업, 문물은 이렇게

통합의 정치로 초당적 합의가 가능했던 즉위 초반에 집중되었다.

이 순조로운 출발에 찬물을 끼얹은 사건이 문묘 종사 논쟁이다. 문묘 종사
文廟從祀는 성균관 공자 묘에서 학문과 덕행이 뛰어난 선비를 함께 제사지
내는 것인데, 유학의 정통임을 공인받는 의미가 있어 각 붕당이 이에 사활
을 걸었다. 광해군 대에는 영남 지방을 중심으로 오현五賢(김굉필, 정여창,
조광조, 이언적, 이황)에 대한 문묘 종사 요구가 거셌다. 이 가운데 논쟁에
불을 댕긴 인물이 남인이 종주로 받드는 퇴계 이황이었다. 사림 최대 세력
인 서인은 이황의 문묘 종사를 어느 정도 묵인하였으나 대북은 달랐다.

집권당 대북의 스승 격인 조식은 살아 생전 이황과 직접 만난 적은 없으
나 우회적으로 날 선 비판을 주고받았다. 영남 사림을 양분한 두 선비는
서로 예를 차리긴 했지만 앙금이 적지 않게 쌓였고, 이 앙숙 관계는 고스
란히 후학들에게 이어졌다. 대북 영수 정인홍은 문묘에 종사해야 할 선비
는 이황이 아니라 조식이라며 극렬하게 반발했다. 하지만 대북은 소수파
에 불과했다. 결국 광해군은 1610년 이황을 포함한 오현의 문묘 종사를 결
단했다. 통합의 끈을 놓지 않으려 한 임금의 고육책이었다.

결과적으로 조식이 홀대를 받게 되자, 대북 신료들은 참을 수가 없었다.
그들은 남인과 서인을 조정에서 몰아내기로 뜻을 모았다. 이때 두각을 나

타내며 일약 대북 실세로 떠오른 인물이 있으니, 바로 이간질과 공작정치의 달인 이이첨이다. 이이첨은 연산군 시절 김종직의 '조의제문弔義帝文'을 문제 삼아 무오사화의 빌미를 제공한 이극돈의 5대손이었다. 이 때문에 서인과 남인 중심의 주류 사림에게 백안시당하는 처지였다. 게다가 학문도 조식의 제자인 정인홍에게 배웠으니 비주류 중의 비주류였다.

자신을 무시하는 서인과 남인에게 복수의 칼을 갈았을 이이첨에게 첫 번째 기회가 왔다. 1612년 승려 김경립이 군역을 면제받으려고 공문서를 위조하다가 걸렸는데, 이이첨 등은 이 사건의 방향을 역모로 틀었다. 김경립을 고문하고 협박해서 김직재, 황혁 등이 선조의 손자인 진릉군을 왕으로 옹립하려 했다는 허위 자백을 받아 낸 것이다. 역적으로 몰린 자들은 극형에 처해졌고, 이를 만류한 신하들 역시 대거 파직당했다. 사소한 사건을 뻥 튀겨서 서인과 남인을 조정에서 몰아낸 것이다.

서자 출신에 지지 기반이 취약했던 광해군은 역모 사건에 이성적인 판단이 흐려졌다. 이후 이이첨은 대북 실세로서 광해군을 보좌하게 된다. 권력을 잡은 이이첨은 공세의 고삐를 늦추지 않았다. 비록 재야로 밀려났지만 서인과 남인은 여전히 선비들의 공론을 업고 있었다. 그는 정적들에게 빌미를 줄 수 있는 불안 요소로 영창대군과 인목대비를 지목했다. 재야의 주류 사림이 명분을 갖춘 두 사람과 힘을 합치면 소수파 대북 정권은 바람 앞의 등불이다.

1613년 이이첨이 눈엣가시인 영창대군과 인목대비를 제거할 기회를 엿보고 있었을 바로 그 무렵, 강변칠우의 일원인 박응서가 문경새재에서 강도살인을 범한 혐의로 잡혀 왔다. 이미 역모 조작으로 재미를 본 이이첨에

246

게 이 사건은 또 한 번의 기회로 다가왔다. 박응서가 누구인가? 전 영의정 박순의 서자다. 그것만으로도 화제가 될 텐데, 강변칠우를 한꺼번에 엮으면 어마어마한 스캔들이 될 것이 분명했다.

이이첨은 옥에 갇힌 박응서에게 사람을 보내 시나리오를 내밀었다. 강변칠우가 인목대비의 아버지 김제남에게 사주를 받아 영창대군을 왕위에 앉히려 했으며 그 자금을 마련하기 위해 강도짓을 벌였다는, 실로 대담한 역모의 그림이었다. 박응서는 고심 끝에 이이첨의 제안을 받아들였다. 명색이 박순의 아들인데 강도살인죄로 죽을 수는 없었다. 게다가 역모를 고변하면 특별히 자신만은 목숨을 살려 주겠다지 않나.

박응서에 이어 붙잡혀 온 벗들은 이 황당한 제안에 반발했다. 강변칠우를 이끌었던 서양갑은 뼈가 부러지고 살점이 떨어지는 국문에도 역모 혐의를 부인했다. 하지만 같이 붙들려 온 어머니와 형이 모진 고문에 목숨을 잃자, 서양갑은 세상에 대한 복수심으로 역모를 인정했다.

칠서七庶를 벤 칼날은 서인 김제남을 거쳐 그의 딸(인목대비)과 외손자(영창대군)에게로 향했다. 김제남은 국문을 받고 사사賜死(사약을 받고 죽음)되었으며, 서인과 남인 인사들이 대거 화를 입었다. 이를 계축옥사癸丑獄事라고 부른다. 영창대군도 무사하지 못했다. 서인庶人으로 떨어져 강화도에 위리안치되었다가 강화부사 정항의 손에 죽음을 당했다(1614). 아홉 살의 어린 나이에 정쟁의 희생양이 된 것이다.

그러나 천하의 이이첨에게도 인목대비만은 넘어서기 힘든 벽이었다. 어쨌든 공식적으로 임금의 어머니였다. 아무리 큰 죄를 지었다고 해도 자식이 어미에게 벌을 줄 수는 없었다. 이렇게 된 이상 끝장을 보고 싶었지만,

유교국가에서 부모와 자식의 윤리를 거슬렀다간 사람은 물론 백성의 지탄을 피하기 어려웠다. 이이첨은 고심 끝에 자기를 대신해 손에 피를 묻힐 인물을 구했다. 바로 허균이었다.

역모 고변,
허무한 죽음

"허균이 김제남의 집에 드나들며 날마다 (역모를) 의논했습니다."

《광해군일기》에는 '칠서의 옥' 당시 김응벽이란 자가 허균을 걸고 넘어지는 대목이 나온다. 이이첨은 이를 이용하기로 했다. 허균의 집안은 사림 명문가였다. 본인도 문재가 뛰어났으며 문인들과 빈번하게 교류했다. 소수파 대북 정권을 이끄는 이이첨의 입장에서는 이런 사람이 필요했다. 약점만 틀어쥐면 이용 가치가 충분했다.

허균도 강변칠우를 도운 인연이 밝혀진 이상 협력할 수밖에 없었다. 역모 조작에 엮여 허무하게 인생을 마감할 수는 없는 일이었다. 대북 정권에 참여하면서 허균은 출세가도를 달렸다. 1614년 호조참의(정3품), 1615년 동부승지(정3품), 1616년 형조판서(정2품)로 승진을 거듭했다. 불과 2년 사이에 나라의 재정을 총괄하고 임금을 가까이 모시다가 육조의 대신 자리를 꿰찼으니 고속 출세라 할 만하다. 대북 실세 이이첨의 후원도 있었겠지만, 광해군의 신임 또한 나날이 두터워졌다.

그러나 인목대비 폐출 논의가 허균의 운명을 바꿨다. 1617년경 광해군은 불안에 떨고 있었다. 계축옥사 이후 사림은 임금에게 등을 돌리고 딴마음을 품었다. 민심도 흉흉했다. 선왕의 적자 영창대군을 죽게 한 일로 인정머리 없는 왕이라고 욕했다. 세간의 눈길은 나라의 큰 어른이자 아들 잃은 어머니에게 쏠렸다. 사림도, 민심도 인목대비를 바라보았다. 때마침 인목대비가 기거하는 서궁西宮(경운궁)으로 화살에 매달린 격문이 날아들었다. 반란을 일으켜 대비를 구하겠다고 다짐하는 내용이었다. 광해군은 이 흉격凶檄(흉한 격문) 사건에 분노했다.

광해군의 흉중을 꿰뚫어 본 허균이 총대를 멨다. 그는 현응민, 우경방 등 자신의 심복들에게 유생을 조직하여 상소를 올리게 하는 등 인목대비 폐출廢黜 논의를 주도했다. 사림은 들끓었다. 성리학의 나라에서 어머니를 쫓아내다니! 대북 정권 내에서도 '폐모廢母'를 성토하는 목소리가 높았다. 영의정 기자헌은 반론을 내세우다가 유배를 떠나기도 했다. 이 일로 허균은 사림의 공적이 되었고, 아예 그를 죽이려 드는 자도 있었다.

기자헌의 아들 기준격은 상소를 올려 허균의 반역을 고변했다. 지난날 강변칠우 가운데 이경준이 나라를 혼란에 빠뜨리려고 쓴 격문이 사실은 허균의 작품이며, 그가 영창대군 즉위와 인목대비의 수렴청정까지 도모했다는 것이었다. 또 그가 과거에도 기이한 설을 일삼고 위태로운 짓을 벌였다면서, 아버지 기자헌이 허균에게 받아 밀봉해 둔 편지를 증거로 제출했다. 그러나 광해군은 이 엄청난 상소에 비답을 내리지 않고 깊이 감추었다.

인목대비는 끝내 후궁으로 강등되어 서궁에 유폐당했다(1618). 반란의 조짐이 이는 것은 당연한 일이었다. 누가 정변을 일으켜도 이상할 게 없는 상황이었다. 서궁을 둘러싸고 일촉즉발의 전운이 감돌았다. 허균은 자신의 인맥을 활용해 승군僧軍과 무사들을 동원하고 광해군의 허락을 구했다. 정변에 대비한다는 명목으로 여차 하면 서궁을 치려 한 것이다. 하지만 이러한 움직임이 오히려 정적들에게 빌미를 제공했다.

대북 정권 실세 이이첨은 이 모든 과정을 예의주시했다. 인목대비 폐출 논의에서 그는 허균을 사주하는 입장이 아니었다. 허균은 독자적으로 행동하여 광해군의 마음을 얻었다. 두 사람은 어느덧 경쟁 관계가 되어 있었다. 둘 사이가 적대적으로 치달은 것은 왕실의 후사와 관련이 있었다. 이이첨의 외손녀인 세자빈이 아들을 못 낳자, 광해군은 허균의 딸을 세자의 후궁으로 내정했다. 이이첨은 '정적'이 된 허균을 제거하기로 했다.

"포악한 왕을 치러 대장군 정 아무개가 온다."

1618년 8월 10일 남대문에 괴상한 벽서가 나붙었다. 평소 허균의 집을 드나들던 유생 하인준이 사헌부 장령에게 이 일을 넌지시 고하고 돌아갔는데, 장령이 급히 사람을 보냈더니 벽서는 이미 뜯어서 불태운 상태였다. 보고를 받은 광해군은 즉시 관련자들에 대한 조사를 명했다. 며칠 전에도 정체 모를 무리가 한밤중에 남산에서 소리치는 바람에 민심이 술렁였다. 이런 괴이한 일들은 예로부터 난의 조짐으로 여겼기에 중히 다뤘다.

한창 조사가 이뤄지는 와중에 허균이 이 흉악한 일들을 사주했다는 소문이 돌았다. 광해군은 전해에 기준격이 올린 상소문을 다시 끄집어내 국청鞫廳(중죄인을 심문하던 임시기구)에 내리고 하인준 등에게 진술을 받도록 했다. 8월 17일 드디어 허균이 체포되어 의금부의 심문을 받았다. 허균은 기씨 집안과의 악연을 거론하며 모함이라고 주장했지만, 역모의 불길은 이미 걷잡을 수 없이 번지고 있었다.

현응민, 우경방, 김윤황 등 측근과 관련자들이 연달아 끌려왔다. 그들은 국청의 악랄한 고문에 하나둘 역모를 자백하고 그 괴수로 허균을 지목했다. 오직 심복 현응민만이 마지막까지 허균의 혐의를 부인하고 자신이 모든 일을 꾸몄다고 주장했다. 그리하여 끼워 맞춘 허균의 죄상은 다음과 같았다.

> 흉격凶檄(흉한 격문)을 화살에 매달아 경운궁 가운데 던지도록 사주한 것, 몰래 승도僧徒(승려의 무리)를 모아 난을 일으키려고 모의한 것, 남대문에 흉방凶榜(흉한 벽서)을 붙이고 밤중에 산에서 소리쳐 도성 백성들을 협박한 것, 지난날 유구琉球(오키나와)의 군대가 원수를 갚으러 와서 섬에 숨어 있다는 설을 유포한 것 등 전후의 흉악한 죄들을 그 일당이 일일이 승복했다.
> _《광해군일기》 1618년 8월 24일

하지만 허균은 측근과 관련자들의 증언을 토대로 만든 결안結案에 승복하지 않았다. 그가 붓을 던지고 서명하지 않자, 좌우의 사람들이 강제로 시켰다. 역모사건의 경우 고문을 해서라도 스스로 결안을 인정하도록 하는 것이 통례인데 이 사건은 달랐다. 뿐만 아니라 최종 혐의에 대한 주모자 진술과 대질 심문도 빠져 있다. 뭔가 얼렁뚱땅 뭉개고 어서 처형하려는 분위기였다. 이는 국청에서 광해군과 이이첨이 나눈 대화를 살펴보면 더욱 분명해진다.

"정형正刑(처형)을 속히 해야 마땅하겠지만 물어야 할 것을 물어본 뒤에 하는 것이 어떻겠는가? 오늘 정형하지 않겠다는 뜻이 아니라 심문한 뒤에

하려는 것이다."

신하들이 거듭 처형을 종용했으나, 임금은 그래도 허균의 말을 들어 봐야 한다고 했다. 그러자 이이첨이 더욱 강경하게 아뢰었다.

"도당들이 모두 승복했으니 달리 물을 것이 없습니다. 만약 다시 묻는다면 그는 잠깐 사이에 살아날 계책을 꾸며 함부로 말을 낼 것입니다. 즉시 정형해야 합니다."

이이첨은 속전속결로 처형하길 원했다. 허균의 최종진술을 막은 것도 그이였다. 그는 옥중의 허균에게 '잠깐만 참고 지내면 벗어날 수 있다'는 신호를 보내고 '딸이 곧 세자의 후궁이 될 텐데 뭐가 걱정이냐'며 회유했다. 8월 24일 결안을 접할 때까지 자기가 죽게 될 줄 모르고 있었던 허균은, 뒤늦게 사태를 파악하고 다급한 목소리로 외쳤다.

"전하, 하고 싶은 말이 있습니다. 전하! 전하!"

그러나 국청에 모인 신하들은 못 들은 척 외면했다. 허균이 해명하려 했으나 끝내 기회를 주지 않았다. 《실록》에 따르면 광해군도 신하들의 협박에 어쩔 수 없이 처형을 승인했다고 한다. '대역죄인' 허균은 그날 부로 도성 서쪽 저잣거리에서 사지가 찢겨 죽었다. 이 허무한 죽음을 둘러싼 진실은 지금까지 수수께끼로 남아 있다.

허균은 정말로 정변, 아니 혁명을 일으키려고 했을까? 그가 사적으로 군사를 모은 것은 사실이다. 승군과 무사들을 움직여 서궁이 아닌 조정을 뒤엎으려 했을지도 모른다. 마음먹기에 따라서는 《홍길동전》에 그렸던 '율도국'을 조선 땅에 실제 건설할 수도 있는 일이었다. 유교 윤리와 신분 질서에 치인 '활빈당'은 도처에 널려 있었다. 그의 문집에 실린 '호민론'은 이

상상과 현실의 가교 노릇을 한다.

"천하에 두려워해야 할 것은 오로지 백성뿐이다. 백성은 물이나 불, 호랑이보다 더 두려운 존재다. 견훤이나 궁예 같은 사람이 나와서 몽둥이를 휘두른다면, 시름과 원망 속에 사는 백성들이 따르지 않으리라고 어떻게 보장하겠는가?"　_ 허균, 《성소부부고》 〈호민론豪民論〉

　실제로 허균이 감옥에 갇히던 날, 서자와 노비, 승려들이 의금부를 에워싸고 돌을 던졌다는 기록이 있다. 그의 혁명사상이 조선 땅에서 희망을 빼앗긴 채 억압과 차별에 시달리던 이들에게 공감을 얻었음을 알 수 있다. 그러나 허균 사후 조선은 그가 꿈꾸었던 세상과는 정반대로 치달았다.

허균이 꿈꾼 율도국 혹은 유토피아

　1623년 사림 최대 세력인 서인들은 '폐모살제廢母殺弟'를 자행한 부도덕한 폭군을 응징하겠다며 선조의 손자인 능양군을 구심점 삼아 인조반정을 일으켰다. 임진왜란 당시 분조를 이끌며 활약한 덕분에 왕위에 오른 광해군은, 즉위 초기 통합의 정치를 지향하며 사림을 아우르고 대동법 등 민생개혁을 추진하여 민심을 얻었다. 그러나 불안한 왕권을 지키기 위해 패륜을 저지르는 바람에 선비와 백성들의 원성을 샀고, 이것이 반정의 구실이 되었다.

이와 함께 명나라와 여진족 사이에서 중립외교를 견지한 것도 반정을 부른 중대한 원인이 되었다. 1616년 건주여진 추장 누르하치가 '영명칸英明汗'을 자처하며 금金나라를 재건하고 2년 후 요동의 전략적 요충지인 무순을 함락시키자, 명나라는 조선에 지원군 파병을 요청했다. 사림은 임진왜란 때 '재조지은再造之恩'(나라를 다시 만들어 준 은혜)을 입었으니 보답하는 것이 당연하다고 여겼다. 서인과 남인은 물론 조정을 장악한 대북도 이견이 없었다. 그들에게 명나라는 '부모 나라'였다.

하지만 전쟁과 국제 정세에 밝은 광해군은 지원군을 보낼 생각이 없었다. 왜란 당시 명나라가 조선에 파병한 이유는 자국까지 전쟁이 번질 것을 우려한 때문이며, 게다가 후금과 명나라의 싸움은 후금의 승리로 끝날 가능성이 커 보였다. 광해군은 결국 전황을 관망하다가 후금에 투항하는 길을 택했다. 오늘날의 시각에서는 냉철한 결정이었지만, 그 시절 선비들이 볼 때는 부모를 저버린 것과 같은 패륜 행위였다.

현대인의 기준으로 광해군이 폭군이냐 아니냐는 중요한 문제가 아니다. 역사 기록은 대개 승자의 편에 서 있고, 엄밀히 말해 폭군은 '만들어지기' 때문이다. 광해군을 위해 변명을 하자면, 그에게는 손발이 되어 줄 사람들이 너무 적었다. 권력자는 편향된 인의 장막에 둘러싸이는 순간, 자신의 의지와 무관하게 억울한 오명을 뒤집어쓰기도 한다. 이이첨에게 눈과 귀가 가려진 광해군이 그랬다.

부도덕한 폭군을 응징한다며 반정을 일으키고 즉위한 인조, 조선사 500년을 통틀어 최악의 임금 중 한 명으로 꼽힌다. 인조반정은 그가 직접 꾸미고 지휘한 거사였다. 주모자로서 계획부터 실행까지 앞장서서 이끌었다. 하지만 이 반정은 사림은 몰라도 민심까지 사로잡지는 못했다. 백성에게는 그저 능양군과 서인이 권력을 빼앗기 위해 일으킨 '정변'일 뿐이었다. 1624년 논공행상에 불만을 품은 이괄이 도성으로 쳐들어오자, 백성들은 임금을 팽개치고 반군을 열렬히 환영했다.

정통성이 취약한 데다 민심마저 등을 돌리자 인조는 무리수를 두었다. 광해군의 중립외교 노력을 무위로 돌리고 친명배금親明排金(명나라와 손잡고 후금을 배척함) 정책을 밀어붙였는데, 그 대가는 참혹했다. 1636년 병자호란으로 조선은 청나라 군대의 말발굽에 짓밟혔다. 남한산성에 고립된 인조는 결국 삼전도에서 청나라 황제에게 세 번 절하고 아홉 번 머리를 조아리는 굴욕을 감수하며 항복했다. 뿐만 아니라 수십만 명의 백성들이 임금을 원망하며 만주로 끌려갔다. 위신을 잃은 인조는 자식에게 왕위를 빼앗길지도 모른다는 의심에 사로잡혔다. 청나라에 볼모로 갔다가 돌아온 소현세자는 의문의 죽음을 당했고, 세자빈도 시아버지에게 사약을 받았다.

그런 굴욕과 도탄의 시간을 겪은 뒤에도 서인 정권은 반성은커녕 백성들을 핍박했다. 1644년 명나라가 망하자, 이제 조선이 중화中華라는 허황된 망상에 사로잡힌 채 큰소리치기에 여념이 없었다. 선비들은 특정 붕당에 기대 군자君子를 자처하면서 상대당을 소인배小人輩라고 몰아붙였다. 그 시절 사림이 주장한 의리義理란 양반네들이 사사로운 탐욕을 실현하는 수단에 지나지 않았다. 허균의 생각도 다르지 않았다.

이른바 군자와 소인은 서로 멀지 않다. 같은 패면 모두 군자라 하고,

다른 패면 모두 소인이라 한다. 다른 쪽이면 사특邪慝하다고 배척하고,

자기 쪽이면 바르다고 추켜올린다. 옳다고 하는 자는 자기 쪽이기에

옳다고 하는 것이요, 그르다고 하는 자는 반대쪽이기에 그르다고 하

는 것이다. 이 모두가 공평이 사사로움을 이기지 못한 까닭에 그렇게

된 것이다.   _ 허균,《성소부부고》〈소인론小人論〉

　허균은 군자라고 으스대는 선비들을 경멸했다. 도량이 좁은 속물들이

턱없이 큰소리나 치는 것이라고 보았다. 그는 세상과 타협하지 않고 오히

려 새로운 세상을 꿈꿨다. 허균이 추구한 이상국가는 고전소설《홍길동

전》에 나오는 '율도국栗島國'을 통해 유추해 볼 수 있다. 적서 차별의 한을

품은 주인공 홍길동은 백성의 편에서 의적 노릇을 하다가 조선을 떠나 율

도국의 왕이 된다. 그가 꿈꾼 나라는 토마스 모어의 풍자소설《유토피아

utopia》를 연상케 한다.

　율도국과 유토피아는 대안 세계로서의 모습만 닮은 게 아니다. '율도국'

에서 나라를 의미하는 한자어 '국國'을 빼고 장소를 뜻하는 그리스어 접미

사 '피아pia'를 붙이면 '율도피아'가 된다. 우연의 일치라고 보기에는 공교

롭다. 허균의 행적을 살펴보면 짚이는 데가 있다. 그는 1614년과 1615년

두 차례에 걸쳐 사신으로서 명나라를 방문하여 현지 학자들과 사귀고 진

귀한 서적들을 입수했다. 그 무렵 중국에는 마테오 리치가 천주교를 포교

하면서 서구 문물이 널리 퍼지고 있었다. 허균이 조선에 들여온 서적 중에

도 가톨릭 기도문과 유럽 지도 등이 포함되어 있었다.

　허균은 이 사행使行길에서 1516년에 간행된 토마스 모어의《유토피아》

를 접하지 않았을까? 사유재산이 폐지되고 모든 국민이 기본 소득을 갖는 나라, 국가가 제공하는 교육의 기회가 누구에게나 열려 있는 이상국가의 모습에서 큰 영감을 받지 않았을까?

허균은 자신이 꿈꾸는 새로운 세상의 그림을 《홍길동전》에 담았다. 그는 백성들에게 다가가기 위해 이 소설을 한글로 썼다. 문집 《성소부부고》에 남긴 '유재론'과 '호민론'은 이 그림을 현실 세계에 펼치려는 의지를 보여 준다. 그는 그렇게 성리학적 지배와 불화하며, 유교 윤리와 신분 질서 너머 이상향을 모색했다. 그것은 여성과 서자의 재능을 활용하고, 백성의 힘을 두려워하는 나라였다.

조선 후기 서인-노론의 정신적 지주였던 송시열은 "주자가 이미 세상의 이치를 다 밝혔으니 다른 견해는 필요 없다"고 했다. 이런 나라에서 허균이 꿈꾼 율도국은 한낱 몽상에 불과했다. 그러나 이 세상에는 없지만, 가슴을 뜨겁게 달구는 꿈이 더 나은 세상을 만드는 원동력이다. 허균은 사후에 '천지간의 괴물'이라고 불렸으며, 사림이 붓을 쥔 조선시대 역사 기록에서 간신이자 역적으로 남았다. 승자의 이 편협한 역사관에는 '인간'이 빠져 있다.

간과 쓸개를 매번 서로에게 보여 주고	肝膽每相照
얼음 호리병에 차가운 달을 비추듯이	氷壺映寒月

2014년 7월 방한한 시진핑 중국 주석은 서울대 강연에서 허균의 절구를 인용했다. 가만히 읊조려 보면 그의 따뜻한 성품이 느껴진다. 허균은 순수

하고 다정한 사람이었다. 얼음 호리병처럼 깨끗한 마음으로 백성에게 간과 쓸개를 드러냈다. 명문가 출신이지만 '갑'으로 군림하지 않고 '을'들을 끌어안았다. 시대를 초월해 '인간의 존엄성'을 꿰뚫어 본 그의 통찰력은 천재적인 두뇌가 아니라 따뜻한 가슴에서 나온 것이었다.

인목대비와 맞장 뜬 궁녀, 개똥이

"개똥이(김개시)는 원래 선조 때의 궁인이었다. 선조에게 사랑을 입었는데 사람됨이 흉악하고 교활하였다. 선조가 세자를 바꿀 뜻이 있었기 때문에 광해가 불안할 것이라 여기고는 은밀히 그와 접촉하여 뒷날의 계획을 세웠다. (중략) 광해가 탐욕스럽고 음란하였으므로 개똥이가 안팎에서 제 마음대로 하며 이이첨과 어울렸다. 뇌물을 받고 벼슬을 파는가 하면, 대궐 안의 모든 일이 그의 손에서 결정되었다."

이긍익의 《연려실기술》은 상궁 김개시를 이렇게 묘사하고 있다. 비상한 재주 덕분에 임금의 총애를 얻고 권력을 휘두르다가 끝내 나라를 그르친 악녀.

'개시介屎'라는 이름은 '개똥이'의 한자식 표현이다. 이름에서 짐작할 수 있듯이 김개시는 천한 노비 출신이었다고 하는데, 구체적인 삶의 내력은 알려진 바 없다. 그녀가 어린 시절 구중궁궐로 들어간 궁녀였기 때문이다. 궁녀 사회는 물음표의 세계다. 김개시의 경우 《광해군일기》, 《연려실기술》, 《계축일기》 등에 기록이 남아 있기는 하지만 일방적으로 매도하는 수준이다.

선조 독살설만 해도 그렇다. 《연려실기술》은 "선조가 동궁에서 올린 약밥을 먹고 세상을 떠났는데, (독)약으로 임금을 시해하는 참변이 개시의 손에서 나왔다"는 이야기를 소개하고 있다. 인조반정 이후 인목대비가 광해의 죄목에 부왕(선조)을 죽였다는 항목을 집어넣으면서 거꾸로 짜맞춘 설이다. 정황은 있지만 근거는 미흡하다. 오죽하면 인조가 힘써 이 설을 물리쳤을까. 그는 선조가 위독할 때 자신이 곁을 지키고 있었다며 독살설을 부인했다.

의인왕후(선조의 원비)와 광해에 대한 인목대비 측의 '무고巫蠱'(무속으로 남을 저주하는 일)는 또 다른 문제다. 인목대비의 입장에서 쓴 《계축일기》는 이 무고가 인목대비를 유폐하고 영창대군을 죽이기 위해 김개시가 꾸민 조작극 이라고 주장하고 있다. 광해 정권의 숨은 실세답게 김개시가 특유의 권모술 수를 발휘한 것일까? 그러나 조선시대 구중궁궐에서 무고를 둘러싼 암투는 그리 낯선 일이 아니다. 김개시는 어찌 보면 정치적으로 부풀려진 인물이다. 사실 그녀는 궁녀로서 본분에 충실했다. 김개시를 제대로 이해하려면 그 시대 궁녀에 대해 좀 더 알아 볼 필요가 있다.

조선 중기 궁녀는 대체로 공노비 출신이 많았으며 이후 중인의 비중이 차츰 높아졌다. 궁녀 사회는 주종관계가 확실했다. 한번 처소에 배정되면 그 주인 이 죽을 때까지 의리를 지켜야 한다. 대전에서는 임금이, 중궁전에서는 왕비 가, 대비전에서는 대비가, 동궁에서는 세자가 하늘이다. 업무는 지밀(침실), 침 방(의복), 수방(자수), 소주방(식사), 생과방(간식), 세수간(목욕), 세답방(빨래) 등으로 나뉘었으며 주인의 시중을 들면서 유대감을 키워 나갔다.

김개시는 동궁에서 광해와 인연을 맺고 대전까지 오랜 세월 함께했다. 《광 해군일기》에 따르면, 광해를 향한 그녀의 충성심은 일하는 데 거추장스럽다 하여 후궁 자리까지 마다할 정도였다고 한다. 김개시가 인목대비와 대척점에 선 것도 바로 이 주종 간의 의리 때문이다. 그녀는 광해를 위해 대비의 수족을 잘라 내고 힘을 무력화시켰다. 심지어 대비전의 궁녀들까지 회유하여 첩자로 활용했다. 인목대비 측에서는 이를 갈면서 별렀을 터였다.

인조반정이 일어난 다음 날(1623년 3월 13일), 김개시는 정업원 근처 민가에 서 붙잡혀 칼을 맞고 죽었다. 막판에 그녀는 시류를 읽었는지 반정 주역 중 한 사람인 김자점과 거래를 했다고 한다. 뇌물을 받고 반정에 대한 정보를 임금 에게 숨긴 것이다. 그러나 뒤바뀐 세상에서 노비 출신 궁녀가 발 디딜 곳은 없 었다.

비슷한 듯 다른 경계인의 꿈

한국 최초의 야담집 《어우야담於于野談》에는 기이한 이야기가 적지 않게 실려 있다. 그 가운데 강원도의 설화를 채록한 '인어人魚' 편이 이채롭다. 기름을 짜기 위해 어린 인어들을 잡아들이는 어부와 그들을 불쌍히 여겨 바다로 돌려보내는 현령. 남자 사람과 여자 인어 사이에 쌓이는 미묘한 정분과 그것을 이용하려는 이기적 욕망. 짤막한 이야기 속에 인간의 본성에 관한 날카로운 통찰이 녹아 있다. 인어라는 가상의 존재는 사람과 자연, 육지와 바다의 중간 지대에 자리매김한다. 중간은 다른 세상과 만나는 경계다. 매혹적이지만 그래서 위험하기도 하다. 인어 이야기가 시공을 초월해 호기심을 끄는 것도 이 때문일 것이다.

《어우야담》을 쓴 조선 중기의 문장가 유몽인은 이 영물과 '닮은꼴' 인생을 살았다. 그는 선조와 광해군 시절에 활약한 문신이다. 과거에 장원급제하는 등 문장과 학문으로 일가를 이뤘다. 그런데 정치적으로는 '중북中北', 즉 중간 지대에 선 북인이었다.

유몽인은 임진왜란 때 세자의 측근으로 활약하며 공을 세운 바 있다. 1608년 선조가 세상을 떠날 때 도승지로서 광해군의 즉위를 도운 것도 그이었다. 그러나 집권당 대북이 임금의 어머니뻘인 인목대비를 쫓아내려 하자 그는 사직하고 은거에 들어간다. 유몽인을 '중북'이라고 분류하는 것은 이 때문이다. 경계에 섬으로써 출셋길도 막혔다.

그런 의미에서 유몽인이라는 사람은 탐구 대상이다. 그의 호 '어우於于'는 《장자莊子》에서 따왔다. "공자가 허황된 말로 사람들을 속인다"는, 감히 유학의 창시자를 비꼬는 우언寓言을 가져다 자기 정체성을 표출한 것이다. 유몽인은 유학자였지만 낡은 틀에 얽매이기를 거부했다. 그는 기존 세상 너머 뭔가 다른 것을 열망하는 경계인이었다.

《어우야담》은 은거 기간에 절집에서 지은 것이다. 자유로운 문체와 다양한 내용은 유몽인의 성정을 오롯이 담고 있다. 풍자적인 설화와 기지 넘치는 민담은 다른 세상을 넘보는 창이었다. 인어가 수면 위로 목을 길게 빼고 물 밖 세상을 염탐하듯, 그 스스로 중간지대에 자리매김함으로써 현실 세계의 확장을 도모했다. 그 대가는 혹독했다.

1623년 서인들이 일으킨 인조반정으로 광해군이 쫓겨나고 대북 정권이 몰락하자, 유몽인은 은거를 중단하고 집으로 돌아왔다. 그는 광해군에게 내쳐진 신하였지만 반정에도 동의하지 않았다. 시류에 휘둘리지 않고 옛 주군에 대한 의리를 지킨 것이다. 이미 대북의 씨를 말린 서인들은 중도를 고수한 그 또한 용납하지 않았다.

반정 4개월 후 유몽인의 아들이 광해군 복위를 도모하다가 발각되는 사건이 일어났다. 그는 아들의 역모를 말렸지만 차마 고변하지는 못했다. 서인들은 옳거니 하고 일제히 유몽인을 성토했다. 당대 최고의 문장가는 결국 이 사건에 연좌되어 목숨을 잃는다.

극과 극이 대치하는 세상에서 어중간하면 죽는다. 중간지대에 서면 마녀사냥을 당하기 쉬운 데다 어느 쪽도 비호해 주지 않는다. 경계인에게 비극의 근원은 이런 세상을 바꾸려는 데 있다. 하지만 그들이 꿈꾸는 다른 세상은 대개 푸른 바다의 전설에 그친다. 그것은 그리스어로 '없는 곳'을 의미하는 유토피아를 떠올리게 한다.

유몽인은 억울하게 죽었지만 문장과 절개는 오래도록 회자됐다. 170여 년 후 그의 한을 풀어 준 이는 탕평책으로 붕당을 타파한 정조 임금이었다. 정조는 유몽인에게 이조판서를 추증하고 '의정義貞'이라는 시호를 내렸다. 의롭고 깨끗한 인물이라는 뜻이다.

광해를 끌어내린, 그러나 광해를 이어 받은

"우리나라 사람들은 '큰소리' 때문에 끝내 국사를 망칠 것이다."

《광해군일기》에는 명나라와 후금 사이에서 실리외교를 구사한 폐주廢主의 속내가 묻어 있다. 광해는 외교적으로 신중하게 처신하면서 내정에서는 자강自强을 꾀했다. 스스로 강해질 때까지 시간을 벌자는 것이었다. 그러나 조정을 장악한 사림은 명나라의 은혜를 들먹이며 현실은 아랑곳 않고 큰소리만 쳤다. 왕으로서는 나라의 앞날이 걱정되었을 터였다.

이러한 광해의 생각을 이어받은 인물이 최명길이다. 그는 아이러니하게도 인조반정의 일등공신으로서 광해를 끌어내리는 데 앞장섰다. 하지만 큰소리로 대의를 외치는 대신 폐주처럼 실리외교를 추구했다.

인조 정권은 반정 이후 실리외교를 버리고 노골적으로 명나라에 사대했다. 요동에서 쫓겨 온 명군을 지원하고 유민들까지 받아들였으니, 북방에서 명나라를 밀어붙이던 후금이 좌시할 리 없었다. 아니나 다를까 누르하치의 뒤를 이은 홍타이지가 1627년 정묘호란을 일으켰다. 조선군은 후금군의 깃발만 보고도 무너지는 형편이었다. 결국 인조는 '오랑캐'라 멸시하던 후금과 형제의 맹약을 체결하였다. 최명길은 정묘호란 무렵부터 후금과의 화친을 주장했다. 당시 조선의 국력으로는 저들을 감당할 수 없다는 현실을 직시한 것이다. 대신 그는 관제 개혁을 추진하고 백성의 부세를 경감하며 나라의 체질을 개선하고자 했다. 그러나 주화파主和派의 차분한 목소리는 사림을 등에 업은 척화파斥和派의 파열음에 묻혀 버렸다.

명나라는 몰락하고 있었지만, 척화파는 오히려 숭명崇明 열기에 사로잡혔

263

다. 그들의 뜨거운 입김은 후금에 대한 적대 행위로 이어졌다. 1636년 황제를 칭하는 문제로 후금이 사신을 보내자, 조선에서는 '오랑캐 황제'를 인정할 수 없다며 절교를 선언했다. 그해에 청淸으로 국호를 바꾼 홍타이지는 14만 대군을 거느리고 조선을 침략했다. 병자호란이었다.

청군이 불과 며칠 만에 서울 인근에 나타나자, 큰소리치던 조정은 우왕좌왕했다. 임금과 신하들은 강화도에 들어갈 기회마저 놓치고 남한산성으로 내몰렸다. 고립무원에 빠져 추위와 배고픔에 시달리던 인조는 결국 50여 일 만에 성문을 열고 나와 무조건 항복한다. 그때 청나라에 대한 항복 문서를 작성한 인물이 바로 최명길이었다. 척화파인 김상헌이 그 국서를 찢고 통곡하자, 최명길은 묵묵히 그것을 주워 모았다고 한다. 사림의 큰소리가 무서워 절단 난 백성을 외면할 수 없었던 것이다. 청군에게 붙잡힌 포로 수만 명이 잠실 벌판에서 임금만 바라보고 있었다. 전국적으로는 50만 명에 이르렀다. 삼전도에서 홍타이지에게 '삼배구고두례三拜九叩頭禮'(세 번 절하고 아홉 번 머리를 조아리는 의식)를 행하고 돌아가는 인조의 등 뒤로 백성의 울부짖음이 메아리쳤다.

청군이 물러가자, 최명길은 전후 수습에 매진했다. 청나라에 사신으로 가서 공물을 줄이는 한편, 명나라를 치기 위한 징병 요구도 막아 냈다. 백성의 편에서 큰 짐을 덜어낸 셈이다. 하지만 조선이 곧 중화中華라는 망상에 빠져 삼전도의 복수를 다짐하던 사림은 그를 '만고의 죄인'으로 몰아 갔다. 그들의 시각은《인조실록》에 수록된 최명길의 졸기에 드러난다.

"화의론和議論을 주장해 선비들에게 버림받았다. 모두들 소인小人으로 지목했다."

세상을 군자와 소인, 선과 악의 이분법으로 보는 사람들일수록 목소리가 크다. 허위에 찬 시대 풍조 속에서, 욕먹을 줄 알면서도 '오랑캐'와 화친을 주장한 최명길은 그런 의미에서 진정한 용자였는지도 모른다.

6

영조

무당무편왕도평평

"여러 신하들도 신神의 말을 들었는가? (세상을 떠난) 정성왕후가 나에게 이르기를, '변란이 호흡 사이에 달려 있다'고 하였다."

_《영조실록》1762년 윤5월 13일

말을 마친 영조英祖(1694~1776)는 군사들로 하여금 휘령전(창경궁 문정전) 문을 4~5겹으로 막고, 담을 향하여 칼을 뽑게 했다. 뜰에서 정성왕후에 대한 예를 행하던 사도세자思悼世子(1735~1762)의 안색이 창백해졌다. 아버지는 별안간 아들에게 관을 벗고 맨발로 땅에 엎드리라고 했다. 세자가 부들부들 떨며 따르자, 영조는 차마 입에 담을 수 없는 전교傳敎(왕의 명령)를 내렸다.

"자결하라!"

사도세자는 자신의 귀를 의심했다. 애증이 켜켜이 쌓여 문안 인사조차 껄끄러워진 부자지간이지만 자식에게 자결을 명하다니! 그래도 아버지의 명이기에 세자는 섬돌에 머리를 찧으며 잘못을 빌었다. 이마에서 피가 흘러내렸다. 하지만 영조는 칼까지 뽑아들고 거듭 자결을 재촉했다.

세자의 장인인 좌의정 홍봉한이 군사들을 밀어내고 들어왔다. 영조는 핏발 선 눈으로 노려보았다. 그는 감히 만류하지 못한 채 눈치만 봤다. 이번에는 열한 살의 세손(훗날의 정조)이 나서서 관과 도포를 벗고 아버지 사도세자 뒤에 엎드렸다. 영조는 어린 손자의 '당돌한 효심'에 잠시 노기가 누그러지는 듯하더니 이내 손사래를 쳤다. 어차피 돌이킬 수 없는 일이었다. 영조는 세손을 안아 시강원으로 보내고 엄숙하게 선언했다.

"세자를 폐하여 서인庶人(평민)으로 삼는다."

사도세자가 땅에 엎드려 곡하면서 개과천선할 것을 다짐했으나, 영조는 물러서지 않고 오히려 세자를 폐할 수밖에 없는 근거를 들었다. 그것은 뜻밖에도 세자의 생모 영빈 이씨의 고변이었다.

"세자가 환관, 나인, 노비들을 죽인 것이 거의 백여 명이며 그들에게 불로 지지는 형벌을 가하는 등 참혹한 형상이 이루 말할 수 없습니다. 요즘에는 궁궐 후원에 무덤을 만들고 감히 말할 수 없는 분(영조)을 묻고자 했습니다. 또 시중 드는 사람에게 머리를 풀고 날카로운 칼을 옆에 두게 하여 예측할 수 없는 일(영조 시해)을 행하려 하였습니다. 저 역시 창덕궁에 갔을 때 거의 죽을 뻔하였다가 가까스로 모면했습니다. 제 한 몸이야 돌아볼 것이 없다 해도 주상의 옥체야 어찌 소중하지 않겠습니까. 바라옵건대 세자를 대처분하여 성궁(영조)을 보호하옵고 세손

을 건지소서" _ 박하원,《대천록待闡錄》

세자를 대처분하라고 청한 사람이 친어머니라니…. 영빈 이씨는 눈물을 흘리면서 세자의 광기가 걷잡을 수 없는 지경에 이르러 그 칼끝이 부왕에게 닿아 변란變亂(정변)의 조짐까지 엿보인다고 했다. 고심 끝에 결단을 내린 영조는 친히 세자를 폐하는 교서를 쓰고 정성왕후의 위패가 모셔진 휘령전으로 향했다. 그는 저승에 있는 조강지처에게 이 무서운 결심을 고했다.

"전하, 깊은 궁궐에 있는 한 여자의 말로 국본國本을 흔들려 하십니까?"

도승지가 세자를 폐하겠다는 왕명에 반박했다. 임금은 노기가 충천했다.

"뒤주를 가져와 깊이 가두라."

영조는 기묘한 '처분'을 내렸다. 그는 왜 뒤주에 아들을 가뒀을까?《경국대전》,《대명률》등 당시의 법전 어디에도 이런 형벌은 금시초문이었다. 1762년 음력 윤5월 13일 영조는 아들 사도세자를 뒤주에 가두고 직접 못질을 했고, 세자는 한여름 땡볕 아래 숨 막히는 뒤주에서 8일간 버티다가 생을 마감했다. 이 사건이 바로 조선사 500년을 통틀어 가장 미스터리한 비극인 '임오화변壬午禍變'이다.

사도세자를 죽음으로 몰고 간 직접적인 원인은 잘 알려진 바대로 광기 狂氣(미친 증세)였다. 그러나 그가 처음부터 미치광이였던 건 아니다. 여기에는 아버지 영조와의 불화가 큰 영향을 끼쳤다.

---

* 위 인용문은 사도세자를 폐하는 영조의 교서에 나온다. 원래 교서는 실록에 실려야 하지만, 후일 사도세자의 복권을 추진한 아들 정조는 이를 사초에서 뺐다. 하지만 교서의 내용은 박하원의《대천록待闡錄》등에 실려 전해졌다.

아들을 미치게 한 아버지

1735년 영빈 이씨가 이선李愃(사도세자)을 낳자 영조는 크게 기뻐했다. 1724년 서른한 살에 즉위한 영조는 왕비인 정성왕후에게서 자식을 보지 못했다. 이에 서장자庶長子(서자 중 맏이)를 세자로 봉했으나(효장세자), 열 살을 넘기지 못하고 요절했다. 이선은 영조가 나이 마흔 줄에 얻은 귀한 아들이었다. 이듬해 세자 된 선은 세 살 때 《효경》을 외우는 등 영특한 면모를 보였다. 어린 세자가 종이에 쓴 글자를 가지기 위해 대신들이 다투었고, 영조는 그 광경을 흐뭇하게 지켜봤다.

영조는 기대에 부풀었다. 그러나 세자는 열 살 전후부터 어긋나기 시작했다. 학문에 싫증을 내고 대신 무인武人 기질을 드러낸 것이다. 사도세자는 기운이 세고 무예 솜씨가 뛰어났다. 무기에 대한 조예도 깊어 뒤에 그가 쓴 책이 군사 교재로 쓰이기도 했다. 영조는 그런 세자가 못마땅했다. 조선의 임금은 무武가 아닌 문文을 이뤄야 한다고 믿었던 그는 아들을 무섭게 닦달했다.

사도세자의 광기는 1749년 대리청정代理聽政을 맡으면서 싹텄다. 세자가 임금 대신 국사를 처리하는 대리청정은 보통 왕이 병들거나 나이가 많아 국정을 돌보기 어려울 때 시행하는 제도다. 하지만 영조가 사도세자에게 대리청정을 시킨 것은 군주의 자질을 키우면서 국정을 익히게 하려는 뜻이 강했다. 그는 세자를 자기 뜻에 맞는 왕의 재목으로 만들고자 했다. 엄한 책망이 날마다 이어졌다. 대수롭지 않은 일도 트집 잡았고, 직성이 풀릴 때까지 야단쳤다.

> "저리 한 일은 이리 아니 하였다 꾸중하셨고, 이리 한 일은 저리 아니
> 하였다 꾸중하셨다."
>
> _혜경궁 홍씨,《한중록閑中錄》

사도세자는 한창 사춘기 시절 골치 아픈 국사를 떠안고 아버지에게 들
들 볶였다. 그의 마음은 알게 모르게 병들어 갔다. 이상 증세가 처음 나타
난 것은 스물한 살 무렵이었다. 약방제조 이천보가 동궁에게 '가슴이 막히
거나 두근거리는 증세'가 있다고 보고했다. 그러나 아버지의 다정한 말 한
마디에 목말랐을 아들을 영조는 계속 몰아붙이기만 했다.

> "임금이 매양 엄한 하교로 절실하게 책망하니, 세자가 의구심에서 질
> 병이 더하게 되었다."
>
> _《영조실록》1762년 윤5월 13일

더구나 영조는 사람을 치우치게 대하는 편벽偏僻이 있었다. 자식에 대해
서도 극단적으로 호불호好不好가 갈렸다. 좋아하는 자식은 수시로 불러 곁
에 두고, 싫어하는 자식은 불길하게 여겨 멀리했다. 사도세자는 어느새 미
운털이 단단히 박힌 아들이 돼 버렸다. 영조는 안 좋은 일이 생기면 세자
를 불러 귀를 씻기까지 했다. 액운을 떠넘기기 위해서였다.

아버지의 닦달과 편벽에 괴로워하며 사도세자의 병은 점점 흉악해졌다.
아랫사람을 못살게 굴더니 걸핏하면 내시와 여종을 죽였다. 피가 뚝뚝 떨
어지는 내시의 목을 들고 나타나 세자빈(혜경궁 홍씨)이 까무러칠 뻔하기

도 했다. 그나마 그녀는 운이 좋았다. 세자의 자식(은전군)을 낳은 후궁 박씨는 지아비에게 맞아 죽었으니까.

광기도 이 정도면 단순한 정신병으로 설명하기 어렵다. 일각에서는 사도세자가 술에 취해 정신을 놓고 흉악한 행동을 저질렀다고 추측하기도 한다. 문제는 영조가 1756년 1월 강력한 금주령을 내린 상태였다는 것이다. 영조는 술이 사람들의 기질을 흐릿하고 난폭하게 만든다며 제사용 예주醴酒(단술)를 제외하고 모든 술의 제조와 음주를 금지했다. 이를 어길 경우 양반은 금고에 처하고, 평민은 종살이를 시켰다.(나중에는 사형으로 형벌을 높였다.)

그 무렵부터 사도세자의 만행이 나타난 점은 곱씹어 볼 만하다. 이와 관련해 1756년 5월 영조가 낙선당(세자가 공부하는 곳)을 찾았다가 나인을 처벌한 《승정원일기》 기록이 눈에 띈다. 궁녀 해정은 술을 빚고도 사실대로 말하지 않았다는 죄로 벌을 받았다. 세자도 아버지에게 음주를 지적받고 호된 꾸지람을 들었다. 그날 밤 낙선당에 화재가 일어났다. 정황상 사도세자의 방화가 유력했다. 그것은 아버지에 대한 격렬한 반항이자 정면도전이었다.

한때 아들에게 큰 기대를 걸었던 영조는 반항심에 미쳐 괴물로 변해 가는 아들을 보며 크게 상심했다. 1760년 영조는 거처를 창덕궁에서 경희궁으로 옮겼다. 전해에 열다섯 살의 나이로 시집온 계비 정순왕후만 데리고 갔다. 광기에 휩싸인 아들과 마주치고 싶지 않았을 것이다. 이후 아버지와 아들은 서로 왕래를 끊었다. 세자는 영조에게 문안조차 드리지 않고 여승, 기녀들과 어울려 기행을 일삼았다. 아버지를 거론하며 적의를 드러낸 것도 한두 번이 아니었다.

"홧김에 칼 차고 경희궁에 가서 어떻게 하고 싶다, 하셨다. 온전한 정
신이면 어찌 부왕을 죽이고 싶다는 극언을 하리오." _ 혜경궁 홍씨,《한중록》

아버지와 아들의 불화는 결국 1762년 윤5월 임오화변으로 이어졌다. 마
주 보고 달리던 폭주 기관차가 끝내 참사를 일으킨 꼴이다. 이 참사의 원
인제공자는 아버지 영조였다. 사도세자의 광기(혹은 주벽)는 애초 영조의
닦달과 편벽이 조금만 덜했더라면 피할 수 있는 일이었다. 아버지는 아들
에게 완벽한 군주의 자질을 강요하기만 했다. 왜 그랬을까?

이 비극을 이해하려면 영조라는 인물의 성장 과정과 시대적 배경을 들
여다봐야 한다. 그는 숙종의 서자로 태어났다. 본명은 이금李昑, 여섯 살
때 연잉군延礽君에 봉해졌다. 어머니는 무수리 출신의 후궁인 숙빈 최씨였
다. 무수리는 궁궐에서 허드렛일을 맡아 하는 여종이다. 숙빈 최씨는 물
긷고 빨래하고 청소하다가 숙종의 눈에 든 것이다.

연잉군은 어린 시절 뛰어난 재주로 아버지 숙종의 눈도장을 받았지만 왕
위에 오르기는 어려운 처지였다. 그에게는 무수리 소생이라는 꼬리표가 따
라붙었다. 왕자이긴 하되 어머니로 인해 깔보였다. 게다가 숙종의 다음 보
위를 예약한 세자가 있었으니, 장희빈이 낳은 이윤李昀(훗날의 경종)이었다.

그런데 1701년 장희빈이 숙종에게 사약을 받고 죽으면서 세상이 요동쳤
다. 천덕꾸러기 신세가 된 세자를 둘러싸고 격렬한 당쟁이 일었다. 연잉군
은 이 당쟁의 한복판에서 혹독한 시련을 겪으며 즉위했다. 아들 사도세자

를 옥죄어 미치게 만든 영조의 병적인 완벽주의는 여기서 비롯되었다.

예송논쟁,
송시열의 패배

영조가 연잉군 시절 휘말린 격렬한 당쟁은 뿌리가 깊었다. 그 연원은 '예송논쟁禮訟論爭'으로 거슬러 올라간다. 16세기 사림의 집권으로 형성된 왕권에 대한 신권의 우위는 17세기에 붕당정치朋黨政治가 뿌리를 내리면서 더욱 심화되었다. 율곡학파가 주축이 된 서인과 퇴계의 후예를 자처하는 남인은 학문적 권위에 기대 정쟁을 일삼고 임금을 압박했다. 예송논쟁은 붕당정치의 이러한 특색이 소모적으로 표출된 것이다.

1659년 효종이 죽고 현종이 즉위하자, 대비 장렬왕후의 상례喪禮를 놓고 논의가 오갔다. 장렬왕후는 인조의 계비로 효종에게는 어머니뻘이지만 피한 방울 섞이지 않았다. 장렬왕후가 효종상에 맏아들의 예에 해당하는 3년복을 입어야 할지, 둘째 아들의 예에 해당하는 1년복을 입어야 할지 논란이 일었다.

이에 대해 남인인 허목과 윤휴는 효종이 둘째 아들이긴 하나 임금이므로 대비 장렬왕후가 마땅히 3년복을 입어야 한다고 조언했다. 반면 서인의 정신적 지주 송시열은 맏이의 예인 3년복을 적용할 수 없다며 1년복을 주장했다. 이는 사대부가의 예법이었다. 남인들은 왕가는 사대부가와 예법을 달리해야 한다고 반박했다. 송시열도 물러서지 않았다. '체이부정體

274

而不正', 즉 '임금의 혈육이지만 정통은 아니'라는 설訛을 들고 나온 것이다.

이 설이 당쟁의 불씨가 되었다. 조정과 산림의 예론禮論에서 출발한 논의가 임금의 정통성을 부인하는 주장으로 이어지자 정치적 다툼이 불가피해졌다. 남인 윤선도가 송시열의 체이부정설을 대역무도하다고 규탄하자 서인들은 예론을 정쟁의 도구로 삼아 공연히 조정을 어지럽힌다며 윤선도를 탄핵했다. 결국 윤선도 등은 유배를 떠났고, 예송논쟁은 장렬왕후가 1년복을 입는 것으로 일단락되었다. 여기까지가 1차 예송논쟁이다.

그럼에도 예송의 불씨는 꺼지지 않고 살아 있었다. 1674년 2월 효종비 인선왕후가 세상을 떠나자 논쟁이 다시 불붙었다. 이번에도 대비 장렬왕후가 며느리에 대한 상례로 1년복을 입을지, 9개월복을 입을지 논란이 일었다. 정권을 쥔 서인들은 15년 전 송시열의 논거를 따라, 효종비는 맏며느리가 아니므로 9개월복을 입어야 한다고 주장했다. 그런데 이번에는 상대가 만만치 않았다. 2차 예송논쟁을 주도한 인물이 임금 현종이었기 때문이다.

현종은 송시열이 관혼상제를 다룬 유교 경전《의례儀禮》를 잘못 인용했다며, 서인들의 주장을 일축하고 장렬왕후에게 1년복을 입혔다. 뿐만 아니라 1차 예송논쟁 당시 송시열의 '오류'를 추종했던 서인계 신하들을 색출해 관복을 벗기기 시작했다. 이는 서인 정권의 붕괴를 의미했다. 효종과 인선왕후의 아들인 현종으로선 왕가에 사대부가의 예법을 강요하는 서인들이 못마땅했을 것이다. 하지만 그는 이 일을 매듭짓지 못하고 그해 8월 갑자기 죽고 만다.

2차 예송논쟁을 수습한 것은 뒤이어 즉위한 숙종이었다. 열네 살에 임금이 된 숙종은 어린 나이에도 불구하고 강단 있는 모습을 보여 줬다. 숙종은 아버지 현종 능의 비문을 송시열에게 맡겼으나 그가 거부하자 명예직 벼슬을 낮춰 버렸다. 또 아버지의 행장行狀(죽은 사람의 행적을 기록한 글)을 지으면서 송시열이 저지른 오류를 적고 이를 근거로 그를 유배 보냈다.

송시열은 서인 정권의 간판이자 실세였다. 그는 학문적으로는 이율곡의 수제자 김장생에게 배웠고, 정치적으로는 척화파의 대부 김상헌을 이었다. 송시열의 말 한 마디가 서인들에게는 법이었다. 그런 거유巨儒를 갓 즉위한 어린 임금이 유배 보낸 것이다. 서인들은 항의의 표시로 줄줄이 사직하고 조정을 등졌으며 때를 헤아리면서 칩거에 들어가기도 했다. 인조반정(1623) 이후 임금 위에 군림해 온 서인 정권이 50여 년 만에 권력에서 밀려난 것이다.

숙종이 새롭한 환국정치

오늘날의 시각에서 보면, 두 차례에 걸친 예송논쟁은 관념적인 논쟁에 몰두하여 국력을 낭비한 대표적인 사례이다. 당시 조선 백성들은 대기근에 신음하고 있었다. 전란으로 경작지가 크게 줄어든 데다 가뭄, 우박, 서리 등 기상이변이 속출했다. 백성들은 굶어죽는데 임금과 신하들은 복식 논쟁에 여념이 없었고, 그 와중에 서인과 남인 사이의 감정적 골은 더욱 깊어졌다.

숙종은 이러한 상황을 왕권 강화의 기회로 이용하였다. 서인당과 남인당의 다툼을 부추겨 허약해진 왕권을 회복하려 한 것이다. 그는 민생 안정보다 권력에 집착한 임금이었다. 숙종이 애용한 수단은 환국換局이었다. 환국은 붕당 간의 정권 교체를 말한다. 그는 집권당의 힘이 커지면 트집을 잡아 내치고 반대당에게 정권을 내주는 극단적인 환국을 반복했다. 교묘한 분열책이었다.

1674년 숙종은 즉위와 함께 예송논쟁에 포박당한 서인들을 내치고 모처럼 남인 정권을 수립했다. 그런데 1680년 성년을 맞이하며 돌연 환국을 단행했다. 그 발단은 지극히 사소한 일이었다. 영의정 허적이 사적인 집안 잔치에 왕실 장막을 가져다 썼다가 숙종의 노여움을 산 것이다. 왕은 '방자한' 남인들을 정변 음모에 연루시켜 역도로 몰았다. 허적, 윤휴 등 남인 거물들이 목숨을 잃었고 조정은 서인 일색이 되었다(경신환국).

그러나 서인당이 특유의 강경한 공론으로 압박하자, 숙종은 다시 남인당에 눈길을 돌린다. 남인 집안에서 궁에 들인 장희빈을 가까이한 것이 신호탄이었다. 1689년 숙종은 장희빈이 낳은 왕자 이윤을 서둘러 세자에 책봉했다. 서인들이 반발하자 숙종은 기다렸다는 듯이 대거 숙청하고 그 영수 송시열과 김수항을 유배 보내 죽였다. 인현왕후를 내쫓고 장희빈을 왕비로 세운 것도 이 무렵이다. 다시 남인들이 득세했다(기사환국).

하지만 기사회생한 남인 천하도 오래가지 못했다. 정신적 지주 송시열의 죽음에 서인들은 절치부심했다. 1694년 서인당이 인현왕후 복위운동을 펼치자, 남인당은 이를 가혹하게 탄압했다. 또다시 정권을 잃을까 봐 무리수를 둔 것이다. 그럴수록 인현왕후에 대한 동정 여론이 확산되었다. 숙종은 여지없이 칼을 휘둘렀다. 정권은 다시 서인당에 넘어갔고, 인현왕후도 궁으로 돌아왔다(갑술환국).

이렇게 정권을 주고받는 동안 붕당 영수들이 차례차례 죄를 입고 목숨을 잃었다. 복수와 살육의 연속이었다. 그 와중에 원래 세가 약했던 남인당이 몰락하고 서인당도 노론과 소론으로 나뉘어져 갈등을 빚었다. 노론은 송시열을 좇아 대의를 고집했으며 당론이 강경하고 배타적이었다. 이에 박세채·윤증 등을 중심으로 온건하고 포용적인 소론이 태동했다. 신권이 분열과 몰락을 거듭하면서 반대급부로 왕권은 강화되었다.

숙종은 정국의 주도권을 틀어쥐었다. 그러나 그의 환국정치에는 큰 부작용이 있었다. 왕권 회복의 야망을 이룬 대신 당쟁을 격화시킨 것이다. 이제 당쟁은 피를 부르고 끝장을 보는 싸움으로 변질되었다. 감정의 골은 무저갱처럼 깊어졌고 복수는 꼬리에 꼬리를 물고 이어졌다. 당쟁의 주역도 서인과 남인에서 노론과 소론으로 바뀌었다. 두 붕당은 숙종 재위 후반기부터 왕위 계승을 놓고 사생결단의 혈전을 벌였다. 이런 상황이었으니 영조의 즉위 과정은 혹독할 수밖에 없었다.

'남인 왕자', '소론 임금' 되다

1701년 인현왕후가 죽자, 장희빈이 저주 혐의로 사약을 받았다. 당시 열네 살이었던 세자는 인현왕후의 상주 노릇을 하면서 한편으론 어머니 희빈

장씨를 살려 달라고 대신들에게 매달렸다. 그때 소론 영의정 최석정은 "죽기로 저하의 은혜를 갚겠다"며 세자를 달랬다. 장희빈 사사賜死에 반대했던 소론은 그녀의 아들인 세자를 보호하려 했다.

반면 장희빈을 죽음으로 몰고 간 노론에겐 세자도 제거 대상이었다. 세자가 즉위하면 연산군처럼 어머니의 복수를 위해 피바람을 일으킬 것이라고 숙종을 설득했다. 그들이 제시한 대안은 숙빈 최씨 소생인 연잉군이었다. 노론은 앞서 숙빈 최씨를 꼬드겨 장희빈의 저주를 고변토록 했었다. 그들은 임금의 뒤를 이을 후계자도 자신들이 택할 수 있다고 믿었다.

숙종의 마음은 점차 연잉군에게 기울었다. 1717년 숙종은 사관과 승지를 배제한 채 노론 좌의정 이이명과 독대를 가졌고(정유독대), 그 직후에 세자의 대리청정을 선언했다. 이를 어떻게 해석해야 할까? 세자를 교체하려 했던 노론 당론을 감안하면 그것은 세자를 잡으려는 덫이었다. 세자를 내칠 명분이 없으니 대리청정을 시켜 흠을 찾아내려 한 것이다.

소론은 거세게 반발했다. 조선에서는 임금과 신하의 사적인 만남을 금하였다. 국왕은 신하를 만날 때 반드시 사관이나 승지를 배석시켜야 했다. 임금은 공적인 존재이기 때문이다. 소론계 인사들은 국법을 거론하며 독대를 강력히 규탄했다. 소론 영수 윤지완은 82세의 노구로 관을 끌고 상경했다. 죽어도 밀실협상을 인정할 수 없다는 기개였다.

아버지의 명으로 대리청정에 나선 세자도 흠 잡히지 않으려고 애썼다. 매사에 조심하고 신하들을 예로써 대하니 노론조차 잘못을 찾아내기 어려웠다. 또한, 세자는 기근에 시달리는 백성들을 적극 진휼하는 정책을 폈다. 굶는 자들에게는 양식을 넉넉히 대 주고, 유랑하는 자들에게는 정착지와 일거리를 제공했다. 그는 노론의 의도와 달리 어진 군주의 자질을 보여 줬다.

그 사이 숙종의 건강은 해가 갈수록 악화되었다. 1720년 숙종이 임종의 순간을 맞자, 3년 전 임금과 독대했던 이이명이 "나라를 위해 생각해 둔 바를 하교하라"고 다그쳤다. 죽어 가는 사람에게 약속대로 후계자를 바꾸라고 독촉한 셈이다. 하지만 숙종은 입을 꾹 다물고 운명했다.

곧바로 세자 이윤이 왕위에 올랐다. 경종景宗의 시대가 열렸으나 그 앞에는 가시밭길이 펼쳐져 있었다. 의정부는 물론 이조, 병조, 승정원, 사헌부, 사간원 등 권력 핵심부에 노론계 인사들이 득실거렸다. 인사권과 군부, 그리고 왕명 출납과 언로를 노론이 틀어쥐고 있었다. 노론은 장희빈의 아들 경종을 임금으로 인정하지 않았다. 경종은 '남인 왕자'로 태어나 '소론 임금'으로 즉위했다. 남인당이 궁궐에 들여보낸 장희빈이 아들을 낳아 세자로 만드는 바람에, 서인당은 기사환국의 수모를 겪고 정신적 지주 송시열마저 사약을 받았다. 서인의 본류를 자처하는 노론으로선 태생적으로 상극인 경종을 경멸했다.

국왕을 우습게 보는 것은 서인당으로부터 이어져 내려온 노론의 오랜 당색이었다. 그들이 교조적으로 추종한 주자朱子는 "임금도 사대부의 일원일 뿐"이라고 했다. 사대부의 정통성을 내걸고 부적절한 임금을 처내는 일은 문제될 것이 없었다. 노론은 경종 대신 연잉군을 왕좌에 앉히려고 했다. 그것은 조선의 국법에 반역으로 규정된 '택군擇君'(신하가 군주를 선택함)이었다.

'택군'의 첫걸음으로 노론은 연잉군의 왕세제 책봉을 추진했다. 경종은 서른세 살에 즉위했지만 자식이 없었다. 임금이 그 나이 먹도록 후사를 두지 못한 것은 나라의 큰 근심이었다. 노론은 이 약점을 파고들었다. 1721년 8월 20일 사간원 정언 이정소가 후계자를 어서 세워 나라의 큰 계책으로 삼으라는 내용의 상소를 올렸다. 말단 언관의 이 상소를 시작으로 노론은 세를 과시하며 후계자 지명을 밀어붙였다.

그날 밤 영의정 김창집, 좌의정 이건명, 판중추부사 조태채, 호조판서 민진원 등 노론 대신들이 궁궐로 몰려갔다. 노론계 승지들은 한밤중에 임금과의 면담을 주선해 줬다. 그들은 자식이 없는 국왕의 후사를 집요하게 물고 늘어졌다. 경종 입장에서는 굴욕적인 상황이었다.

경종은 마지못해 연잉군을 후계자로 삼겠다는 언질을 주었다. 그러나 신하들은 여기서 물러서지 않았다. 왕실의 큰 어른인 대비 인원왕후(숙종의 계비)에게 승인을 받아 오라고 요구했다. 연잉군의 왕세제 책봉을 기정사실로 못 박으려 한 것이다. 노론 대신들이 궁문 밖에서 농성하는 가운데 경종이 대비의 뜻이 담긴 문서를 가져온 것은 밤을 지새우고 먼동이 틀 무렵이었다. 영의정 김창집이 받아서 봉투를 뜯었다.

> "효종대왕의 혈맥血脈과 선대왕(숙종)의 골육骨肉은 단지 주상과 연잉군뿐이니, 어찌 다른 뜻이 있겠는가?" _《경종수정실록》1721년 8월 20일

대비 인원왕후가 한글로 적은 하교였다. 또 한 장의 종이에는 반듯한 해서체로 '延礽君(연잉군)'이라는 세 글자를 써 놓았다. 그것은 경종의 글씨였다. 좌의정 이건명이 이제 결정되었으니 왕명을 내려 달라고 임금에게 청

했다. 이윽고 "연잉군을 왕세제로 삼는다"는 경종의 명이 선포되었고, 집단행동에 가담한 노론 대신과 승지들은 실성한 듯 (기쁨의) 눈물을 흘렸다.

대리청정 시^용환
경종의 반격

이 청천벽력 같은 소식을 들은 소론은 벌집을 쑤신 듯이 들끓었다. 1718년 단의왕후가 즉위 전에 죽자 경종은 곧바로 열네 살의 선의왕후를 맞아들였는데 당시(1721) 왕비의 나이 고작 열일곱이었다. 30대의 임금이 후사를 볼 가능성은 충분했다. 그런데도 노론이 떼로 몰려가 임금을 협박하고 결국 연잉군을 후계자로 지명케 했으니 쿠데타나 다름없는 일이었다.

　소론 측에서는 상소를 올려 신하들이 임금을 우롱하고 협박했다며 절차상의 문제를 따졌다. 그러자 집권당 노론이 들고 일어나 상소를 한 유봉휘를 국문하라고 청했다. 소론 우의정 조태구가 경종에게 차자를 올려 간신히 무마하긴 했으나 노론은 기세등등했다. 그들은 왕세제 책봉으로 만족하지 않았다. 쇠뿔도 단 김에 뽑으라고 연잉군을 얼른 국왕으로 만들고 싶었다.

　1721년 10월 10일, 사헌부 집의 조성복이 "임금이 나랏일을 볼 때 왕세제가 참여해서 듣고 가부可否를 의논하여 확정하게 해 달라"고 상소했다. 돌려서 이야기했지만 왕세제의 대리청정을 주장한 것이다. 그러자 경종은 "나에게 10여 년 이상 묵은 이상한 병이 있다"며 "크고 작은 나랏일을 모두 왕세제가 처리하고 결단하라"고 명했다. 일개 언관의 상소에 임금이 선뜻 대리청정을 결정한 것이다. 문제는 그 다음부터였다.

왕이 대리청정을 선언하면 일단 만류하는 것이 신하의 도리인데, 노론 대신들은 미적댔다. 그러자 소론 좌참찬 최석항이 그날 저녁 궁궐로 찾아가 임금과의 면담을 요청했다. 최석항은 승지들의 만류를 뿌리치고 문을 밀치고 들어가 면담을 성사시켰다. 그가 "소변이 잦은 사소한 병을 들어 한창의 나이에 청정케 하는 것은 불가하다"며 명을 거두어 달라고 요구하자, 경종은 순순히 대리청정의 뜻을 번복했다.

그 후 며칠 동안 소론은 총공세에 나섰다. 그들은 상소를 올린 조성복의 처벌을 관철시키고, 노론이 "임금 자리를 몰래 옮기려 한다"는 의혹도 제기했다. 대리청정 다음 수순은 선위禪位(왕위를 물려줌)가 아니냐는 것이었다. 소론은 "하늘에 해가 둘일 수 없듯이 신하는 두 임금을 섬길 수 없다"며 노론을 몰아붙였다. 그 칼끝은 왕세제 연잉군을 겨냥하고 있었다.

그러나 노론은 정치에 능했다. 대리청정을 적극 만류하지 않은 영의정 김창집이 총대를 메고 사직을 청했다. 의혹을 털기 위해 선수를 친 것이다. 그는 임금이 사직을 반려할 것이라고 기대했다. 이는 재신임을 의미한다. 소론이 공격할 명분도 함께 소멸되는 것이다. 하지만 경종은 예상과 달리 영의정의 사직을 윤허했다. 노론은 당황했지만 이내 전열을 정비해 경종을 압박했다. 대신, 승지, 대간들이 우르르 몰려가 사직을 반려토록 하고 오히려 소론계 인사들을 탄핵한 것이다. 노론과 소론의 대립은 극단으로 치달아 갔다.

사태가 진정되지 않자, 경종은 10월 13일 다시 왕세제의 대리청정을 명했다. 번복 의사를 번복한 것이다. 이번에는 노론과 소론은 물론 왕세제까지 대리청정을 반대하는 상소를 올렸다. 그럼에도 경종은 요지부동이었다. 신하들이 청한 면담도 모두 거부했다. 노론은 슬며시 입장을 바꾸어 대리청정에 대한 왕의 의지가 굳건하니 절차를 밟자는 의견을 내놓았다. 이는 함정이었다. 10월 17일 대리청정 절차를 담은 노론의 건의가 올라가자, 앞서 탄핵을 받고 칩거 중이던 소론 우의정 조태구가 창경궁에 나타났다. 승지들은 탄핵을 받은 인사는 임금과 만날 수 없다며 막아섰다. 그때 경종이 내시부와 전령을 움직여 기습적으로 조태구를 궁궐에 들였다. 노론도 서둘러 임금에게 달려갔으나 이미 모양이 빠지고 난 뒤였다.

신하들이 다 모인 자리에서 경종은 최종적으로 대리청정을 거두는 왕명을 내렸다. 그 바람에 소론은 임금에게 충성스러운 당이 되었고, 노론은 딴마음 품고 왕세제를 민 당이 되었다. 이 즈음 경종은 갈지자 행보를 거듭한 것처럼 보이지만, 전체적인 그림은 일부러 심약한 모습을 노출하여 노론이 얕보고 덤비게 만든 꼴이다. 그는 무섭도록 영리한 군주였다.

명분을 잃은 노론에게 화가 닥치는 것은 시간문제였다. 예송논쟁과 환국정치를 거치며 당쟁은 사소한 틈만 엿보여도 처참한 살육을 부르는 양상으로 변질된 지 오래였다. 대리청정을 둘러싸고 노론이 불충不忠이라 볼 수 있는 미묘한 처신을 드러낸 이상 피의 숙청은 불가피했다. 아니나 다를까, 1521년 12월 6일 소론 과격파 김일경 등이 노론 4대신을 탄핵하는 상소를 올렸다.

　　"삼강三綱에는 군위신강君爲臣綱(임금은 신하가 섬기는 존재가 되어야 함)

이 으뜸이고, 오륜五倫에는 군신유의君臣有義(임금과 신하는 의리를 바탕으로 해야 함)가 첫머리입니다. (중략) 조성복趙聖復이 앞에서 군주를 능멸하였는데도 죽어서 시체를 보여 주는 법을 행하지 아니하였고, 사흉四凶(흉악한 네 사람)이 뒤에서 군주에게 방자하였는데도 죄를 엄히 물었다는 소식을 듣지 못했습니다. 임금의 형세는 날로 외롭고 흉한 무리는 점점 성하니, 군신君臣의 분수와 의리가 없어지면 사직社稷이 빈 터가 되고 말 것입니다."

_《경종실록》1721년 12월 6일

김일경 등은 영의정 김창집, 좌의정 이건명, 영중추부사 이이명, 판중추부사 조태채를 '사흉四凶'으로 낙인찍고 조성복과 더불어 처단하라고 주장했다. 뿐만 아니라 임금을 기만한 승정원과 삼사三司의 노론계 인사들도 징벌해야 한다고 목소리를 높였다. 이전 같았으면 국문장에 끌려가 맞아 죽어야 할 위험한 상소였다.

그러나 경종은 상소를 읽고 "가납嘉納한다"는 비답을 내렸다. 김일경 등의 주장에 공감하고 기꺼이 받아들인다는 뜻이었다. 승지들이 성토하고 나섰으나 경종은 오히려 그들을 꾸짖고 파직시켜 버렸다. 또 이조판서, 병조판서, 훈련대장, 도승지, 대사간 등 권력형 요직을 소론계 인사들로 교체했다. 대리청정을 막은 조태구와 최석항도 각각 영의정과 우의정을 제수 받았다. 반면 노론은 줄줄이 유배를 떠났다. 이것이 신축환국辛丑換局이다.

새로 들어선 소론 정권에는 김일경 등 과격파도 참여했다. 그들은 선왕인 숙종에게 찍혀 오랜 세월 벼슬길이 막혀 있었다. 재야에서 불만을 곱씹다가 드디어 재기의 발판을 마련한 것이다. 특히 김일경은 조정의 인사 책임자 격인 이조참판에 올랐다. 그의 심중에는 노론과 왕세제를 표적 삼아 피바람을 일으키려는 무서운 계략이 자라고 있었다.

칼날 위에 선 연잉군

1722년 3월 27일 목호룡이란 자가 경종 시해 음모를 고변했다. 노론이 대급수大急手(자객), 소급수小急手(독약), 평지수平地手(폐출)를 동원해 임금을 제거하고 왕세제 연잉군을 추대하려 했다는 것이다. 이른바 '삼급수三急手 역모사건'이다.

> "임금을 시해하려는 역적이 있습니다. 칼 혹은 독약을 쓴다고 했습니다. 폐출도 모의했습니다. 나라가 생긴 이래 없었던 역적입니다. 청컨 대 급히 역적을 토벌하여 종사를 안정시키소서. 또 역적 중에 동궁(東宮 : 왕세제)을 팔아 씻기 어려운 오욕을 끼치려 하는 자도 있습니다. 진 상을 밝혀 누명을 씻고 국본을 안정시키소서." _《경종실록》 1722년 3월 27일

이 사건에 깊이 연루된 인물들은 대개 노론 명문가 자제들이었다. 이이 명의 아들 이기지, 조카 이희지, 사위 김용택이 가담했고 김창집의 손자 김 성행도 이름을 올렸다. 뿐만 아니라 연잉군의 처조카 서덕수와 최측근 백 망까지 개입한 것으로 드러났다.

호재를 만난 김일경은 목호룡을 꼬드겨 역모와 관련이 없는 사람들까지 무더기로 엮어 넣어 사건을 부풀렸다. '임인옥사王寅獄事'의 불길은 거세게 타올랐다. 김창집, 이이명, 이건명, 조태채 등 노론 4대신이 이 사건으로 목숨을 잃었다. 또 60여 명에 이르는 노론계 인사와 왕세제의 궁인들이 국문을 받다가 죽거나 처형을 당했다. 유배를 떠난 이들도 100명이 넘었고, 아녀자들은 가문의 몰락에 스스로 목숨을 끊었다.

김일경 등 소론 과격파의 최종 표적은 왕세제였다. 국문 과정에서 연잉군의 이름이 오르내리더니 어느새 수괴로 거론되기 시작했다. 처조카 서덕수가 역모를 귀띔했는데 듣고도 모른 체했다는 것이다. 이는 사실상 역모를 용인하고 자신의 추대를 바란 것으로 해석할 수 있다. 실제로 국문을 주도한 김일경은 조사 보고서에 이 대목을 명시했다.

왕세제 연잉군은 안절부절못했다. 때마침 청나라에 왕세제 책봉을 주청하러 간 사신이 돌아오고 있었다. 이는 그가 조선의 왕위 계승자라는 사실을 공인받았다는 의미다. 왕세제의 지위가 공고해진 순간 절체절명의 위기를 만난 것이다. 연잉군은 신하들의 축하 인사도 마다하고 왕세제를 사임한다는 상소를 준비했다. 목숨이라도 건지려면 형인 경종에게 눈물로 매달릴 수밖에 없다.

이 위기에서 연잉군을 구한 것은 소론 정권의 핵심 인사들이었다. 왕세제의 스승인 영의정 조태구가 앞장섰다. 그는 연잉군에게 불안해할 필요 없다며 사임 상소는 집어치우고 신하들의 축하 인사나 받으라고 조언하고, 경종에게는 선왕에게 효도하는 마음으로 유일한 숙종의 혈육인 왕세제를 우애로 감쌀 것을 권했다. 우의정 최석항과 왕세제 빈객 이광좌도 죄인들의 진술에서 연잉군 관련 부분을 삭제하며 호응했다.

임인옥사는 그렇게 소강 국면으로 접어들었으나, 대대적인 옥사로 노론은 뿌리째 흔들렸다. 그들은 전해의 신축환국과 임인옥사를 묶어 '신임사화辛壬士禍'라고 불렀다. 소론의 흉계에 참된 선비들이 화를 입었다는 것이다. 소론에 대한 노론의 뼛속 깊은 원한은 후폭풍을 예고하고 있었다. 그것이 후일 사도세자를 공격하고 고변하는 단초가 되었다.

연잉군은 고비를 넘기긴 했으나 불안한 나날을 보냈다. 소론과격파는 임인옥사의 조사 보고서 원본을 쥐고 호시탐탐 왕세제를 끌어내리려 했다. 연잉군은 소론 정권에 협조하며 언제 꺼져 내릴지 모르는 살얼음판을 걸었다. 그런 상황에서 경종의 병환과 때 이른 죽음이 연잉군에게 살길을 열어 주었다. 임금에게 다른 후사가 없었기에 왕세제의 즉위는 당연한 일이었다. 하지만 이번에도 마魔가 끼었다.

1724년 8월 2일 임금의 병이 위급해졌다. 경종은 세자 시절부터 걱정과 두려움이 체내에 쌓여 고질병이 되었다. 이 무렵에는 한열寒熱, 즉 한기와 열기가 번갈아 일어나며 때때로 의식을 잃기도 했다. 왕세제 연잉군은 임금의 곁을 지키며 의약청議藥廳을 주관했다. 이는 예로부터 왕이 큰 병을 앓을 때 세자나 종친이 행해 온 일이었다.

8월 20일 대비전에서 생감과 게장을 보냈다. 식욕을 돋우는 것은 병자에게 해로울 게 없다. 왕세제는 그것을 임금에게 올렸다. 그날 밤 경종은 가슴과 배가 조이듯이 아파 긴급히 의원을 들였다. 뿐만 아니라 이튿날부터 극심한 복통과 설사에 시달렸다. 한방 일각에서는 생감과 게장이 상극相剋이라고 주장한다. 생감은 생감대로, 게장은 게장대로 입맛을 돌게 만들지만 함께 먹으면 병자에게 독이 될 수 있다는 것이다.

연잉군이 이 사실을 알고 음식을 경종에게 올렸다고 보기는 어렵다. 하물며 대비가 보낸 음식이 아닌가. 그러나 의혹은 피할 수 없게 되었다. 한 번 불거진 의혹은 또 다른 의혹을 낳으며 눈덩이처럼 불어나기 마련이다. 경종의 임종이 가까워질수록 그를 바라보는 주위의 시선은 까칠해졌다.

8월 24일, 임금의 맥박이 떨어지고 말도 알아듣지 못하는 지경에 이르렀다. 왕세제가 인삼과 부자附子를 달여 인삼차를 먹이라고 지시하자, 의원 이공윤이 반대 의견을 내놓았다.

"인삼차를 많이 쓰지 마십시오. 제가 처방한 약을 복용하고 다시 인삼차를 쓰면 기氣를 운행하지 못할 것입니다."

이공윤은 유학자지만 의약에 조예가 깊어 숙종 말년에 특별히 발탁한 의원이었다. 그날도 한열과 설사를 멎게 하겠다며 경종에게 계지마황탕을 올린 바 있다. 하지만 약을 복용한 후에 오히려 맥박이 더 떨어지자, 약방 도제조 이광좌 등이 인삼차를 연거푸 올린 것이다. 왕세제는 반대하는 이공윤을 꾸짖었다.

"지금이 어느 때인데 자기 의견만 고집하는가? 내가 의약의 이치를 알지 못하나, 그래도 인삼과 부자가 양기陽氣를 회복시키는 것만은 안다."

결국 연잉군은 자신의 의견을 관철시켰는데, 결과가 좋지 않았다. 경종이 이튿날 새벽 운명한 것이다. 재위 5년 만이었다. '남인 왕자'로 태어나 '소론 임금'으로 죽기까지 우여곡절이 많은 생애였다.

탕평,
붕당을 경계하라

8월 30일 왕세제 연잉군이 선왕의 뒤를 이어 즉위하였으니, 그가 바로 영조英祖다. 그날 영조는 면류관을 차마 쓰지 못하고 눈물을 흘리다가 대신들의 간곡한 권유에 못 이겨 인정전仁政殿(창덕궁의 정전)으로 나아갔다.

> "불행하게도 5년 안에 두 번이나 승하의 슬픔을 품게 되었으니, 나는 애처로운 고아로서 이렇게 혹독한 벌을 받게 되었다. 윤리로는 형제이고 의리로는 부자이니, 진실로 애통함이 끝이 없다. 편안함과 위태로움, 다스려짐과 혼란스러움의 계기는 처음 시작에 있으니, 오직 여러 신하들이 힘을 모아 나를 도와주고 지탱케 할 것을 기대하노라."
>
> _《영조실록》1724년 8월 30일

그러나 영조의 기대와 달리 즉위를 둘러싸고 뒷말이 무성했다. 영조는 소론 정권의 지지를 받고 임금이 되었지만 김일경 등은 그것을 인정하지 않았다. 소론 과격파와 남인을 중심으로 경종 독살설이 빠르게 유포되었다. 영조가 경종에게 올린 생감과 게장, 인삼차가 화근이었다.

예종, 인종, 소현세자, 정조, 고종 등 조선 왕실에는 독살설이 끊이지 않았는데, 그 가운데서도 경종의 경우는 꽤 신빙성이 있어 보인다. 동기와 수법이 확실하고, 직접 증거는 없지만 정황증거가 적지 않다. 그렇다면 영조는 과연 이복형을 죽이고 즉위하려 했을까?

당시 그의 처신을 살펴보면 믿기 어렵다. 영조는 아버지처럼 경종을 대했다. 과거 불미스러운 일을 씻기 위해서라도 정성스레 왕의 병을 돌봤다. 게다가 소론 정권의 핵심 인사들이 다음 왕으로 그를 밀었다. 딴마음을 품을 이유가 없다. 경종 독살설은 정권에서 다시 소외된 소론 과격파와 벼슬길이 사실상 막힌 남인이 임금을 헐뜯기 위해 내놓은 흑색선전에 불과하다.

격렬한 당쟁을 온몸으로 겪으며 천신만고 끝에 즉위한 영조는 나라를 다스리는 으뜸 지표로 '계붕당戒朋黨'을 내세웠다. 붕당을 경계한다는 것이다.

"붕당朋黨의 폐단이 요즈음보다 심한 적이 없었다. 처음에는 학문으로 소란을 일으키더니 지금은 한 편 사람을 모조리 역당逆黨으로 몰고 있다. 그 가운데 어찌 억울한 사람이 없겠는가? 우리나라는 본래 치우치고 작아서 사람을 쓸 방도가 넓지 못하다. 그런데 요즘은 사람을 임용해도 자기편 당인만 쓰니, 과연 천리天理에 부합하고 세상을 복종시킬수 있겠는가? 임금과 신하는 부자父子와 같다. 아비에게 여러 아들이 있는데 저쪽은 억제하고 이쪽만 취한다면 그 마음이 편안하겠는가? 이제 옛것을 개혁하고 새것을 힘써야 할 때다. 저 귀양 간 사람들은 의금부가 경중을 참작해 풀어 주고, (인사를 담당하는) 이조와 병조에서는 '탕평蕩平'하게 거두어 쓰라." _《영조실록》1725년 1월 3일

즉위 이듬해인 1725년 1월, 영조는 신년사에서 붕당의 폐단을 통렬하게 비판했다. 상대편은 몽땅 역적으로 몰고, 자기편만 쓰는 정치로는 나라의 미래가 없다는 것이다. 이 전교에서 가장 눈에 띄는 단어는 '탕평蕩平'이다.

이 말은 《서경書經》〈홍범조洪範條〉의 '무편무당왕도탕탕 무당무편왕도평 평無偏無黨王道蕩蕩 無黨無偏王道平平'(치우치거나 무리지음이 없으면 나라가 잘 다스려진다)에서 유래하였다. 격렬한 당쟁을 극복하려는 영조의 길고도 험 난한 여정이 시작되었다.

그 첫걸음으로 영조는 노론계 인사들에 대한 사면을 단행했다. 즉위 초 에 영조는 소론 정권을 유지했다. 김일경과 목호룡을 처형하고 소론 과격 파를 내쫓긴 했지만 조태구, 이광좌, 유봉휘 등은 정승으로서 임금을 보필 하고 있었다. 그러나 돌아온 노론은 신임사화에 대한 재평가를 요구했다. 임인옥사는 당연히 억울한 누명을 쓴 것이고, 그 발단이 된 신축년의 대리 청정 사건도 소론이 잘못했다는 말이다. 그들은 소론 과격파는 물론이고 왕세제의 대리청정을 저지한 조태구, 최석항, 유봉휘 등도 역적으로 처단 해야 한다고 주장했다.

임금은 자신을 지지해 온 노론의 요구를 무시할 수 없었다. 신임사화로 피를 본 노론계 인사들의 벼슬과 작위를 회복시켜 주었고, 노론 4대신(김창 집, 이이명, 이건명, 조태채)의 충성을 기리는 사당을 짓게 했다. 소론 정권은 무너졌으며, 핵심 인사들도 벼슬을 빼앗기고 유배를 떠났다. 하지만 칼자 루를 쥔 노론은 브레이크 고장 난 자동차처럼 폭주했다. 그들의 복수심은 통제할 수 없을 만큼 컸다. 바야흐로 정치 보복의 광풍이 거세게 불어닥쳤 다.

임금이 붕당을 경계하며 탕평을 부르짖는데 정치적 동반자 격인 노론이 정면으로 거스르자, 영조도 그대로 받아줄 수만은 없었다. 이대로 방치하 면 허수아비 왕이 될 게 뻔했다. 고심 끝에 영조는 격렬한 당쟁을 타파하겠다는 초심으로 돌아갔다. 1727년 영조는 소론 사냥에 열중하는 노론을 다시 조정에서 몰아내고, 소론과 노론 가운데 탕평을 지지하는 인사들을 중용했다. 이른바 '탕평 정권'의 등장이다.

영조는 붕당 내의 탕평파를 내세워 주류인 강경파를 구슬리는 식으로 노론과 소론을 통제하려 했다. 오랑캐로 하여금 다른 오랑캐를 억제케 하는 '이이제이以夷制夷' 전략과 흡사했다. 하지만 초창기 탕평 정권은 소론을 중심으로 꾸려졌다. 소론에서는 이이제이가 먹혔지만, 노론은 씨알도 안 먹혔다. 그들은 탕평책을 기만술로 여겼다. 탕평에 동조하는 인사조차 찾아보기 어려웠다. 난국이었다.

엎친 데 덮친 격으로 이듬해에는 인조반정 이후 최대 규모의 정변이 일어났다. 조정에 불만이 많았던 소론 과격파는 경종 독살설을 유포하며 영조의 정통성을 부정했다. 급기야 1728년 정권에서 완전히 소외된 남인과 손잡고 거국적인 난을 일으켰다. 이른바 '무신란戊申亂'이다.

경종 독살설이 지핀 이인좌의 난

흔히 무신란을 '이인좌의 난'이라고 부른다. 이인좌가 이끄는 병력이 청주성을 점령하면서 난이 불붙었기 때문인데, 실제로는 소론 과격파와 남인이 사전에 모의하고 동시다발적으로 궐기한 정변이었다. 《영조실록》은 무신란의 수괴가 김일경과 결탁했던 박필현과 이유익, 그리고 경종비 단의왕후의 동생 심유현이라고 적고 있다.

난은 경종 독살설이 퍼져 나가면서 진즉 무르익었다. 심유현은 경종이 죽을 때 입시入侍하여 승하하는 과정을 곁에서 지켜본 인물이다. 그런 그가 경종이 사실상 왕세제에게 독살당했다고 주장했다. 그리 되면 '삼급수 역모사건'의 배후도 영조였다는 논리가 성립된다. 이는 임금에게 역적의 낙인을 찍고 거병할 수 있는 명분으로 부족함이 없었다.

박필현과 이유익은 경종 독살설을 근거로 격문을 돌렸다. 남인들이 적극적으로 나섰고, 소론 명문가에서도 호응했다. 그들의 공통점은 '남인 왕자'로 태어나 '소론 임금'으로 죽은 경종에게 군신의 의리가 깊었다는 것이다. 충청도의 이인좌와 경상도의 정희량이 군사를 모집했고, 전라도에서는 태인현감 박필현이 유배 중인 전 도승지 박필몽을 끌어들였다. 평안병사 이사성, 포도대장 남태징도 후일 내통한 것으로 드러났다. 동서남북을 망라하는 전국적인 규모였다.

거사를 준비하는 과정에서 이미 소문이 퍼져 남인들이 거주하는 남산골은 집집마다 피난 짐을 꾸리느라 분주했고, 한양의 나루터마다 먼저 길을 나선 양반가 부인들이 밀려들었다. 임금에게 알려지는 것은 시간문제였다. 3월 14일, 소론 원로 대신 최규서가 역적들이 13, 14일에 군사를 모으고 15일에 정변을 일으킨다고 고변했다. 영조는 서둘러 진위를 파악하는 동시에 지방 수령들에게 이를 알리게 했다.

마침내 3월 15일 이인좌가 청주성을 함락시키고 충청병사 이봉상을 죽였다. 이봉상은 이순신의 5대손으로, 적에게 붙잡혔지만 항복하지 않고 죽음을 택했다. 3월 20일에는 정희량이 반군을 이끌고 함양, 거창, 합천,

안음 등 4개 군현을 장악했다. 그들은 경종의 복수를 기치로 내걸고 임금과 노론에게 칼을 겨눴다.

반군은 장례를 빙자해 군사를 모으고 가짜 상여에 무기를 숨기는 방법을 썼다. 당대에 기승을 부리던 도적떼 명화적明火賊이 주로 쓴 방법이었다. 실제로 무신란에 명화적이 참여했다는 기록도 있다. 명화적은 땅을 잃고 떠도는 유민들과 도망친 노비들이 대부분이었다. 그들에겐 이 거사가 누구를 위한 싸움인가는 중요하지 않았다. 백성은 다 죽어 가는데 나라님들은 당쟁만 일삼으니 피가 거꾸로 솟았다. 그 울분을 씻기 위해 봉기에 가담한 것이다.

영조는 도성 문을 닫아걸고 반군 토벌에 나섰다. 재미있는 점은, 난을 진압하는 데 앞장선 인물들이 정권에 참여한 소론이었다는 것이다. 앞서 언급했다시피 그들은 영조에게 충성했지만 경종에 대한 의리 또한 중시했다. 경종의 복수를 내건 정변에 곤혹스러울 수밖에 없었다. 과격파가 일으킨 사고를 수습하지 못하면 당의 존립이 위태로웠다.

결국 영의정 이광좌와 병조판서 오명항이 진압을 지휘하고, 박문수가 토벌군의 종사관으로 나섰다. 강경파와 탕평파를 떠나 소론은 사태 해결에 사활을 걸었다. 노론에서는 그들도 역도들과 연계되어 있을지 모른다고 우려했지만, 임금은 고개를 저었다. 그것은 탕평 정권을 지키려는 영조의 고육책이기도 했다. 여기서 물러서면 죽도 밥도 안 된다는 걸 그는 잘 알고 있었다.

소론에 대한 영조의 믿음은 다행히 보답을 받았다. 토벌군은 3월 24일 안성과 죽산에서 한양으로 북상 중이던 이인좌 군을 맞아 대승을 거두었다. 박필현 군이 전주까지 이르렀으나 이인좌 군의 참패 소식에 싸워 보지도 못하고 뿔뿔이 흩어졌다. 정희량 군도 추풍령을 넘지 못하고 경상감사가 지휘한 지방 관군에 소탕되었다. 무신란의 주모자들은 모두 붙잡혀 처형당했다.

이렇게 큰 규모의 정변이 '찻잔 속 태풍'으로 그친 데는 진압에 나선 소론의 공이 컸다. 그들은 가문과 동문의 인맥을 활용해 주모자들에 관한 정보를 틀어쥐고 교란작전을 펼쳤다. 충청도와 경상도의 반군이 따로 놀았던 것도, 평안병사가 이끄는 정예병이 합류하지 못한 것도 이 때문이었다. 하지만 공을 세운 소론은 난이 끝나자마자 궁지에 몰렸다. 어찌 됐든 소론의 일파가 정변을 주도한 것은 사실이었기 때문이다.

대훈, 오랜 당쟁에 종지부를 찍다

영조는 무신란이 조기에 진화되자 탕평책을 진일보시키는 전기로 삼았다. 어차피 소론만 참여하는 탕평 정권은 그의 본래 구상과 차이가 있었다. 무신란은 소론의 입지를 좁힘으로써 노론이 동참할 수 있는 길을 열었다. 그는 노론을 향해 의미심장한 메시지를 던졌다.

"난이 일어난 것은 붕당에 치우쳐 재능 있는 자를 등용하지 못했기 때문이다."

노론 입장에서도 조정으로 나아가 당론을 적극적으로 밝힐 필요가 생겠다. 이런 난이 또다시 일어난다면 그때는 목숨을 보존할 수 없을지도 몰랐다. 그러나 탕평 정권에 참여하려면 그럴듯한 명분이 필요했다. 그들은 신축년(1721)의 왕세제 책봉과 대리청정 추진, 그리고 임인년(1722)의 옥사에 대해 '충역忠逆'(충의와 반역)을 분명히 해 달라고 요구했다. 누가 충신이고 누가 역적인지 임금이 결론을 내리라는 것이었다. 그래야 군신 간의 의리義理가 성립된다.

1729년 영조는 노론의 요청에 응답했다. 먼저 신축년에 노론이 왕세제 책봉과 대리청정을 추진한 일은 애매하게 답했다. 반역은 아니지만 충의라고 볼 수도 없다는 것이었다. 그러면서 임인년의 삼급수 역모사건은 명백한 반역이라고 규정했다. 노론은 고개를 저었다. 그들은 신임사화를 이렇게 정리하면 임금의 정통성도 바로 세울 수 없다고 봤다. '노론이 반역이면 영조도 반역'이라는 논리였다.

정치적으로 볼 때 영조와 노론은 공동 운명체나 마찬가지였다. 무신란 이래로 세간에는 경종 독살설이 확산되고 있었다. 의혹을 해소하려면 그 뿌리에 해당하는 신축년과 임인년의 과거사를 청산해야만 했다. 이에 영조는 삼급수 역모사건 당시 자신과 노론을 잇는 핵심 인물이었던 서덕수의 혐의를 벗기기로 했다.

영조는 당시 서덕수가 삼급수 역모를 왕세제(영조)에게 고했다고 자백한 것이, 혹독한 고문에 못 이겨 털어놓은 거짓 자백이라고 선언했다. 임인옥사와 삼급수 역모는 김일경과 목호룡 등이 조작한 것이고, 화를 입은 노론계 인사들은 대부분 억울하게 누명을 썼다는 의미였다. 더불어 신축년의 왕세제 책봉과 대리청정도 문제없다고 결론지었다.

단, 김용택 등 노론 역적 5인이 경종에게 반역했다는 점은 인정했다. 그들의 혐의는 숙종이 연잉군을 보호해 달라고 당부했다는 가짜 시를 지어 노론을 선동했다는 것이다. 더구나 그 시를 받아쓰고 궁관 백망을 통해 전해 준 사람이 연잉군이라고 지목했는데, 영조는 이를 부인했다. 그것은 경종과 영조의 왕위 계승에 흠집을 내고 독살설의 원인을 제공한 중대 범죄였다. 영조는 10년 넘게 신축년과 임인년의 과거사 청산에 매달린 끝에, 1741년 군신 간의 의리를 밝힌 '대훈大訓'을 확정했다.

> "신축년의 왕세제 책봉과 대리청정은 대비가 하교하고 선왕이 분부한 것으로 공평하고 정대했다. 임인옥사의 기록은 김일경과 목호룡 등이 왕세제를 제거하기 위해 조작한 것이므로 불태우고 당시 죄를 받은 자들은 사면한다. 다만 김용택, 이천기, 이희지, 심상길, 정인중 등 노론 5인은 패역하였기에 역적으로 단정한다." _《영조실록》 1741년 9월 24일_

영조가 내린 일종의 국정 지침이라 할 '대훈'은 영조 본인에게 덧씌워진 흉하고 망령된 혐의를 벗기는 데 초점이 맞춰져 있었다. 그리고 역모를 조작한 소론도, 그 원인을 제공한 노론도 임금에게 불충했다는 점에서 매한가지라고 지적했다. 결론은 정해져 있었다. 앞으로는 자기편만 등용하고 상대편은 역적으로 모는 격렬한 당쟁을 삼가고, 영조 자신에게 충성하면 된다는 것이다.

이로써 본격적인 탕평蕩平의 시대가 열렸다. 치우치거나 무리짓지 않는 정치를 위해 영조는 '쌍거호대雙擧互對'라는 독특한 인사정책을 실시했다.

같은 관직군의 정·부 관원에 노론과 소론을 각각 배치해 함께 일하도록 한 것이다. 이조판서가 노론이면 이조참판은 소론이 맡았고, 병조판서가 소론이면 병조참판은 노론을 임명했다.

'대훈'을 국시 삼아 과거사를 청산하고, 노론과 소론이 탕평 정권에 참여하면서 조선은 새로운 활력을 얻었다. 정치는 안정되었고 인재가 골고루 쓰였다. 이 힘을 바탕으로 영조는 뒷전에 밀려 있던 백성의 살림살이를 챙기기 시작했다.

창경궁 앞에서 공청회를 열다

탕평으로 격렬한 당쟁을 진정시킨 영조는 왕조국가에서 임금이 할 일에 매진할 수 있게 되었다. 무엇보다 백성의 먹고사는 문제를 해결하는 일이 급선무였다. 무신란이 일어났을 때도 그는 백성들이 대거 가담한 것을 가슴 아프게 여겼다. "기근에 몰린 백성이 가담한 것은 그들의 죄가 아니요, 실로 조정의 허물"이라고 생각했다.

백성의 먹고사는 문제 가운데 영조가 가장 신경 쓴 것은 신역身役, 즉 병역을 대신해 납부해야 하는 군포였다. 그것은 그가 즉위 직후부터 마음속에 담아 둔 숙제였다.

"아! 임금은 백성을 하늘처럼 여기고, 백성은 먹을 것을 하늘처럼 여기는 것이다. 요즈음 전국에 흉년이 들어서 백성에게는 아침저녁의 밑천이 없는데, 의탁할 데가 없어서 떠도는 사람의 신포身布(군포)까지 대신 내고 있다. 이웃이나 친족에게 징수하고, 죽은 사람의 몫까지 부과하며, 심한 경우 한 사람이 온 문중의 역사役事를 겸한다고 하니, 슬프다. 우리 백성들이 살아서는 안정을 누리지 못하고 죽은 다음에도 신역을 면할 수 없게 되었구나. 먹을 것이 어찌 내 목에 넘어가겠는가?"

_《영조실록》1724년 9월 22일

18세기 조선은 국가재정이 넉넉하지 못했다. 전세田稅(경작지에 세금을 부과하는 것), 공납貢納(나라에서 필요한 물품을 바치는 것), 군포軍布(병역을 대신해 포목을 납부하는 것) 등 재정의 기반이 되는 조세가 17세기에 크게 출렁였다. 전란과 기근을 고려해 전세는 낮추어졌고, 공납은 곡물로 대체되었다(대동법). 이 과정에서 세수稅收가 줄어들어 재정난에 시달리니 조정과 수령들은 군포를 걷는 데 혈안이 되었다.

군포에 대한 백성의 불만은 나날이 커져 갔다. 우선 형평성에 문제가 있었다. 실제로 군포를 납부하는 사람은 힘 없는 양인良人뿐이었다. 양반 사대부는 물론, 부민富民(부유한 양인)도 신역을 지지 않았다. 경제적 부담도 만만치 않았다. 군적에 오른 양인 장정(16세부터 60세까지의 남자) 1인이 해마다 포목 두 필씩 내야 했는데, 그걸 못 내서 도망치는 사람들이 속출했다. 당시 유민이 증가한 데는 이런 사정도 컸다.

그런데도 조정에서는 고을 단위로 할당량을 정하고 채근하니, 수령과 아전들은 할당량을 채우려고 도망간 사람들 대신 이웃이나 친척에게 군포를 징수했다. 이른바 인징隣徵과 족징族徵이다. 그래도 할당량을 못 채우면 어린아이와 노인, 심지어 죽은 사람까지 군적에 올리고 군포를 부과했다.

민심이 부글부글 끓었다. 국방과 납세의 근간인 양인들의 분노를 달래지 않으면 나라가 흔들릴 수 있었다. 영조는 창경궁의 정문인 홍화문 앞에 백성과 유생, 그리고 신하들을 모아 놓고 순문詢問을 시행했다. 순문은 임금이 대신에게 자문을 구하는 행위인데, 백성까지 참여시켰으니 오늘날로 치면 공청회를 연 것이다. 임금이 직접 민의를 수렴하고 정책에 반영하는 것은 파격적인 행보였다.

1750년 5월 19일 열린 1차 균역 공청회에 백성들이 구름 떼처럼 몰려들었다. '균역均役'은 양인에게 편중된 신역을 고르게 한다는 의미였다. 영조는 이 자리에서 호포제戶布制에 대한 지지를 얻어 냈다. 신분에 상관없이 모든 가구에 군포를 납부케 한다는 것이었다. 그동안 양반 사대부가 누리던 면역 특권이 사라지고 가구에 부과하므로 백성의 부담도 줄어들 것이었다. 하지만 개혁의 길은 순탄치 않았다. 양반 사대부를 등에 업고 신하들이 제동을 걸었다.

특권을 빼앗길까 봐 막무가내로 반대한 것은 아니었다. 18세기 조선은 상품경제가 발달하면서 신분 계층의 분화가 뚜렷이 나타나고 있었다. 양반 사대부 가운데 오랫동안 벼슬을 못 하고 살림살이가 궁핍한 잔반殘班은 신역을 질 형편이 못 되었다. 반면 양인 중에도 상업적으로 성공하거나 넓은 땅을 경작하는 부민富民은 별로 부담이 없었다. 이에 경제력으로 가구를 분류해 호포를 계산해 보니 기존의 군포 수입보다 현저히 적은 액수가 나왔다.

7월 3일의 2차 공청회에서는 그래서인지 유생과 신하들이 목소리를 높였다. 1차 순문 때는 임금 앞이라 함부로 이야기를 꺼내지 못했지만, 이제는 점잔만 빼고 앉아 있을 수 없었다. 잔반들의 볼멘소리와 재정 파탄 우려에 임금도 호포제를 고수하기 어려워졌다. 결국 호포제는 무산되고 말았다.

하지만 영조는 균역에 대한 의지를 굽히지 않았다. 이대로 물러서면 편중된 신역 문제는 결코 해결할 수 없다고 판단했다. 고심 끝에 그는 양인 장정에게 해마다 2필씩 거두던 군포를 1필로 감면하라는 영을 내렸다. 궁핍한 잔반의 처지를 고려해 신분 특권은 놔 뒀지만, 최소한 양인의 과도한 부담은 덜어 주고자 했다.

그것은 임금의 일방적인 선언이었다. 신하들은 황당했다. 군포 수입이 절반으로 줄어들면 국고가 바닥날지도 모른다. 그러나 영조는 큰 개혁은 재정난을 무릅쓰고 단행해야 한다는 입장이었다. 대신 그는 구멍 난 중앙 재정을 메꾸기 위해 참신한 재정 확충 방안을 가져오라고 신하들을 닦달했다. 영조는 그런 임금이었다. 국왕인 자신이 대개혁의 물꼬를 틀 테니 뒷수습은 신하들이 똑 소리 나게 하라는 말이다. 그가 악전고투 끝에 탕평을 관철한 이유가 여기에 있었다. 당색에 관계없이 재능 있는 자들을 등용하면 난처한 뒷일도 믿고 맡길 수 있다. 과연 탕평 정권에 참여한 신하들은 유능했다. 재정 확충의 구체적 해법들이 하나둘 나오기 시작했다.

어사로 유명한 소론 박문수는 지방 토호들이 거두던 '어염세魚鹽稅'(어장과 염전에 부과한 바다의 조세)를 나라에서 징수하는 해법을 제시했다. 토호들이 폭리를 취하던 지방세를 낮춰 중앙 재정에 귀속시킨 것이다. 노론 홍계희는 부유한 양인들을 대상으로 선무군관 시험을 보게 하고 그 대가로 '군관포軍官布'를 받는 방안을 추진했다. 각 도의 잡세를 통합하여 토지 1결당 동전 5전씩 매기는 '결전結錢'도 호응을 얻었다. 양반도 땅을 가진 만큼 신역을 지게 만든 셈이다.

군포 감면부터 재정 확충에 이르기까지 일련의 과정을 거치면서 균역법은 차츰 모습을 갖춰갔다. 평범한 양인은 물론 지방 토호, 부민, 양반 등도 다양한 방법으로 골고루 신역을 분담하게 한 것이다. 그것은 말 그대로 '균역均役'이었다.

'조선판 뉴딜' 청계천 정비 사업

영조는 즉위 초부터 마음에 품고 있던 숙제를 이렇게 해치웠다. 백성의 먹고사는 문제를 해결하려는 그의 개혁 정책도 탄력을 받았다. 임금은 내친 김에 도성의 청계천 주변에서 처참하게 살고 있는 빈민들을 구제하기 위해 팔을 걷어붙였다.

18세기 한양은 고향에서 땅을 잃고 떠돌이 생활을 하다가 먹고살 거리를 찾아 몰려든 유민들로 북적였다. 17세기에 조선의 농민들은 전란과 기근으로 농토가 황폐화된 데다 조세 부담마저 겹치면서 삶의 터전을 잃었다. 그들이 눈물을 머금고 토해 낸 논밭은 지주들의 손에 넘어갔다. 18세기 이후 지주층에는 기존의 양반 사대부뿐 아니라 부유한 자작농과 상인들이 대거 포함되었다. 또한 모내기 보급, 비료 향상, 벼 품종 개발 등 농업 기술이 발달하여, 적은 인력으로도 드넓은 땅을 경작할 수 있게 되면서 땅을 잃은 농민들은 소작을 부치는 것도 여의치 않았다.

울며 겨자 먹기로 고향을 등진 사람들은 뿔뿔이 흩어졌다. 염전과 어장, 광산으로 호구지책을 찾아나서는가 하면 산속에서 화전이나 도적질로 연명했으며, 이도 저도 아닌 사람들은 꾸역꾸역 한양으로 몰려들었다. 그들을 흡수하면서 18세기 한양 인구는 20만 명으로 치솟았다. 조선 전기 10만 명 선에서 2배나 뛴 것이다.

이들 상경 유민이 정착한 곳들 중 하나가 '천변川邊'이다. 천변은 지금의 청계천 주변을 말한다. 청계천은 옛날 한양 땅에 있던 조그마한 자연 하천이었다. 북악산, 인왕산, 낙산, 남산 등지에서 흘러내린 맑은 물이 개울을 이룬 것이다. 그런데 한양이 조선의 도읍이 되면서 청계천의 운명도 바뀌었다. 도성의 수해를 방지하고 하수로를 정비할 목적으로 준천濬川사업이 벌어진 것이다. 태종 임금은 장정 5만여 명을 동원해 개울 바닥을 파내고 폭을 넓히고 물길을 바로잡았다. 도시계획에 따라 다시 태어난 청계천을 조선 사람들은 '개천開川'이라고 불렀다. '새로 열린 내'라는 뜻이다.

그럼 유민들은 왜 천변에 자리를 잡았을까? 도성 안에는 그들이 안정적으로 주거할 만한 곳이 없었다. 동대문과 서대문 바깥에 형성된 이른바 '성저십리城底十里'(한성부 소관으로 도성 외곽의 10리 이내에 해당하는 지역)도 포화 상태였다. 유민들은 하는 수 없이 개천 다리 밑에 움막을 짓고 비바람을 간신히 피하며 살았다.

도성에 자리 잡았지만 천변의 빈민들은 여전히 하루살이 인생이었다.

입에 풀칠이라도 하려면 부지런히 노동력을 팔아야 했다. 대표적인 품팔이가 한강에서 하역과 운반을 하는 일이었다. 그들은 눈 뜨자마자 용산, 마포, 서강 나루터로 달려갔다. 배가 들어오면 허드레 일감이라도 얻으려고 아우성을 쳤다. 하루 벌어 하루 먹고 사는 일용직 노동자의 고단한 일상. 그래도 가족들을 굶기지 않으려면 몸이 부서져라 짐을 져 나르는 수밖에 없었다.

그러나 이런 날품팔이 일감조차 넉넉하지 않았다. 산 입에 거미줄 치지 않기 위해 구걸에 나서는 무리가 생겨났다. 개천 다리마다 거지떼 소굴이 있었다. 그들은 인파가 붐비는 광통교와 수표교 등지에 똬리를 틀고 도성 안 골목골목을 누비며 동냥을 했다. 이 거지들을 '꺽정이', 우두머리를 '꼭지', 총수를 '꼭지딴'이라고 불렀다. 그렇게 얻어 온 식량과 푼돈은 위계질서에 따라 분배되었다. 나름의 조직을 만들고 세력을 키워 나간 것이다. 비록 빌어먹을지언정 뭉쳐야 산다는 걸 그들은 알았다.

당시 개천 주위에는 유기 아동들도 적지 않았다. 흉년에 보릿고개를 넘기지 못하고 입 하나라도 줄이기 위해 어린아이를 길가에 내다버린 것이다. 길거리를 배회하다가 개천으로 모여든 아이들은 거지가 되기도 하고, 굶어 죽기도 하였다. 아이들의 시신이 개천에 둥둥 떠다녔다.

천변의 삶은 말로 형용할 수 없을 만큼 피폐했지만, 그렇다고 나라에서 이들을 배불리 먹일 수는 없었다. 가난은 나라님도 구제하지 못한다는 말이 있지 않은가. 영조가 주목한 것은 빈곤 그 자체가 아니라 혹독한 삶의 환경이었다.

그 무렵 개천은 조선 전기에 비해 바닥이 크게 높아지고 물길 또한 꽉

막혀 있었다. 도성 인구가 급증하면서 생활하수를 처리하던 개천에 오물과 쓰레기가 쌓인 데다, 수원지인 산에서 불법 개간과 벌채가 횡행하여 토사까지 밀려 내려온 탓이다. 개천은 시커멓게 변했고 천변의 빈민들은 불결한 위생과 참을 수 없는 악취로 고통 받았다. 비라도 많이 내리면 물이 넘치기 일쑤였으며 전염병도 수시로 창궐했다.

영조는 1752년부터 수십 차례 공청회를 열어 개천 주거환경 개선에 대해 주민들과 대화를 나눴다. 그리하여 1760년 2월 역사적인 준천사업이 시작되었다. 21만여 명의 장정을 동원하여 청계천 바닥을 파내고 배수시설을 정비했으며, 개천 양안에 돌로 축대를 쌓아 주거 공간을 안정시키는 공사도 병행했다.

영조는 이 사업에 천변 빈민들을 대거 참여시켜 그들이 품을 팔 수 있게 함으로써 생계 대책도 마련해 주었다. 또, 쌀 수천 석을 투입해 일꾼들을 배불리 먹였다. 영조는 빈민들에게 직접 물고기를 잡아 주는 대신 스스로 물고기를 잡을 수 있도록 환경을 만들고 의욕을 북돋웠다. 그런 의미에서 이 준천 공사는 1930년대 미국의 루스벨트 대통령이 대공황 극복을 위해 벌인 뉴딜 사업을 연상케 한다.

이 57일간의 대역사를 둘러싸고 수많은 일화가 회자되었다. 영조는 공사 중인 개천 바닥에서 사람의 해골이 쏟아져 나온다는 보고를 받고 가슴을 쳤다고 한다. 굶주림 끝에 구렁텅이에 쓰러져 죽은 사람들이 어찌 측은하지 않았겠는가. 이 가운데는 울다 지쳐 개천에 잠든 아이들도 적지 않았다. 그는 유골을 베로 감싸서 잘 묻어 주라고 하교하고 전국의 수령들에게 구휼救恤에 힘쓰라는 간곡한 영을 내린다.

지금의 방산시장도 영조가 벌인 대역사의 소산이다. 당시 개천에서 퍼낸 흙을 높이 쌓아 두고 '방산芳山'이라 이름 붙였다. 실제로는 악취가 가득했지만 역설적으로 '향기로운 산'이라 명명한 것이다. 천변 빈민들로서는 희망이 생겼으니 악취마저 향기로 느껴지지 않았을까?

한편 이 방산에 움집을 짓고 사는 주민들도 있었다고 한다. 그들은 땅속에서 산다고 하여 '땅꾼'이라고 불렀다. 영조는 땅꾼들의 생계를 염려하여 뱀, 지네, 땅강아지 등 약재로 쓰이는 동물들을 잡아서 팔 수 있게 해 주었다. 뱀을 취급하는 직업, 땅꾼은 여기서 유래했다.

영조는 직접 광통교와 오간수문을 찾아 공사를 독려하는가 하면, 수고한 신하와 백성들을 위해 큰 잔치를 베풀었다. 이러한 행보는 〈친림관역도親臨觀役圖〉 같은 옛 그림에 생생하게 담겨 전해진다. 대역사가 끝나자 임금은 수표水標(수위를 재는 표지)에 지평地平(바닥의 기준선)을 새기고 이를 준거로 삼아 대대손손 개천을 관리하도록 했다. 1773년에는 100년 동안 개천 걱정을 하지 않게 만들겠다며 다시 한 번 대대적인 준천 공사를 벌이기도 했다.

영조는 (균역법과 함께) 이 준천사업이 자신이 한 일 중 가장 중요한 업적이었다고 술회했다. 지금 우리가 마주 하는 청계천의 모습에는 영조와 천변 빈민들이 함께 일군 삶의 희망이 배어 있다.

왕의 나라인 조선에서 영조는 백성의 손을 잡고 국정을 이끌고자 했다. 그이가 꿈꾼 나라는 '민국民國', 즉 백성의 나라였다. 실제로 그는 입버릇처럼 민국을 설파하며 신하들을 삶의 현장으로 끌어냈다. 재위 중에 임금이 친히 백성의 목소리를 듣는 공청회를 200여 차례나 연 것도 같은 맥락이다. 아들을 뒤주에 가둬 죽인 비정한 아버지로 남았지만, 영조가 추구한 민국의 이상이 오늘날 '대한민국大韓民國'으로 이어졌다는 점 또한 우리는 기억해야 한다.

영조는 균역법과 준천사업을 중심으로 백성을 위하는 대개혁을 펼쳤다. 그 결과 16세기 이래 신권에 억눌려 있던 왕권이 활짝 기지개를 켰다. 왕권의 회복은 연산군처럼 신하들을 닥치는 대로 죽인다고 이뤄지지 않는다. 맹자의 말마따나 군주를 위해 백성이 있는 게 아니라, 백성을 위해 군주가 있다는 것을 몸소 실천하고 민심을 얻어야 한다. 민국을 추구함으로써 영조는 비로소 '왕의 나라'를 부활시킬 수 있었다.

영조가 사도세자에게 바란 것

하지만 호시절好時節은 오래가지 못했다. 대개혁과 왕권 회복은 탕평책으로 정치를 안정시킨 덕분에 가능했다. 그 균형이 무너지면서 탕평에 먹구름이 몰려왔고 또다시 당쟁의 태풍이 불었다. 태풍의 눈은 대리청정에 나선 사도세자였다.

1749년 세자가 15세의 나이로 대리청정을 시작할 무렵 영조의 탕평 정권은 노론 쪽으로 기울어지고 있었다. 임금이 '대훈'을 국시로 삼고 과거사 청산을 선언했는데도, 그들은 집요하게 신축년과 임인년의 일에 매달렸다. 소론이 경종의 병을 숨기고 영조를 모함했다면서 5대신(조태구, 최석항,

유봉휘, 이광좌, 조태억)을 역적으로 몰았다. 이들 5대신의 자손과 문인들이 소론의 주축이었기에 반발이 클 수밖에 없었다.

문제는 영조의 태도였다. 1741년에 제정한 '대훈'은 삼급수 역모와 임인옥사를 조작극으로 결론지음으로써 임금 자신에게 면죄부를 준 것이 핵심이었다. 그 덕분에 노론도 역당逆黨의 굴레를 벗고 목소리를 높이게 되었다. 이후 영조는 노론의 요구를 순순히 들어줬다. 그들을 탕평 정권에 참여시키기 위해서라지만 분명 끌려다니는 모습이었다.

이렇게 되자 영조에게 협력해 온 소론도 가만 있을 수가 없었다. 노론을 내버려 두면 역적으로 몰려 죽을 것이 뻔하다. 긴장감이 높아지는 가운데 1755년 1월 '나주벽서 사건'이 터졌다. 나주 객사客舍(고을을 지나는 벼슬아치나 외국 사신이 묵던 곳으로 왕의 위패를 봉안하고 공식 행사를 열기도 함)에 조정을 비난하고 백성을 선동하는 벽서가 나붙은 것이다.

"조정에는 간신배가 가득하고, 백성은 가렴주구로 곤궁하다. 도탄에 빠진 나라를 구하기 위해 군사를 움직이고자 하니 백성은 동요하지 말라."

이 사건의 주모자는 무신란에 연루되어 유배 중이던 소론 윤지였다. 그는 나주목사 이하징의 비호 아래 지역의 향반과 서리들을 의식화했다. 도적 떼를 동원해 세곡선을 습격하고 한양을 도모할 계획도 세웠다. 벽서를 붙인 것은 민심을 흔들고 소론을 결집시키기 위해서였다. 그들은 허무하게 붙잡혀 처형당했지만 사건의 파장은 컸다.

그해에 나주의 역적들을 처단한 기념으로 과거를 보았는데, 이 시험에서 조정을 질타하는 시권試券(과거 응시자가 제출한 답안지)들이 쏟아져 나왔다. 소론 계열의 유생들이 조직적으로 저항한 것이다. 영조는 이들을 잡아들여 국문하라는 명을 내렸다. 유생들은 국문을 당하면서도 김일경과 이광좌를 옹호하며 임금의 속을 뒤집어 놓았다. 심지어 "갑진년(1724) 이후로 게장을 먹지 않았다"는 가시 돋친 발언까지 나왔다.

그것은 영조를 바라보는 소론의 시각을 대변하고 있었다. 삼급수 역모든, 경종의 죽음이든 임금이 잘못한 게 있으니까 노론에게 휘둘리는 것이라고 그들은 단정했다. 그것이 영조의 역린逆鱗을 건드렸다. 거꾸로 돋은 용의 비늘을 건드리고도 무사하기를 바랄 수는 없다. 탕평파만 빼고 소론 전체가 화를 입었다. 500여 명에 이르는 당인들이 목숨을 잃거나 유배를 떠났다. 이것이 '을해옥사'다.

을해옥사 이후 임금은 탕평의 근간인 '대훈'을 수정했다. 경종에게 심각한 병이 있었기 때문에 숙종의 유지대로 영조가 왕위를 계승한 것은 정당했다고 못 박았다. 또 신축환국(1721)과 임인옥사(1722)부터 무신란(1728)을 거쳐 을해옥사(1755)에 이르는 일련의 과거사를 '소론 역逆, 노론 충忠'으로 정리했다. 이를 기록으로 남기기 위해 편찬한 책이 《천의소감闡義昭鑑》이다. '신임의리'는 결국 노론의 승리로 귀결되었다.

단, 영조는 '가짜 시' 파문을 일으킨 김용택 등 노론 5인에 대해서는 죄를 유지했다. 또 《천의소감》 편찬에 정휘량을 비롯한 소론 탕평파를 참여시켜 힘을 실어 주었다. 탕평을 이어 가기 위해 최소한의 균형을 도모한 안배였다. 노론은 소론을 뿌리 뽑으려고 계속 시비를 걸었지만, 영조는 오히려 짜증을 냈다.

"노론이 사라져야 나라가 편해지겠구나. 그대들이 과인에게 충성하고자 한다면 앞으로는 당쟁을 하지 않겠다고 다짐하라."

사도세자는 노론의 처사를 지켜보며 문제의식을 가졌다. 세자는 어려서부터 노론에 반감이 있었다. 그의 시중을 들던 나인들은 본래 경종과 경종비를 모신 사람들이었다. 동궁의 궁료들 가운데도 소론이 많았다. 특히 빈객 이종성은 소론의 정통성을 표방한 인물이었다. 그들은 노론이 경종을 임금 취급하지 않고 호시탐탐 끌어내리려 했다는 사실을 세자에게 각인시켰다.

세자는 을해옥사가 일파만파 확산되자 궁지에 몰린 소론을 옹호하고, 노론의 오만과 불충을 꾸짖었다. 그는 소론 영수 이종성의 사직을 만류했으며, 처벌을 확대하려는 노론 측의 요구도 묵살했다. 대신들이 극형을 주장하자 오히려 그들을 윽박지르기도 했다. 노론에 대한 세자의 반감은 을해옥사에 국한되지 않았다. 노론이 열망해 온 송시열의 문묘 종사도 그는 차갑게 외면했다. 사도세자의 행보에 불만이 쌓인 노론은 임금을 압박하기 시작했다. 노론 과격파 수장인 김상로는 1757년 왕에게 세자의 폐위를 주청했다.

영조는 난처했다. 그가 사도세자에게 대리청정을 맡긴 데는 정치적 목적도 있었다. 자신에 관한 의혹을 세자가 해소해 주기를 기대한 것이다. 경종에게 반역하고 노론에 의해 추대된 임금이라는 의혹의 굴레를 아들이 벗겨 주고 탕평도 계속해서 이어 나가길 바란 것이다. 그러나 이는 세자가 풀기에는 너무 벅찬 과제였다.

사도세자는 정치적인 인물이 아니었다. 영조는 세자의 병통이 '쾌快'에 있다고 나무란 적이 있다. 놀기 좋아한다는 뜻도 있지만, 단순명쾌한 사고 방식이 문제라는 시각도 담겨 있다. 정치에는 영원한 적도 영원한 동지도 없다. 세력과 세력 사이에서 이해득실을 잘 따져야 한다. 그러나 세자는 그런 계산에 능하지 않았다. 아버지의 굴레를 벗기기는커녕 곤혹스럽게 만들기 일쑤였다.

영조는 실망한 나머지 세자에게 모질게 굴었다. 사도세자의 대리청정 기간에 영조는 세 차례나 양위 파동을 일으켰다. 그때마다 세자는 석고대 죄를 하고 땅바닥에 머리를 찧어야 했다. 대신들은 임금이 너무 엄하게 책 망하여 동궁이 위축된다고 만류했다. 실제로 사도세자는 영조의 부름만 받아도 두려워서 벌벌 떨었다. 아버지와 만나기를 꺼려 애꿎은 옷만 입었 다가 찢기를 반복했다.

사도세자의 마음은 병들기 시작했다. 그나마 숙종의 계비 인원왕후와 영조비 정성왕후가 살아 있을 때에는 두 사람이 방패막이가 돼 주었다. 사 도세자도 가슴이 막히는 등 이상 징후는 있었지만 노골적인 광기를 드러 내지는 않았다. 하지만 1757년에 이들이 연달아 세상을 떠나면서 세자는 폭주하기 시작했다.

이때부터 영조는 만일의 사태를 대비하였고, 노론도 사도세자를 끌어내 리기 위해 또 다른 후사後嗣를 도모했다. 66세의 임금이 15세의 계비(정순 왕후)를 맞이하고, 후궁(숙의 문씨)을 가까이 한 것은 정치적 의미가 있었다 고 봐야 한다. 정순왕후의 친정은 노론 명문가 경주 김씨였고, 숙의 문씨 또한 노론 과격파와 긴밀하게 엮여 있었다. 그녀들은 밤마다 영조에게 사 도세자의 광기 어린 비행들을 고해바치며 조선의 국본을 흔들었다.

조정은 친세자파와 반세자파로 재편되었다. 노론은 대체로 사도세자에 게 적의를 보였지만, 세자의 처가인 혜경궁 홍씨 집안은 그를 옹호했다.

312

소론도 모두 사도세자의 편은 아니었다. 임금에게 충성해 온 탕평파는 세자를 못마땅해했다. 1762년 5월 22일에 터진 나경언의 고변 사건은 반세자파가 사도세자를 저격하기 위해 공들인 작품이었다.

형조 청지기 나경언은 노론 탕평파 홍계희의 하수인이었다. 그는 세자가 왕손의 어미(후궁 박씨)를 때려 죽이고, 여승을 궁궐에 들였으며, 부녀자를 강간하고, 시전을 침탈하는 등 반인륜적 비행을 저질렀다고 고변했다. 뿐만 아니라 전해 4월에 사도세자가 몰래 평안도 지방을 여행하고 돌아온 점도 지적했다. 평안도는 조선의 군사 요충지로 변란을 모의했다고 해석할 수 있는 대목이었다. 즉, 세자의 행보가 비행을 넘어 반역으로 치닫고 있다는 얘기였다.

영조가 그 일들을 몰랐을 리 없다. 임금이자 아버지로서 세자에 관한 정보를 속속들이 보고받고 있었을 것이며, 그 가운데는 공공연한 비밀도 적지 않았다. 궁궐에서 입단속을 시키긴 했지만 알 만한 사람들은 다 알고 있었으리라. 나경언의 고변은 그것을 공론화시켰다는 점에서 파장이 컸다. 공론화된 사안은 어떤 식으로든 결말을 봐야 하는 법. 이 고변은 끝내 임오화변의 도화선이 되고 말았다.

나경언은 "동궁을 모함했다"는 죄로 참형에 처해졌다. 영조는 신하들이 감춘 사실을 용기 있게 밝혔다고 하여 오히려 가상히 여겼으나, 영의정 홍봉한 등이 강력하게 처벌을 주청했다. 홍봉한은 혜경궁 홍씨의 아버지로서 사도세자의 장인이었다. 외척인 그는 세자를 보호하려 했으나 김상로, 홍계희 등 비외척/반세자파로부터 집중공격을 받고 있었다. 이 위기를 모면하려면 무엇보다 고변자를 제거하는 것이 급선무였다.

하지만 임금의 의중은 이미 가닥을 잡고 있었다. 그는 죄인에게 사주한 자를 물어보자는 판의금부사(의금부의 수장)를 국문장에서 파직해 버렸다. 고변의 배후를 의심할 만했지만 아예 말도 못 붙이게 만든 것이다. 대신 영조는 중대 조치를 예고했다. 며칠 후 정승들을 불러 이 일을 덮고 가지 않겠다는 뜻을 넌지시 내비친 것이다.

"나경언이 어찌 역적이겠는가? 지금 신하들의 치우친 논의 때문에 부당父黨─자당子黨이 생겼으니, 조정의 신하들이 모두 역적이다."

_《영조실록》 윤5월 6일

영조는 '아버지당'과 '아들당'을 언급하며 조정의 신하들을 역적이라고 책망했다. 그렇게 되면 사도세자는 역적의 수괴가 되는 셈이다. 살길이 없어졌다는 뜻이다. 세자는 연일 궁궐에 엎드려 임금의 명을 기다렸고, 임금은 종사宗社를 위해 세자를 어떻게 처리할지 고민했다.

윤5월 13일, 영조는 아들을 뒤주에 가두는 전대미문의 조치를 실행에 옮겼다. 사도세자를 죄목과 연동된 '형벌'이 아니라 국법과 무관한 '처분'으로서 다스린 것이다. 법전에 규정되지 않은 처분은 죄목으로부터 자유롭다. 영조는 세자를 죽이되 반역의 죄목은 피하게 한 것이다. 사도세자는 예정된 죽음을 피하지 못했으나, 다만 역적으로 죽지 않았기에 그 자식인 세손은 건질 수 있었다. 종사를 위한 영조의 결단이었다.

그렇다면 왜 하필 뒤주였을까? 영조가 사도세자에게 붙은 귀신을 쫓기 위해 뒤주를 대령케 했을 가능성도 배제할 수 없다. 조선시대에는 광기를 귀신의 소행으로 보기도 했다. 평소 귀를 씻어 액운을 떠넘기는 등 미신에 의존한 영조라면 아들에게 귀신이 들렸다고 믿었을 수도 있다. 당시 뒤주의 재료로 가장 많이 쓰인 건 회화나무였다. 예로부터 회화나무는 악귀를 물리치는 나무로 알려져 있다. '귀신 쫓는' 뒤주로 세자를 다스린 것이다.

아무튼 사도세자를 죽음에 이르게 한 것은 세자 본인의 광기였다. 하지만 그것은 개인적인 광기가 아니었다. 조선 후기의 당쟁은 서인과 남인, 노론과 소론, 외척과 비외척으로 분열을 거듭하며 격화되었다. 처음에는 그럴듯한 명분에서 출발하지만 남는 것은 증오심뿐, 세자의 죽음은 그 증오심의 대단원이었다.

집착에 가까운 영조의 완벽주의도 따지고 보면 당쟁이 그 근원에 있다. 그는 당쟁을 극복하고 탕평을 실현했지만, 마치 약점 잡힌 사람처럼 노론에 휘둘리는 면모를 보였다. 즉위 과정에서 노론의 음모에 연루된 탓이었을까. 그는 의혹의 굴레에서 벗어나기 위해 병적인 완벽주의에 빠져들었다. 영조의 집착도, 사도세자의 광기도 어찌 보면 당쟁의 독기가 만들어낸 비극이다.

죄인의 아들은 임금이 될 수 없다

영조의 대처분이 내려졌을 때(1762), 사도세자의 아들 이산은 불과 열한 살이었다. 어린 세손은 창경궁 휘령전 뜰에 무릎 꿇고 아버지를 용서해 달라고 울부짖다가 들려 나왔다. 아버지 사도세자가 뒤주에서 죽어 가는 동안 그는 어머니와 함께 외할아버지 홍봉한의 집에 머물렀다. 임금의 의중을 좇은 홍봉한은 사위의 죽음에 미온적으로 대처했다. 외가조차 아버지를 외면하는 냉혹한 현실 앞에 세손은 어떤 심정이었을까?

영조는 대처분을 내리면서도 세손을 지키려고 나름의 안배를 했고, 혜경궁 홍씨도 적극적으로 아들을 감쌌다. 하지만 할아버지와 어머니가 펼친 우산도 어린 세손에게 닥친 비바람을 막기에는 역부족이었다. 격랑에 휩쓸린 세손의 운명은 시간이 흐를수록 사지死地로 떠밀려 갔다.

"죄인의 아들은 임금이 될 수 없다(罪人之子 不爲君王)."

사도세자를 죽음으로 몰고 간 노론은 여덟 자 흉언을 유포하며 영조를 압박했다. 역적의 자식이 왕위에 오르는 건 있을 수 없다는 논리였다. 그 이면에는 후일에 대한 우려도 깔려 있었다. 그들은 세손이 나중에 연산군처럼 피바람을 일으킬까 봐 두려웠던 것이다.

그럼에도 불구하고 영조는 1764년 세손 이산을 동궁으로 삼고 다음 보위를 약속했다. 이산이 아버지와 달리 학문에 뛰어난 자질을 보이고 어진 심성을 드러냈기 때문이다. 단, 조건을 붙였다. 세손이 국왕이 되더라도 사도세자의 추숭追崇(왕위에 오르지 못하고 죽은 이에게 임금 칭호를 붙여 주는 일)은 하지 말 것! 이를 위해 이산을 요절한 효장세자의 양자로 들였다. 신하들에게도 대처분에 대해 시비하지 않겠다는 다짐을 받았다. 만약 딴소리를 하면 역적으로 다스리겠다는 엄포도 놓았다. 이것이 '임오의리壬午義理'다.

비록 나이는 어렸지만 이산도 자신에게 적대적인 노론을 의식하고 자세를 낮췄다. 세손 자리에서 쫓겨나는 순간 목숨을 부지하기 어렵다. 그는 살기 위해 발버둥쳤다. 노론의 요인인 외할아버지 홍봉한에게 머리를 조아리고 가르침을 청하며 그를 방패막으로 삼고자 했다.

하지만 세월은 동궁의 편이었다. 이산은 제왕의 풍모를 갖춘 청년으로 자라났다. 세손의 성장에 따라 조정도 시파時派(사도세자의 죽음에 동정적인 당파)와 벽파僻派(사도세자의 죽음을 당연시한 당파)로 양분되었다. 시파에는 소론과 남인은 물론 노론 일부가 가세했다. 그들은 총명한 세손의 주위로 모여들었다. 반면 노론 위주의 벽파는 세손을 배척했다. 그 중심에 외가인 풍산 홍씨가 있었다. 특히 홍봉한의 동생 홍인한이 노골적으로 세손을 적대했다.

궁궐 내에도 음해 세력이 나타났다. 대표적인 인물이 화완옹주였다. 화완옹주는 영조와 영빈 이씨의 소생으로 세손에게는 친고모였다. 영조는 그녀를 특히 총애했다고 한다. 1775년 10월 이후 영조의 건강이 악화되었다. 담이 끓어오르고 헛소리를 하여 모두가 어찌할 바를 몰랐다. 이때 화완옹주가 간병을 핑계 삼아 궁궐에 거처하게 된다. 옹주는 영조의 눈과 귀를 가리면서 차츰 권력욕을 드러내기 시작했다.

화완옹주는 내친 김에 양자 정후겸을 앞세워 조정을 장악하려 했다. 그런데 옹주의 거침없는 질주를 세손이 가로막았다. 출세욕에 눈먼 신하들은 벌써부터 해바라기처럼 미래 권력을 쳐다보고 있었다. 그녀는 기껏 움켜쥔 권세를 놓치고 싶지 않았다. 이대로 영조가 죽으면 끝장이다. 그 전에 세손을 동궁에서 밀어내고 다른 왕손을 앉혀야 한다. 옹주는 사도세자에게 목숨을 잃은 후궁 박씨의 아들 은전군을 점찍었다. 은전군에게 사도

세자는 어머니를 죽인 아버지로 용납하기 어려운 입장이었다. 노론 벽파 홍인한 등도 은전군을 대안으로 삼아 화완옹주와 손잡고 세손을 제거하기로 하였다. 이산은 왕위에 오르느냐 목숨을 내놓느냐의 기로에 섰다.

화완옹주와 정후겸, 홍인한은 세손의 약점을 캐기 위해 사람을 붙여 감시했다. 세손이 궁료들을 만나 임금의 건강 문제를 의논하면 그것이 무슨 의도냐고 따졌다. 하늘에 해가 둘이어선 안 되듯이 임금도 둘일 수 없다고 으름장을 놓았다. 단순한 건강 논의를 왕위를 넘보는 불순한 의도로 몰아붙인 것이다. 옹주는 아예 대놓고 세손을 협박했다.

"만일 우리 집과 외가가 아니라면 어찌 이 자리에 있을 수 있겠습니까? 사람들 사이에 전하는 말을 고를 때는 반드시 양가兩家를 위주로 한 연후에야 무사할 수 있을 것입니다."

세손을 둘러싼 흑막은 날이 갈수록 짙어졌다. 세손이 공부하고 기거하는 존현각尊賢閣에 자객이 들기도 했다. 세손의 처지는 바람 앞의 등불과 같았다. 이 위기에서 그를 구한 것은 죽음을 앞둔 할아버지의 강력한 의지였다.

"긴요하지 않은 공사公事는 동궁에게 들여보내되, 공사 중에 긴급한 것과 상소에 대한 비답은 내가 세손과 상의하여 결정하겠다. 수일 동안 기다려 일 처리하는 솜씨가 익숙해지면 마땅히 여기에 추가하는 하교가 있을 것이다."

_《영조실록》 1775년 11월 30일

영조는 상참常參(약식 조회)을 행하다 말고 지금부터 국사를 세손에게 들

318

여보내라고 명했다. 여든이 넘은 데다 병까지 나날이 깊어진 노쇠한 임금은 세손이 자신을 대신해 국사를 처리하며 군주 수업을 받기를 원했다. 대리청정이라고 못 박지는 않았지만 사실상 같은 의미였다.

대신들은 명을 받들 수 없다며 완강히 만류했다. 여기까지는 으레 해 오던 일이었다. 문제는 좌의정 홍인한의 방자한 행동이었다. 임금이 문서로 전교傳敎(공식 왕명)를 내리려 하자, 홍인한은 승지의 앞을 가로막고 앉아서 글을 쓰지 못하게 했다. 뿐만 아니라 임금의 명이 무엇인지 듣지 못하게 목소리를 높여 훼방을 놓았다.

"경 등이 하는 일은 기괴하도다."

영조의 음성이 노기로 떨렸다. 보다 못한 세손이 전교는 막지 말라며 거들고 나섰다.

"간섭할 입장은 아니지만 일이 급박하니 마땅히 (내가) 상소하여 명을 거두게 해야 합니다. 비록 두서너 글자라도 기록이 있은 뒤에야 상소할 수 있으니, 전교를 받아 그 길을 열어 주오."

홍인한은 세손의 말을 들은 체 만 체하고는 승지에게 손을 저어 기록을 중지시켰다.

"우리 아이가 노론과 소론을 알겠는가? 나랏일과 조정의 일을 알겠는가? 이조판서와 병조판서에 누가 좋을지 알겠는가? 나는 세손이 그 일들을 익혀 처리하는 것을 보고 싶다."

영조가 대신들에게 역정을 내며 자신의 뜻을 밝혔다. 홍인한은 그래도 물러서지 않았다.

"동궁은 노론과 소론이 무엇인지, 이판과 병판에 누가 좋을지 알 필요가 없습니다. 나랏일이나 조정의 일은 더더욱 알 필요가 없습니다."

그 유명한 '삼불필지설三不必知說'이다. 단순히 대리청정 반대를 넘어 세손을 향한 적대감이 고스란히 배어 있다. 임금은 그것을 간파했다. 노련한 영조는 즉각 '순감군巡監軍'의 임명권을 동궁에게 넘김으로써 세손에 대한 위협을 차단했다. 순감군은 도성과 성문을 순찰하는 군사들을 말한다. 동궁이 긴요하게 쓸 수 있는 병력을 얻자, 대리청정은 급물살을 탔다.

물론 세손은 대리청정의 명을 거둬 달라고 거듭 상소를 올렸다. 그러나 자신의 말을 따르지 않으면 아예 왕위를 던지겠다는 임금에게 더는 토를 달지 못했다. 곧 대리청정의 시행 규칙이 나왔고, 세손은 할아버지의 뜻대로 나랏일을 처리해 나갔다. 이 과정에서 그가 무엇보다 신경 쓴 것은 임오화변에 관한 임금과 신하들의 우려를 불식시키는 일이었다.

"아! 임오년의 처분은 우리 임금께서 종사宗社를 위하여 마지못해 하신 일입니다. 신이 죽을 뻔한 목숨을 보전하여 오늘에 이를 수 있는 것도 모두 전하의 큰 은혜입니다. 방자한 무리가 감히 (사도세자를) 추숭하려는 논의를 낸다 하여 의리를 바꾼다면 이는 참으로 전하의 죄인이 될뿐더러 종사의 죄인, 만고의 죄인이 될 것입니다. 승정원일기는 그때의 일이 죄다 실려 있는데 본 자는 전하고 들은 자는 의논하여 세상 사람들의 이목耳目을 더럽힙니다. 나라의 전례와 고사는 모두 기록물로 만들어 명산에 감추었기에 오랜 세월이 지나도 옮길 수 없습니다. 그렇다면 일기는 또 어디에 쓰겠습니까? 《승정원일기》를 두고 안 두고는 오직 전하의 처분에 달려 있습니다." _《영조실록》1776년 2월 4일

동궁은 할아버지에게 《승정원일기》 가운데 사도세자의 죽음을 다룬 부분을 없애 화근을 뿌리 뽑으라고 건의했다. 그렇게 하지 않으면 대리청정이고, 동궁이고 모두 물러나겠다며 배수의 진을 쳤다. 영조는 건의를 받아들여 창의문 밖에서 해당 일기를 세초洗草(기록을 물로 씻어 냄)하게 했다. 또 이를 다시 들추는 자는 무신란의 남은 무리로 엄히 징계할 것이라고 선언했다. 손바닥으로 하늘을 가리는 과거사 청산이었지만 손자의 마음은 애틋했고, 할아버지 또한 흡족했다.

영조의 52년 치세는 그렇게 저물어 갔다. 1776년 3월, 임금은 세손에게 옥새를 넘기라는 말을 남기고 숨을 거뒀다.

"과인은 사도세자의 아들이다."

"아, 과인은 사도세자의 아들이다."

1776년 3월 10일 세손 이산李祘, 즉 정조正祖(1752~1800)가 즉위식 날 대소 신료들 앞에서 터뜨린 일성一聲이다. 새 임금의 첫 번째 윤음綸音(임금이 신하나 백성에게 내리는 말로서 오늘날의 법령과 같은 효력이 있음)이 사도세자의 아들임을 선포한 것이라니 전율이 느껴진다. 《실록》에는 단 몇 글자뿐이지만 울컥하는 감회를 담담하게 갈무리한 목소리가 들리는 듯하다. 탕평과 민국을 추구했으나 사도세자의 죽음으로 얼룩진 영조의 치세는 정조의 극적인 삶으로 이어졌다.

정조가 즉위한 직후에도 존현각과 창덕궁에 자객이 들었지만 대세에는 지장이 없었다. 새 임금은 홍국영을 내세워 자신을 위협해 온 정적들부터 제거했다. 하지만 세간의 우려와 달리 '복수의 정치'를 하지는 않았다. 지지 세력이 미약했던 정조는 규장각을 설치하고 인재들을 모았다. 새로운 지식, 새로운 인재를 발판 삼아 개혁 정책을 펼치려 한 것이다. 정조는 반대 세력인 노론 벽파와도 사안에 따라 손을 잡았다. 노론 영수 심환지와 주고받은 언문 편지들이 그 근거이다. 정조는 합리적이고 수완이 뛰어난 임금이었다.

정조가 시행한 정책은 영조의 연장선상에 있었다. 탕평책은 노론과 소론과 남인을 순번제로 요직에 앉히는 등 한층 강력해졌다. 할아버지와 달리 특정 붕당에 발목 잡히지 않았기 때문에 가능한 일이었다. 덕분에 이덕무, 박제가, 유득공 같은 백탑파 서얼들도 왕의 지근거리에서 나라에 이바지할 수 있었다.

그의 개혁 정책 가운데 가장 인상 깊은 것은 중상주의 정책이다. 정조는 1791년 시전 상인들이 난전, 즉 백성의 자유로운 상거래를 금하도록 한 금난전권禁亂廛權을 철폐했으며, 수원에 조성한 신도시 화성을 중심으로 상공업을 융성시키려 했다. 당대의 일본에 비해 늦었지만 근대로 나아가는 토대를 마련하려 한 것이다. 정조는 민국民國, 곧 백성의 나라를 위해 뒤늦게 '조선판 산업혁명'을 추진했다.

정국의 주도권을 쥐고 민심이 안정되자, 임금은 가슴에 응어리진 아버지를 다시 세상 밖으로 끄집어냈다. 처음에는 미화 작업으로 시작되었다.

정조 재위기에 편찬된《영조실록》을 보면, 사도세자를 "백성을 위해 어진 정책을 시행한 왕의 재목"으로 평가한 것이 눈에 띈다. 어머니 혜경궁 홍씨가 사도세자와 정조를 적대시한 가문의 신원을 위해, 남편을 "흉악한 병에 걸린 광인"이라고 묘사한 것과 극명하게 대비된다.

정조는 또 아버지의 묘를 수원 화산으로 옮기고 '현륭원'이라 이름붙였다. 임금의 최종 목표는 사도세자에게 제왕의 칭호를 붙이는 것이었다. 그러나 큰 걸림돌이 있었으니, 바로 할아버지 영조에게 철석같이 약속한 임오의리였다. 고심 끝에 정조는 세자가 성년이 되면 왕위를 넘기고 추숭을 대신하게 한다는 '갑자년(1804) 상왕 구상'을 세웠다. 자신은 임오의리에 얽매어 있지만 아들은 자유로웠기 때문이다.

하지만 손꼽아 기다리던 갑자년을 보지도 못하고 정조는 갑작스럽게 죽음을 맞았다. 1800년 6월 임금이 급서하고 어린 세자(순조)가 즉위하자, 영조의 계비 정순왕후가 수렴청정에 나섰다. 권력을 장악한 노론 벽파는 영조와 정조가 이룩한 개혁의 금자탑을 허물었다. 이로써 조선은 근대사회의 토대를 구축할 마지막 기회를 놓치고 만다.

진짜 암행어사였나?

> "아! 영성靈城이 나를 섬긴 것이 벌써 33년이다. 예로부터 군신 간에 뜻이
> 잘 맞는 경우가 있기는 하지만, 어찌 나의 영성과 같음이 있으랴? 나의 마
> 음을 아는 사람은 영성이며, 영성의 마음을 아는 사람은 나였다."

　1756년 영성(박문수의 봉호) 박문수가 세상을 떠나자 영조는 이와 같이 회
고하며 깊은 슬픔에 잠겼다. 두 사람 사이에는 임금과 신하의 관계를 넘어서
는 특별한 유대감이 있었다. 탕평책, 균역법 등 영조의 치세를 대표하는 업적
들은 박문수의 활약으로 빛을 발하였다.
　오늘날 박문수는 암행어사의 대명사다. 박문수 하면 암행어사요, 암행어
사 하면 박문수다. 그의 암행어사 이미지는 설화로 구전되며 형성되었다. 설
화 속 박문수는 탐관오리의 비리를 밝히고 백성의 억울함을 풀어 주는 '조선
판 히어로'이다. 물론 이러한 이미지는 실제 역사 기록과 다소 차이가 있다. 박
문수는 사실 암행어사로 활동한 적이 없다. '암행어사暗行御史'는 말 그대로 은
밀히 지방관을 감찰하고 민심을 살피는 직책이다. 그런데《영조실록》을 보면
그에게 주어진 소임은 '별견어사別遣御史'였다. 어사는 어사지만 은밀하지 않
았다. 특별 임무를 띠고 공개적으로 파견된 것이다.
　박문수는 '실무에 두루 통달했다'는 평판을 얻을 만큼 유능했다. 그는 대사
간, 도승지, 병조판서 등 조정의 요직을 두루 거쳤는데, 특히 백성의 고충을 해
결하는 일에 누구보다 뛰어난 수완을 발휘했다. 가뭄이 들고 홍수가 날 때마
다 박문수는 재난 현장으로 달려갔다. 1727년 영남안집어사, 1731년 호서감
진어사, 1741년 북도진휼사, 1750년 관동영남균세사 등 네 차례나 별견어사를

맡아 기아에 처한 백성을 구휼했다.

민심을 수습할 때 그가 가장 중시한 것은 밥이었다. 백성에겐 밥이 하늘이다. 함경도의 식량이 모자라면 경상도에서 실어 왔다. 환곡을 정비하고 토지 측량을 다시 했다. 백성을 굶기는 탐관오리는 임금에게 처벌을 요청했다. 소임을 마친 후에도 왕래하면서 구휼이 잘 이뤄지는지 확인했다. 그렇게 쌓은 현장 경험은 세정 개혁으로 이어졌다.

1749년 호조판서가 된 박문수는 '양역良役'의 폐단을 해소하기 위해 칼을 뽑았다. 박문수의 개혁안은 불필요한 관직과 군병을 줄이고, 어염세 등의 세원을 확보해 장정 1인당 연간 두 필로 정해져 있던 군포를 혁파하자는 것이었다. 양인 장정의 머릿수에 맞춰 부과해온 양역을 신분과 상관없이 가구나 토지 단위로 바꿔야 한다고 주장하기도 했다. 그러나 이 안은 양반들의 반발을 불러왔다. 관직을 줄이는 것도 불만인데, 감히 양반에게 세금을 걷겠다니!

박문수는 소론의 당인으로서 노론에 둘러싸인 임금의 신임을 얻었고, 심지어 같은 소론 계열이 일으킨 이인좌의 난을 진압하는 데 앞장서기도 했다. 영조의 총신답게 '탕탕평평蕩蕩平平'(치우침 없이) 백성을 향해 걸어간 것이다.

그가 암행어사의 대명사로 자리매김한 것은 백성의 입에서 입으로 오랜 세월 구전된 결과다. 박문수가 실제로 암행어사였는지 아니었는지는 중요하지 않다. 거기 투영된 민초들의 한과 열망이 진짜배기다. 백성의 밥그릇을 빼앗으면 천벌받는다. 이는 만고불변의 진리다.

7

명성황후

망국의 디테일

1895년 8월 20일(음력) 새벽 5시, 광화문에서 총성이 울렸다. 적막한 어둠 속에서 일본군과 행동대, 그리고 조선인 훈련대가 모습을 드러냈다.

조선 주재 일본 공사 미우라 고로는 말 위에서 경복궁을 노려봤다. 그의 곁으로 가마 하나가 다가왔다. 몇 시간 전 공덕리 아소정에서 납치해 온 흥선대원군이었다. 미우라는 노여움에 몸을 떠는 그에게 차가운 미소를 짓고는 손으로 신호를 보냈다. 새벽의 침입자들은 일사불란하게 병력을 나눠 궁궐의 여러 문으로 나아갔다.

궁궐 수비를 맡고 있던 시위대는 우왕좌왕 갈피를 잡지 못하다가 침입 자들과 맞닥뜨렸다. 시위대장 홍계훈도 당황한 기색이 역력했다. 미처 전 열을 정비하지 못한 상태에서 일본군의 사격이 시작됐고, 요란한 총소리 에 넋이 나간 군사들은 뿔뿔이 흩어졌다. 이윽고 홍계훈이 총탄 세례를 받 고 쓰러졌다. 더 이상의 저항은 없었다.

조선인 훈련대와 대원군은 한 차례 교전이 훑고 지나간 현장에 덩그러니 남겨졌다. 일본군 주력 부대는 궁궐에서도 가장 깊숙한 곳으로 달려갔다. 그들의 목적지는 고종과 왕비의 거처인 건청궁. 국왕 부부는 그해 봄부터 일본에게 신변의 위협을 느끼고 경복궁 최북단의 건청궁으로 거처를 옮겼다. 결국 우려하던 일이 터진 셈이다.

건청궁 출입구를 봉쇄한 일본군은 즉각 민간인 행동대를 투입했다. 행동대 총책은 《한성신보》 사장 아다치 겐조였다. 《한성신보》는 일본인 편집진이 서울에서 발행하던 신문으로, 일본식 문명개화文明開化(서구 열강의 제도와 문물을 추종하는 것)를 널리 선전했다. 아다치 겐조가 동원한 살수殺手들은 떠돌이 낭인이 아니었다. 기자, 작가, 교사 등 조선에 거주하는 일본 지식인들이 다수 포함되어 있었다. 작전 참모를 자임한 시바시로만 해도 미국 하버드대학에서 경제학을 전공한 엘리트였다. 그들은 일본에서 득세 중이던 정한론征韓論(한반도를 정벌하자는 주장)을 맹목적으로 신봉했다.

드디어 '여우 사냥'이 시작되었다. '여우 사냥'은 본국에서 내려온 작전명이었다. '여우'는 명성황후明成皇后(1851~1895)였다. 이 작전은 철저히 왕비 제거에 초점이 맞춰져 있었다. 그 무렵 러시아를 끌어들여 일본을 견제하려 한 명성황후를 걸림돌로 보고 흉계를 꾸민 것이다.

일본인 행동대는 건청궁을 샅샅이 뒤졌다. 고종과 명성황후는 각각 장안당과 곤령합을 침소로 쓰고 있었다. 먼저 장안당에 들이닥친 일본인들은 임금의 옷을 찢고 총으로 위협하며 왕비가 어디에 있는지 추궁했다. 가로막는 세자를 개머리판으로 내려치기도 했다. 궁내부 대신 이경직은 그들이 휘두른 칼에 양팔이 잘리고 목숨을 잃었다. 고종은 양복과 기모노를 입고 총칼로 무장한 무리들 틈에서 전 군사고문 스즈키 등을 알아보았다.

겁에 질린 내관을 윽박질러 명성황후의 침소를 알아낸 사냥꾼들은 득달같이 곤령합으로 몰려갔다. 곤령합은 순식간에 아수라장이 되었다. 행동대는 침소를 지키는 궁녀들을 모조리 옥호루로 끌고 간 다음 그들 사이에 숨어 있을지 모를 왕비를 찾으려고 얼굴에 횃불을 들이댔다. 사냥꾼들은 명성황후의 초상화를 한 장씩 들고 있었다.

왕비와 닮은 궁녀가 있으면 일본인 고무라의 딸이 면전에서 확인했다. 그 즈음 명성황후는 고무라의 영리한 딸을 총애한 나머지 종종 궁궐로 불러들여 함께 광대 연극을 보곤 했는데, 그 광대들 틈에 일본 공사관 인사들이 섞여 있었다. 미우라 고로와 부하들이 왕비의 얼굴을 익히고 초상화를 확보하려고 술수를 쓴 것이었다.

일본인 행동대가 명성황후를 찾으려고 혈안이 되어 있는 사이, 서양관에서는 러시아인 한 명이 숨어서 이 광경을 지켜보고 있었다. 서양관은 일본의 경거망동을 방지하려고 건청궁 안에 지은 건물이었다. 국왕 부부는 미국인, 독일인, 러시아인 등 서양인들로 하여금 이곳에서 경비를 서도록 했다. 아무리 일본이라도 서구 열강 국민들은 건드리지 못할 테니까. 그날 숙직을 맡은 사람은 러시아인 사바틴이었다.

옥호루에서 궁녀들의 애끓는 절규가 들려온 것은 어슴푸레하게 먼동이 틀 무렵이었다. 일본인 행동대원이 곤령합 옷더미에 숨어 있던 명성황후의 머리채를 잡고 끄집어냈다. 궁녀들은 총칼에 맞으면서도 왕비에게 달려갔다. 행동대원이 궁녀들의 육탄 돌격에 당황한 사이, 명성황후는 그 손을 뿌리치고 복도로 도망갔다. 하지만 일본인들은 이내 붙잡고는 왕비를 끌고 나와 건청궁 뜰에 내팽개쳤다.

사냥꾼들은 명성황후를 발로 밟은 채 상부의 지시를 기다렸다. 척살령을 내린 것은 본국의 지령을 받고 '여우 사냥'을 진두지휘한 미우라 고로였다. 일본인들은 마구잡이로 칼을 휘둘러 왕비의 숨통을 끊었다. 사건을 목격한 궁녀들도 남김없이 죽였다. 어느덧 여명이 밝아 오고 있었다. 그들은 신속하게 증거 인멸에 돌입했다.

일본인 행동대는 건청궁 옆 녹산 숲 속으로 명성황후의 시신을 끌고 가 미리 준비해 간 기름을 붓고 불을 질렀다. 앞서 왕비를 닮았다는 이유로 목숨을 잃은 궁녀 둘의 시신도 만일의 경우에 대비해 같이 태웠다. 타다 남은 유해는 땅에 파묻었다. 그날 새벽 조선의 국모는 시해당한 것도 모자라 재가 되어 사라졌다.

미우라 고로는 임무를 완수하자 부하들에게 철수를 명했다. 그들은 일사불란하게 공사관으로 퇴각했다. 관저로 돌아온 일본 공사는 본국에 전보를 쳤다. 단 두 글자.

"완수完遂!"

전보를 받아든 사람은 전임 일본 공사이자 메이지 정부 실세인 이노우에 가오루였다. 왕비 시해와 증거 인멸을 계획하고 배후에서 조종한 바로 그 사람이었다. '여우 사냥'의 완벽한 수행을 위해 이노우에는 외교 경험이 없지만 군사작전에 탁월한 무장 미우라를 조선에 파견하고, 발뺌용으로 조선인 훈련대와 대원군을 동원하는 계획도 내놓았다.

하지만 그들은 미처 알지 못했다. 그날 아침 러시아인 사바틴이 궁궐에서 빠져나와 자국 공사관으로 들어갔다는 사실을…. 명성황후 시해 사건의 전말은 곧 세상에 알려졌다.

왕비 자리에 오른
감고당 소녀

1864년부터 1910년까지 개화와 망국의 역사를 담담히 기록한 《매천야록
梅泉野錄》의 저자 황현은, 입신立身해서 망해 가는 나라를 구하라고 권유하
는 친구에게 이렇게 말했다고 한다.

"그대는 나더러 도깨비 나라의 미치광이들 속으로 들어가서 함께 미치
광이 짓이나 하란 말인가?"

부정부패와 가렴주구를 일삼으면서도 외세의 침략에는 무기력한 조선
의 지배층이 그의 눈에는 '도깨비 나라의 미치광이들'로 비쳤던 것이다. 그
복마전伏魔殿의 한복판에 명성황후가 자리 잡고 있었다.

역사에서 명성황후에 대한 평가는 크게 엇갈린다. '섬세한 외교술로 일
본의 침략 야욕에 맞선 여장부'부터, '구한말의 부정부패와 가렴주구를 조
장하고 비호한 권력자'까지. 한때 그녀를 '민비'로 깎아 부른 데에는 이런
까닭도 있었다. 그녀의 진면목은 아마도 '명성황후'와 '민비' 사이 어디쯤에
서 찾을 수 있지 않을까?

명성황후는 여흥 민씨 치록의 딸로, 어린 시절 이름은 자영이었다. 민치
록의 5대조인 민유중은 인현왕후의 부친이자, 당대 서인들이 떠받들던 송
시열의 제자이며 송준길의 사위였다. 그의 가문은 조선 후기 서인과 노론
을 대표하며 붕당정치의 한 축을 이룬 명문가로서 19세기에도 명망은 여
전했다.

자영은 여흥 민씨의 본거지인 여주 땅에서 태어나고 자랐다. 아버지 민

치록은 조상의 음덕으로 철종 때 지방관 등 중간급 벼슬을 했으나, 아내와 무남독녀 외동딸을 남겨 두고 일찍 세상을 떠났다. 의지할 데가 없어진 모녀는 서울로 거처를 옮겼다.

여덟 살 소녀 자영의 새 보금자리는 안국동의 유서 깊은 고택 '감고당感古堂'이었다. 이 집은 그 옛날 민유중이 인현왕후를 길렀던 곳으로 직계 자손인 민치록의 소유였다. 감고당 현판은 영조 임금이 방문해서 직접 쓴 것이었다. 영조의 생모 숙빈 최씨가 인현왕후를 섬겼고, 그 또한 인현왕후를 어머니로 여기고 따랐으니 '옛 추억을 느끼는 감회'가 남달랐으리라.

감고당에서 자영은 독서에 열중하며 어린 시절을 보냈다. 자영이 즐겨 읽은 책은 역사서였다고 한다. 나이답지 않게 세상 돌아가는 일에 관심이 많았던 것이다. 이는 가문 내력과도 관련이 있을 터였다. 왕비를 배출했을 뿐만 아니라 오랜 세월 선비들의 존경을 받아 온 집안이 아닌가. 자영은 인현왕후가 노닐던 뜰에서 가문에 대한 자부심을 키웠다.

그 무렵 자영에게 민승호라는 오빠가 생겼다. 먼 친척인 그는 민치록의 양아들이 되어 제사를 돌봤다. 자연히 민승호 일가와 교분이 두터워진 가운데, 민승호의 친누나가 둘째 며느리 감으로 자영을 점찍었다. 그 여인은 바로 흥선대원군의 아내 부대부인府大夫人 민씨였다. 민씨의 둘째 며느리는 곧 고종 임금의 배필이니, 감고당의 외로운 소녀에게 왕비의 길이 열린 것이다.

민씨 부인이 자영을 눈여겨본 데는 집안 배경이 가장 크게 작용했다. 자영의 가문은 조선 땅 어디 내놔도 빠지지 않는 명문가였지만, 아버지와 남자 형제가 없어 행세하기 어려웠다. 이는 흥선대원군이 원하는 사돈의 조건에 완벽하게 부합했다. 아버지의 죽음으로 자영의 집안에 닥친 불행이 축복으로 바뀐 셈이다.

대원군이 바란 사돈의 조건

명성황후에 대해 이야기하려면 흥선대원군부터 짚고 넘어가지 않을 수 없다. 흥선군 이하응은 1863년 둘째아들 재황이 철종의 뒤를 이어 즉위하면서 조선의 최고 권력자가 된다. 이하응은 세도정치의 핵심인 안동 김씨 척결을 명분으로 대왕대비 조씨(익종으로 추숭된 효명세자의 비)와 손잡고 아들을 왕위에 앉혔다. 세도정치 타파에 대한 그의 의지는 강력했다.

"나는 천 리를 끌어 지척으로 삼고, 태산을 깎아 평지로 만들며, 남대문을 3층으로 높일 생각이오."

흥선대원군이 어느 공회 자리에서 남긴 말이다. '천 리를 끌어 지척으로 삼겠다'는 것은 소외된 전주 이씨와 종친들을 곁에 두겠다는 뜻이고, '태산을 깎아 평지로 만들겠다'는 것은 세도정치의 몸통 안동 김씨를 겨냥한 발언이며, '남대문을 3층으로 높이겠다'는 것은 앞으로 남인을 중용하겠다는 의미다. 실제로 그는 자신의 구상을 즉각 실천에 옮겼다. 안동 김씨는 순식간에 조정과 지방의 요직에서 밀려났고, 오랜 세월 핍박받던 남인들이 벼슬길에 올랐다.

무엇보다 눈에 띄는 것은 전주 이씨와 종친들의 대약진이었다. 1865년

식년시 과거에서 전주 이씨 선파璿派(왕실로부터 갈라져 나온 파) 응시생들은 모두 소과에 합격했다. 1868년에는 종친宗親(군호를 가진 임금의 자손)만을 위한 과거(종과)를 따로 치르기도 했다. 또 전주 이씨의 모든 파를 아우르는 통합족보가 나왔는데, 아무리 미천한 자라도 여기에 이름만 올리면 양반 행세를 할 수 있었다. 홍선대원군이 주관한 전주 이씨 대종회大宗會에는 6~7만 명이 몰려들었다고 한다. 대원군은 기뻐하며 각별한 의미를 부여했다.

"내가 10만 정병을 얻었구나."

홍선대원군은 19세기 이래 망가진 왕실의 권위를 회복하고자 했다. 이를 위해 그동안 왕실 위에 군림해 온 유림儒林도 손을 봤다. 서원 철폐에는 이런 정치적 노림수가 담겨 있었다. 그는 고종 1년(1864)부터 전국에 난립한 서원들의 민폐를 조사하기 시작했으며, 이듬해에는 만동묘萬東廟를 닫으라는 명령을 내렸다.

만동묘는 명나라 만력제(임진왜란 때 조선에 구원병을 파견한 황제)와 숭정제(마지막 황제)를 제사지내는 사당으로, 그 옆에는 우암 송시열을 받드는 화양동서원이 있었다. 명나라 멸망 후 조선이 중화를 계승했으므로 우리가 그 황제를 모셔야 한다는 송시열의 유지가 이곳에 깃들어 있었다. 날벼락 같은 조치에 유림은 경악했다.

하지만 만동묘 철폐는 명분 있는 조치였다. 당시 만동묘에는 청주 일대의 양반 자제들이 모여 행패를 일삼고 있었다. 그들은 고을마다 묵패墨牌(서원의 도장이 찍힌 문서)를 돌려 제수 명목으로 돈을 바치게 했으며, 인근의 백성들을 잡아다가 종처럼 부리고 거부하면 치도곤을 했다.《매천야록》의 표현을 빌리자면 고을과 백성의 껍데기를 벗기고 골수를 파먹은 것이다. 오죽하면 '남방의 좀'이라고 불렸을까. 그럼에도 수령들이 감히 제지를 못할 만큼 만동묘와 화양동서원의 위세는 드높았다. 과거 홍선대원군도 이곳을 찾았다가 유생들에게 모욕을 당한 바 있다. 종친부의 수장이었던 그를 함부로 대한 것은 왕실을 능멸한 것과 같았다.

대원군의 이 조치로 650여 개의 서원들 중 48개만 남게 되었다. 그 결과, 홍선대원군은 유림을 적으로 돌렸지만 백성에게는 큰 환영을 받았다. 그만큼 유생과 서원의 민폐가 어마어마했던 것이다. 자신감을 얻은 대원군은 거대한 역사役事를 일으킨다. 1865년 그는 임진왜란 때 불타 버린 경복궁을 새로 짓기로 했다.

경복궁은 조선 건국과 함께 지은 궁궐로 새로운 왕업의 터전이었다. 홍선대원군은 경복궁을 재건함으로써 왕업 또한 바로 세우고자 했다. 그러나 이 대역사는 대원군에게 돌이킬 수 없는 상처를 입힌다. 왕실의 권위를 회복하는 데 급급한 나머지 백성의 마음을 놓치고 만 것이다.

문제는 돈이었다. 당시 조선은 경복궁 재건과 같은 대역사를 감당할 만큼 재정이 넉넉하지 못했다. 결국 팔도에서 돈을 긁어모으는 수밖에 없었다. 홍선대원군은 전국의 내로라하는 부자들을 독촉해 원납전願納錢을 거둬들였다. 명목은 '원해서 납부하는' 기부금이었지만, 실제로는 '원망하며 뜯기는' 원납전怨納錢에 가까웠다.

백성을 대상으로 한 특별 조세도 우후죽순 생겨났다. 도성을 출입하는 백성들에게 거둔 '문세전門稅錢', 지방의 장정들에게 부과한 '신랑전腎囊錢'('불알 단 값'이라는 뜻), 물 쓰는 값으로 내는 '수용전水用錢', 그리고 논밭의

넓이에 따라 매긴 세금도 있었다. 자고 일어나면 이상한 세금이 생기니 기가 찰 노릇이었다.

최악의 자충수는 1866년에 주조한 새로운 화폐 당백전當百錢이었다. 당백전은 상평통보의 100배 가치를 지닌 화폐인데, 명목상 가치와 달리 실질적인 가치는 5~6배에 지나지 않았다. 화폐가치 하락으로 상인들은 당백전 유통을 꺼렸고, 일시적으로 물물교환 양상이 나타나며 물가가 크게 뛰어올랐다.

백성의 원성이 하늘을 찌르는 건 당연했다. 민심이 흔들리자 대원군은 사회 기강을 다잡는 데 몰두했다. 1866년 대대적인 천주교 박해(병인박해)를 벌인 데에는 이런 이유도 있었다. 수개월 사이에 프랑스인 신부 9명과 천주교도 8천여 명이 학살당했다. 쇄국정책이 본격적으로 시작된 것이다.

흥선대원군이 처음부터 '쇄국론자'였던 건 아니다. 1864년 러시아인들이 함경도에 나타나 통상을 요구하자, 그는 선교사들을 통해 은밀히 프랑스와 영국을 끌어들이려 했다. 조선-프랑스-영국의 삼국동맹으로 러시아의 남하를 저지할 생각이었다. 선교사들은 포교 합법화를 위해 대원군의 제안을 받아들였다. 그러나 거래는 성사되지 못했고, 정보만 새 나가고 말았다. 운현궁(대원군 거처)에 '천주장이'들이 드나든다는 소문이 돌자, 대왕대비 조씨를 중심으로 유림이 들고 일어났다. 경복궁 재건 사업으로 백성들의 따가운 눈총을 받던 대원군은 정치적 고립을 면하고 국면을 전환하기 위해 민간에서 확산 중이던 천주교를 표적으로 삼았다. 병인박해로 목숨을 잃은 선교사와 천주교도들은 그 희생양이었다.

이 소식이 조선을 탈출한 리델 신부에 의해 중국 천진에 주둔 중이던 프랑스군에 알려지면서 병인양요의 막이 올랐다. 1866년 9월 로즈 제독이 이끄는 프랑스 군함 3척이 서울 서강까지 들어와 무력시위를 벌이고, 10월에는 군함 7척과 600여 명의 해병대가 몰려와 교전 끝에 강화성을 점령했다. 프랑스군은 한강 수로 봉쇄를 선언하며 조선을 압박했다.

"조선이 프랑스 선교사 9명을 죽였으니, 프랑스는 조선인 9천 명을 죽이겠다."

조선군도 반격에 나섰다. 11월에 양헌수가 지휘하는 포수 5백여 명이 정족산성에 잠복해 있다가 프랑스군을 격파했다. 로즈 제독은 부하들의 사기가 떨어지자 철수 명령을 내렸다. 그들은 중국으로 물러가면서 강화도에 있던 조선의 보물들을 약탈했다. 천혜의 요새 강화도에 보관했던 조선 왕실 의궤, 외규장각 도서 340여 권, 은괴 19상자 등을 어이없이 빼앗긴 것이다.

병인양요를 계기로 흥선대원군은 쇄국의 기치를 높이 들고 나라의 문을 굳게 잠갔다. 서구 열강이 중국을 침략하고, 일본이 동아시아 패권을 엿보는 때였다. 외세에 굴복해 나라의 문을 여는 것도 문제지만, 급변하는 국제 정세를 외면하는 것도 바람직한 자세는 아니었다. 하지만 흥선대원군에게는 나라의 장래보다 손에 쥔 권력이 먼저였다. 당시 그는 권력 기반 강화가 절실했다. 흩어진 민심을 다시 모으는 데는 외부의 강력한 적만큼 호재가 없다. 대원군은 전국 방방곡곡에 척화비를 세웠다. 비석의 글귀는 이랬다.

"서양 오랑캐가 침범하는데 싸우지 않음은 곧 화친이다. 화친을 주장함은 나라를 팔아먹는 짓이다(洋夷侵犯 非戰則和 主和賣國)."

대원군은 또 유림의 위정척사衛正斥邪 운동을 장려하며 관계 회복을 도모했다. 서학을 배척하고 유교 전통을 지키자는 그들의 구호는 '우물 안 개구리'가 되자는 말이나 다름없었다. 그러나 홍선대원군은 이항로 등 위정척사에 앞장선 선비들에게 벼슬을 내려 자신도 뜻을 같이한다는 사실을 널리 알렸다.

명성황후의 등장도 이런 맥락에서 살펴보면 의미심장하다. 부대부인 민씨의 눈에 든 자영은 1866년 홍선대원군에 의해 왕비로 간택된다. 앞서 살펴본 대로 유림을 대표하는 명문가 출신인 데다 아버지와 남자 형제가 없는 집안 배경이 대원군의 맘에 들었다. 유림과의 관계 회복에도 도움이 되고, 양오빠 민승호는 대원군의 처남이니 문제될 게 없어 보였다. 물론 그것은 오판이었다.

마침내 열린 민씨 천하

명성황후는 어린 나이지만 세상 돌아가는 이치에 밝았다. 총명한 왕비는 금세 세상의 이목을 사로잡았다. 게다가 임금도 머지않아 성년이 되니 대원군이 설 자리는 좁아질 터였다. 대원군은 조급해졌다. 조급한 사람은 무리수를 두는 법이다.

1868년 고종의 후궁 이씨가 완화군을 낳자, 홍선대원군은 이 서장자를 세자로 책봉하려 했다. 명성황후의 힘이 커질까 봐 수를 쓴 것이다. 그러나 세상 인심은 왕비 편이었다. 왕실에서는 적장자 상속을 중시했고, 명성황후는 혼례를 치른 지 얼마 안 된 새 신부였다. 앞으로 얼마든지 임금의 자녀를 생산할 수 있다. 대원군의 무리수는 거센 반발을 불렀다.

결국 흥선대원군이 세자 책봉의 뜻을 접긴 했지만, 이 일로 명성황후의 마음속에는 반감이 싹텄다. 그녀는 '시아버지에게 구박받는 며느리'의 이미지를 십분 활용해 세력을 구축하기 시작했다. 서원 철폐로 대원군과 척진 유림이 명문가 출신의 왕비를 비호하고 나섰고, 대원군의 형 이최응 등 종친 가운데도 동조자가 나타났다. 무엇보다 아버지의 독단에 염증을 느낀 '사춘기' 임금이 아내의 강력한 우군이 돼 주었다.

그리고 또 한 사람, 흥선대원군에게는 참으로 뼈아픈 이탈자가 있었다. 그의 처남 민승호가 왕비의 측근이 된 것이다. 민승호는 명성황후의 양오빠로서 민씨 일가를 규합하는 한편 유림과의 가교 노릇을 했다. 친누나와 매형을 버리고 왕비의 수족으로 변신한 민승호에게 대원군은 큰 배심감을 느낀 듯하다. 이 사사로운 악연은 후일 비극적인 정치 테러로 이어지며 흥선대원군과 명성황후의 관계를 돌이킬 수 없게 만든다.

화무십일홍花無十日紅이라고 했다. 아무리 힘센 권력자라도 임금이 아닌 이상 10년 넘게 권좌를 지키기는 어려운 일이다. 흥선대원군은 1864년부터 1873년까지 10년간 고종의 섭정으로서 나라를 좌지우지했다. 왕명 대신 '대원위분부大院位分付'가 강력하게 시행되었고, 백성들은 혀끝을 경계하며 나랏일을 함부로 말하지 못했다. 그 위세가 얼마나 대단했는지 운현궁의 청지기들조차 호가호위하면서 재상을 모욕할 정도였다.

하지만 명성황후를 중심으로 반反대원군 세력이 결집하면서 반전이 일어났다. 흥선대원군은 1871년 임금이 성년을 맞았는데도 섭정의 지위를 내려놓지 않고 권력에 대한 집착을 보였다. 고종은 불만스러웠지만 차마 아버지를 내치지는 못하고 전전긍긍했다. 왕비 측은 유림과 의논하여 이 문제의 돌파구를 찾았다. 총대를 메고 나선 인물은 이항로의 제자 최익현이었다.

1855년 과거에 급제해 관직 생활을 시작한 최익현은 1868년 상소를 올려 흥선대원군의 경복궁 재건 사업을 신랄하게 비판했다. 그는 대원군의 비판자로서 명망을 얻었다. 1873년 그가 올린 두 차례 '계유상소'는 명성황후 측과 사전에 조율된 것으로 보인다. 최익현은 임금이 성년을 맞았는데도 대원군의 섭정이 계속되는 것은 부당하다면서 국정 폐단을 조목조목 지적했다.

계유상소는 단숨에 세간의 뜨거운 주목을 받았다. 고종이 어떤 비답을 내릴지 관심이 집중됐다. 조정의 권신들은 최익현이 부자 사이를 이간질했다며 엄벌에 처해야 한다고 주장했으나, 고종은 오히려 최익현에게 호조참판 벼슬을 제수했다. 그것은 상소에 공감한다는 뜻이었다. 바꿔 말하면, 대원군의 섭정에 문제가 많다는 사실을 인정한 셈이다.

흥선대원군의 실각은 이처럼 나라의 언로를 통해 공식적으로 이뤄졌다. 고종은 신하의 상소를 받고 자신의 뜻을 우회적으로 밝혔으며, 이는 절차로 보나 내용으로 보나 명분이 있었다. 게다가 고종의 뒤는 명성황후를 중심으로 한 반대원군 세력이 든든하게 받치고 있었고, 민심도 국왕 부부에게 우호적으로 흘렀다. 결국 대원군은 권력을 내려놓을 수밖에 없었다. 1874년 드디어 임금이 친정에 나선 것이다.

그러나 흥선대원군을 제치고 국정을 틀어쥔 고종은 나라를 다스릴 그릇이 아니었다. 자연 명성황후와 민씨 일족의 발언권이 커졌다. 외척 민씨의 대표로 실권을 행사한 이는 왕비의 양오라비 민승호였다. 그런데 그가 얼마 지나지 않아 집에서 폭사爆死하고 말았다. 바깥에서 들어온 함이 발단이었다. 함 속에 복이 들어 있으니 외부인이 보지 않도록 하라는 당부에 골방으로 들고 가 개봉한 순간, 폭음과 함께 불길이 치솟았다. 민승호는 물론 곁에 있던 그의 아들과 양어머니가 숨을 거두었다.

그 양어머니가 바로 명성황후의 친모親母였다. 왕비는 큰 충격을 받고 잠을 이루지 못했다. 슬픔은 곧 분노로 바뀌었다. 이런 짓을 저지를 인물은 흥선대원군밖에 없질 않는가. 마침 범인으로 잡혀 온 자가 예전에 운현궁을 드나들던 신철균의 문객이었다. 이들은 대역죄로 참형에 처해졌으나 임금의 아버지인 흥선대원군은 차마 연결시키지 못했다.

명성황후는 시아버지에게 불구대천의 원한을 품은 채 민승호의 후계자를 물색했다. 민태호의 똘똘한 아들 민영익이 왕비의 눈에 들어 이후 출세 가도를 달리게 된다. 민영익은 자고 일어나면 승진을 거듭하더니 1년 사이에 벼슬이 통정대부(정3품)에 이르렀고, 그와 사귀려는 명문가 자제들이 다투어 집으로 몰려들었다. 그 외 민태호, 민규호, 민겸호, 민영목, 민영위, 민영규 등이 조정의 요직을 차지했으며, 지방관도 좋은 자리는 민씨 일족이나 그 사돈들이 휩쓸었다. 심지어 명성황후는 직계 조상인 민유중(6대조)이 서인 영수 송준길의 사위였다고 하여 송씨 집안을 외가처럼 대하기도 했다. 믿을 수 있는 건 핏줄과 혼맥뿐이라고 여겼을까.

민씨 일족을 중심으로 재편된 정권은, 그러나 나라를 이끌 역량을 갖추지 못했다. 임금과 왕비부터 권력을 남용하며 흥청망청 국고를 탕진했다. 1874년 원자(훗날의 순종)가 태어나자, 명성황후는 궁궐뿐 아니라 팔도 명산을 두루 다니며 복을 비는 제사를 지내도록 했다. 고종도 틈만 나면 잔치를 베풀고 기분 내키는 대로 상을 하사했다. 내수사의 재정으로 감당이 안 되자, 국왕 부부는 호조와 선혜청의 공금을 유용하기 시작했다.

홍선대원군이 10년 동안 모은 국고가 1년 만에 바닥을 드러냈는데도, 고종과 명성황후는 씀씀이를 줄이지 않았다. 국고가 비자 사사로운 곳간을 채웠다. 장안의 내로라하는 권세가들은 돈으로 벼슬을 샀고, 조세 수입을 관장하는 선혜청 책임자는 세곡선이 침몰했다고 속여 양곡을 빼돌렸으며, 그렇게 취한 부당 이득을 상납했다. 매관매직과 뇌물이 판치며 정치가 썩어 갔다.

부정부패는 조정과 민간, 서울과 지방을 가리지 않고 만연했다. 충청도에 '개 감역'이 생긴 사연이 재미있다. 어느 부유한 과부 집에 '복구'라는 개가 있었는데, 힘 좀 쓰는 길손이 지나다가 담장 너머 개 부르는 소리를 듣고 관아의 감역監役(종9품) 벼슬에 그 개 이름을 올렸다. 과부에게 아들이 있는 줄 알고 대가를 요구하려 한 것이다. 황현의 《매천야록》에 수록된 이 이야기는 당시 매관매직과 뇌물이 얼마나 성행했는지 짐작케 한다.

부정부패에 휩싸인 고종과 명성황후, 민씨 정권은 19세기 이래 백성을 고통스럽게 한 세도정치의 부활로 비쳐졌다. 급기야 사람들은 대원군 시절을 그리워했다. 황현은 이 현상을 다음과 같이 냉정하게 평가했다.

그것은 마치 후한後漢 백성들이 슬퍼 탄식하며 차라리 망조莽朝(왕망이

전한을 멸망시키고 세운 신나라) 시절이 낫다고 한 것이나 마찬가지니,
운현雲峴(대원군)의 어진 덕이 남아 있어서 그런 것은 아니었다.

_ 황현,《매천야록梅泉野錄》

강화도 조약과 임오군란,
중전의 국장

1876년 일본과 맺은 '조일수호조규'(강화도조약)는 조선의 내부 모순을 극
대화시키며 후일 국권을 빼앗기는 출발점이 되었지만, 당시 위정자들은
그것을 알지 못했다.

1875년 9월 일본 군함 운요호가 강화도 초지진에 접근했다. 일본군은
해안선 조사를 내세워 아무런 사전 협의도 없이 배를 상륙시키려 했다. 해
안을 지키던 조선군이 이 배에 포격을 가하자 기다렸다는 듯이 운요호가
함포 사격에 나섰다. 고성능 대포에 초지진은 초토화되었다. 이어서 영종
진에 상륙한 일본군이 조선군과 교전을 벌였다. 조선군 35명이 전사한 반
면, 일본군은 단 2명만 부상을 입었다.

운요호 사건은 일본이 조선의 문을 열기 위해 계획적으로 저지른 도발
이었다. 이 사건으로 피해를 입은 건 조선인데, 오히려 큰소리친 쪽은 일
본이었다. 그들은 함대를 이끌고 와 통상조약을 맺지 않으면 일본을 공격
한 대가를 치러야 한다고 윽박질렀다. 적반하장이었지만 조선은 일본 함
대와 싸울 여력이 없었다. 청나라도 서구 열강의 압력 때문에 방관자적인

입장을 취했다. 개항은 불가항력이었다.

문제는 협상이었다. 조선의 위정자들은 세상 물정 모르고 시종 무기력하게 끌려갔다. 근대적 조약 개념이 희박한 탓도 있었지만, 위정자로서 국익을 챙기려는 자세 또한 부족했다. 그 결과 제국주의 침략이 횡행하던 당시 국제사회에서도 유례를 찾아보기 힘든 최악의 불평등 조약이 맺어졌다.

조선과 일본 양국은 1876년 2월 본 조약인 '조일수호조규'를 맺고, 6개월 후 '한일무역규칙'을 비롯한 부록에 서명했다. 조선은 기존의 부산 이외에 인천, 원산을 추가적으로 개항하고 일본인 거류지를 설정했다. 국내에서 활동하는 일본인은 영사재판권에 의한 치외법권이 인정되었다. 일본인이 조선에서 사람을 죽여도 나라가 죄를 물을 수 없다는 뜻이다. 반면 조선인은 일본에서 치외법권을 누리지 못했으니 심히 불평등했다.

무역에 관한 조항들도 두고두고 후환이 되었다. 양국 간 무역에서 조선은 어떠한 간섭이나 규제도 가할 수 없었을뿐더러 관세도 부과하지 못했다. 이로 인해 일본에서 옷감 등 공산품이 무제한 수입되고, 쌀과 콩을 비롯한 조선의 곡물이 헐값에 수출되었다. 일본은 조선을 공산품 소비시장이자 식량/원료 기지로 삼아 부국강병의 토대를 마련했다. 하지만 조선은 일본 경제에 종속되었으며 고질적인 식량난에 허덕였다.

이렇게 불평등한 조약임에도 조일수호조규 1조는 "조선이 자주국가이며 일본과 평등한 권리를 갖는다"고 규정하고 있다. 일본이 조선의 자주권과 평등권을 존중한다는 의미 같지만 그들의 본심은 다른 데 있었다. 조선은 청나라와 형식적으로 주종主從의 의리를 맺고 이를 대외 관계의 바탕으로 삼아 왔다. 이 때문에 일본은 조선에 진출할 때 청나라의 눈치를 볼 수밖에 없었다. 1조는 곧 조선에 대한 청나라의 영향력을 배제시키려는 일본의 의지가 반영된 것으로 볼 수 있다. 일본의 노골적인 침략 야욕이 감춰진 강화도조약은 망국의 시한폭탄이었다.

시한폭탄의 초시계가 째깍째깍 돌아가는 것도 모르고 민씨 정권은 도덕적 해이에서 헤어 나오질 못했다. 1882년 6월 9일 위정자들에게 경종을 울리는 변란이 터졌다. 한양의 구식 군대가 봉기해 대신들을 죽이고 궁궐을 점거한 것이다. 이른바 '임오군란壬午軍亂'이다. 이 사건은 명성황후에게 씻을 수 없는 트라우마를 남겼다.

임오군란은 사실 예견된 사태였다. 당시 구식 군대인 오영五營은 화약고나 마찬가지였다. 그해 초 조정에서는 일본을 모방한 신식 군대 '별기군'을 양성하기 시작했다. 오영, 즉 한양의 다섯 부대는 둘로 축소되고 많은 군사들이 쫓겨났다. 군사들의 월급도 반년 이상 밀려 있었다. 호조와 선혜청의 국고는 진즉 바닥을 드러냈고, 쌀과 콩을 수출하는 바람에 식량난도 심각했다. 구식 군대에 지급할 곡식이 없었다. 군사들은 부글부글 끓고 있었다. 앞날이 깜깜한 데다 처자식마저 굶고 있으니 그 심정이 오죽하랴. 일촉즉발一觸卽發, 한 번만 건드리면 폭발할 지경이었다. 울고 싶은 군사들의 뺨을 때려 준 인물은 민씨 정권의 일원이자 선혜청 책임자인 민겸호였다.

호남에서 세곡선 몇 척이 올라오자 민겸호는 구식 군대의 밀린 월급을 주기로 했다. 그런데 선혜청 출납을 담당하던 하인이 야료를 부렸다. 쌀에 겨를 섞어 지급한 것이다. 빼돌린 쌀을 팔아 취한 부당 이득은 상전인 민겸호에게 상납될 뿐 아니라 왕실과 조정에 뇌물로 쓰였다. 부패한 선혜청에서 관행처럼 반복되어 온 일이었는데, 이번에는 상대를 잘못 골랐다.

분노가 폭발한 군사들은 하인을 두들겨 팼다. 이 소식을 들은 민겸호가 주동자를 잡아 죽이겠다고 엄포를 놨다. 불난 집에 기름을 부은 격이었다. 군사들은 일제히 칼을 뽑아들고 외쳤다.

"이래 죽으나 저래 죽으나 마찬가지다. 죽일 놈을 죽여서 억울함을 풀자!"

난병들이 처음에 몰려간 곳은 민겸호의 집이었다. 노회한 대신은 담장을 넘어 궁궐로 달아났다. 군사들은 분을 풀기 위해 남산의 별기군 훈련장으로 향했다. 교관 호리모토 레이조가 돌에 맞아 죽었다. 왜놈들에게 이를 갈던 백성들도 가세했다. 도성에 들어온 일본인 7명이 목숨을 잃었다. 일본 공사 하나부사 요시모토는 수하들과 함께 인천으로 가서 현해탄을 건넜다.

기세가 오른 난병들은 다음 날 홍선대원군을 앞세우고 창덕궁을 침범했다. 궁궐에 있던 민겸호와 김보현은 군사들에게 맞아 죽었다. 전·현직 선혜청 책임자인 두 사람이 부정부패의 핵심으로 지목당한 셈이다. 민겸호는 홍선대원군에게 살려 달라고 사정했으나 돌아온 것은 차가운 냉소뿐이었다. 김보현의 시신은 입을 찢기고 엽전을 욱여 넣는 욕을 당했다.

"이놈은 평소 돈을 좋아했으니 돈으로 배를 채우는 게 좋겠다."

난병들은 중전을 찾기 위해 혈안이 되었다. 대원군의 살생부에 오른 것이다. 반면 함께 입궐한 부대부인 민씨는 어떻게든 명성황후를 살리고자 했다. 민씨가 왕비를 자기 가마에 태워 휘장으로 가린 채 궁궐 밖으로 내보냈으나, 곧 군사들에게 저지당했다. 명성황후는 끌려나와 땅바닥에 내동댕이쳐졌다. 생사의 갈림길에 선 순간! 이때 무예별감 홍재희가 나타났다.

"이 여인은 상궁으로 있는 내 누이다!"

명성황후를 본 적 없는 군사들은 홍재희의 외침에 살수殺手를 거두고 머뭇거렸다. 그 틈을 타 홍재희는 왕비를 등에 업고 창덕궁에서 탈출했다.(홍재희는 이후 홍계훈으로 이름을 바꾼다. 절체절명의 위기에서 중전을 구한 그는 1895년 명성황후 시해 사건 당시 궁궐을 수비하다가 최후를 맞는다. '왕비의 남자'로 살다가 죽은 것이다.)

구사일생으로 궁궐을 빠져나온 명성황후는 민씨 일족의 도움을 받아 충주까지 달아났다. 피난길은 고생과 치욕의 연속이었다. 한강 나루터에서는 뱃사공이 난색을 보여 금가락지를 빼 주고 나서야 강을 건널 수 있었다. 경기도 광주 근처를 지날 때는 아무것도 모르는 촌 할머니가 그녀를 피난 가는 아낙으로 여기고 이렇게 떠들었다.

"중전이 음란하여 난리가 일어난 거라오."

경황없이 도망가는 길이었지만 왕비에게는 그 말이 가슴에 콕 박혔던 모양이다. 훗날 궁궐로 돌아가서 할머니의 마을을 없애 버린 것을 보면….

명성황후는 충주 장호원에 있는 민응식의 집에 몸을 숨겼다. 그곳에서 때를 살피던 그녀에게 청천벽력 같은 소식이 전해졌다. 홍선대원군이 중전의 국장을 선포한 것이다. 왕비의 행방이 묘연하긴 했지만 죽었다고 보기는 어려운 상황인데도 국모의 장례를 공식화한 데는 대원군의 노림수가 숨어 있었다. 이미 난병들에게 살해되었으면 더할 나위 없이 좋고, 혹시 살아 있다 해도 복귀하기 어렵게 만든 것이다.

실제로 명성황후는 난감했을 것이다. 홍선대원군이 권력을 틀어쥔 상황에서 섣불리 나섰다가는 꽃가마 대신 자객을 맞을 게 뻔했다. 그렇다고 가만히 있으면 세월에 매장되어 영영 죽은 사람이 될 판이었다. 고심 끝에 왕비는 청나라를 끌어들여 판을 뒤집기로 결심했다. 중전은 고종에게 은밀히 사람을 보내 자신의 뜻을 전하고, 측근들을 움직이기 시작했다.

그 무렵 청나라 천진에는 영선사領選使로 파견된 김윤식이 머물고 있었다. 그는 젊은 유학생들을 이끌고 가서 무기 제조법을 비롯한 선진 문물을 배우는 한편 청나라의 중재로 미국과의 연계를 도모하여 1882년 4월 '조미수호통상조약'을 이끌어 냈다. 때마침 어윤중도 김윤식과 함께였다. 두 사람은 변란에 대한 전보를 받고 북양대신 이홍장을 찾아가 왕비 시해의 죄가 크니 대원군을 처벌하라고 간청했다.

이홍장이 이를 수락하여 청나라 군대가 한성에 이른 것은 7월 초의 일이었다. 제독 마건충이 숭례문 밖에 진을 치고 흥선대원군을 막사로 초대했다. 대원군은 내키지 않았지만 병사 수천 명이 무력시위를 벌이고 있는데 버티고 있을 수는 없었다. 결국 흥선대원군은 청나라 군영에서 납치되어 북경 남쪽에 위치한 보정부로 끌려갔다. 기약 없는 감금 상태에 처하게 된 것이다.

임오군란으로 인명 피해와 재산 손실을 본 일본도 가만 있지 않았다. 메이지 정부의 실세 이노우에 가오루가 직접 일본군 2개 중대를 인솔해 조선에 나왔다. 일본 측의 책임 추궁은 집요했다. 조선은 40만 원의 배상금을 물었을 뿐 아니라 남산 일대에 일본인 거류居留를 허락해야 했다. 남산의 유서 깊은 정자 녹천정은 일본 공사관으로 변신했다. 박영효, 김옥균 등이 사절단의 일원으로 일본에 건너가 사죄를 청한 것도 이때였다.

8월에 명성황후가 궁궐로 돌아오면서 민씨 일족이 다시 위세를 회복했다. 임오군란으로 생사의 경계를 넘나들던 중전은 복수심을 불태웠다. 왕비의 국장을 실질적으로 추진한 이회정, 청나라에 보고하는 글을 지은 임응준, 강직하게 민씨 정권에 반대해 온 조병창, 그리고 대원군의 수족으로 알려진 정현덕과 이재만 등이 목숨을 잃었다.

비선 실세에 놀아난 국왕 부부

임오군란이 명성황후에게 남긴 트라우마는 깊고 오래갔다. 난병들에게 살해 위협을 받고, 이름 모를 촌로에게 모욕당했으며, 산 채로 죽음을 선고받았으니 두려움과 절망이 얼마나 컸겠는가. 그때 명성황후에게 마수를 뻗친 인물이 있었으니, 바로 무당 진령군이다.

충주에 숨어 있던 명성황후를 찾아온 무당은 환궁 날짜를 점쳐 주며 그녀에게 용기와 희망을 불어넣었다. 과연 청나라의 개입으로 대원군이 중국에 끌려가고 명성황후는 궁궐로 돌아갔다. 왕비는 이 무당을 '진령군眞靈君'에 봉했다.

> (명성황후가) 몸이 좋지 않을 때 무당이 아픈 곳을 만져 주면 증세가 줄어들었다. 날마다 총애가 더해지니 무당의 말이라면 들어주지 않는 것이 없었다. (중략) 중전이 무당을 '진령군'에 봉했다. 무당은 아무 때나 대궐에 나아가 임금과 중전을 뵈었다.
> _ 황현,《매천야록》

이후 왕과 왕비는 진령군에게 나랏일을 묻고 길흉을 점쳤다. 진령군은 '비선 실세'로 떠오르며 국정과 인사에 개입하기 시작했다. 화와 복이 무당의 말 한 마디에 달렸으니, 높고 낮은 관리들이 자주 그의 손에서 나왔다. 조정 대신들은 이를 바로잡기는커녕 부끄러운 줄도 모르고 아부하기 바빴다. 진령군을 누이라 부르기도 하고, 수양아들을 자처하기도 했다. 무당의 아들 김창열은 버젓이 대신들과 자리를 나란히 했다.

진령군이 부린 '여우의 위세'는 당대 권력자들의 가려운 곳을 긁어 줬기에 가능한 일이었다. 뇌물 좋아한 고종 부부에게, 매관매직에 열중한 민씨 일족에게 굿이나 보고 떡이나 먹으라고 하진 않았을 터였다. 국정의 탈을 쓰고 부정 축재가 행해졌고 끼리끼리 해 먹었다. 그것을 비판하거나 바른 말 하는 신하들은 자리를 보존하기 어려웠다. 조정에는 황현의 말마따나 '도깨비 나라의 미치광이들'만 남았다.

그 시절엔 진령군 말고도 비선 실세가 넘쳐 났다. 명성황후의 양오빠 민승호에게는 젊은 후처가 있었다. 그녀는 민승호가 죽은 후에 아들을 낳았는데 불륜의 씨라는 소문이 장안에 파다했다. 사람들은 꿈속에서 남편과 사랑을 나누고 얻었다며 그 아이를 '몽득夢得'이라고 불렀다. 이 몽득이 엄마도 명성황후를 등에 업고 호가호위狐假虎威했다. 고관대작들이 그녀를 깍듯이 떠받들었다.

비선 실세들은 뇌물, 매관매직, 횡령 등 부정부패의 고리 역할을 했다. 이를 테면 거간꾼이었다. 그렇다면 진짜 몸통은? 바로 '뇌물 대왕' 고종이었다. 그는 임금 자리를 돈방석으로 알았다. 백성의 살림살이는 안중에도 없고 일신의 부귀영화에만 집착했다.

1880년대 고종의 총신 중에 남정철이라는 자가 있었다. 과거에 급제하고 몇 년 후 그는 평안도관찰사로 부임했다. 평안도는 중국과의 무역이 발달하고 광산이 많아 수령이 재물을 넉넉하게 모을 수 있는, 지방관에겐 최고의 임지였다. "평안감사도 저 하기 싫으면 그만"이라는 말이 괜히 나온게 아니다. 물산이 풍부하니 남정철은 틈만 나면 귀한 선물을 진상하여 고종의 총애를 받았다. 급기야 고종은 남정철을 영선사로 임명해 중국 천진에 파견할 뜻을 비추며, 그를 불러들이고 대신 외척 민영준을 평안도관찰사로 내보냈다. 그런데 민영준이 한 술 더 뜨는 처세를 발휘했다. 부임하자마자 금송아지를 수레에 태워 고종에게 바친 것이다. 금송아지를 받은 고종은 남정철에 대한 생각을 바꾸었다.

"알고 보니 남정철은 큰 도둑놈이었구나. 평안도에 이렇게 금붙이가 많았는데 여태껏 혼자 다 해 먹었구나."

물론 이는 민간에 풍문으로 떠도는 이야기지만, 중요한 것은 백성들이 자신들에게 삥 뜯는 탐관오리의 우두머리로 고종을 지목했다는 것이다. 실제 지방관들은 기념일만 되면 관내 주민들을 닦달해 진상품을 마련했다. 진상품은 민씨 정권의 유력자를 통해 임금에게 전달되었다. 고종의 생일날에는 이런 일도 있었다고 한다.

민영환이 경상감사 김명진의 진상품 목록을 바쳤는데 일본 비단 50필과 삼베 50필이 전부인 것을 보고 고종이 굳은 표정으로 그것을 바닥에 내동댕이쳤다. 반면 민영소가 올린 전라감사 김규홍의 목록에는 봄명주 500필과 여름 비단 500필, 그리고 갖가지 귀한 그릇들이 빼곡히 적혀 있었다. 그제야 고종의 낯빛이 풀리더니 기뻐하며 말했다.

"감사로서 이 정도는 예를 차려야 마땅하지 않은가. 김규홍이 과인을 사랑하는구나."

결국 민영환은 경상감사의 진상품에 자신의 돈 2만 냥을 보태야 했다. 김명진이 그의 장인이었기 때문이다. 고종은 벼슬을 팔아 호주머니를 채우는 매관매직도 서슴지 않았다. 규장각 각신 자리의 경우 10만 냥부터 20만 냥까지 돈을 받고 거래했다.

부정부패로 썩어 가는 조선의 중심에 국왕 부부가 있었다.

개화당이 실으킨 이마추어 정변

온 나라가 총체적인 혼란에 빠져 허우적대고 있는 그 틈을 노리고 1884년 10월 17일 개화당開化黨이 정변을 일으켰다. 김옥균, 박영효, 홍영식, 서재필 등이 주도한 '갑신정변甲申政變'이다.

개화당은 조선 내 급진 개화파로 서구 열강의 제도와 문물을 하루속히 도입해 부국강병을 이룩하자는 '문명개화文明開化'를 추구했다. 반면 온건 개화파는 '동도서기東道西器'라 하여 동양의 정신문명과 서양의 물질문명을 절충해야 한다는 입장이었다. 상대적으로 개화당은 친일 성향이 두드러졌다. 개화당 인사들은 당시 아시아에서 유일하게 서구식 근대화를 일궈 나가고 있는 일본을 드나들면서 메이지 정부 측과 적극적으로 교류했다. 그래서 세간에서는 개화당을 '왜당倭黨'이라 부르기도 했다.

구한말 개화당을 대표한 인물은 김옥균이다. 1883년 그는 고래잡이를 관장하는 포경사捕鯨使에 임명되었다. 당시 서구 열강과 일본이 고래를 잡아 이익을 올리자 조선도 이를 모방해 고래잡이에 나섰는데, 포경사 김옥균은 별로 신임을 얻지 못했다. 입으로만 고래잡이의 이익을 논할 뿐 실행에 옮기지 않았기 때문이다. 김옥균에게 주어진 또 하나의 관직은 동남제도개척사東南諸島開拓使였다. 말 그대로 울릉도를 포함해 동남해안의 섬들을 개척하는 일로서 포경 업무와 관련이 깊었다. 그런데 김옥균은 이 사업을 진행하다가 울릉도를 일본에 팔아먹으려 한다는 소문에 휩싸였다. 업무 특성상 일본 측과 협의할 일이 많았는데 그 과정에서 사달이 난 것이다.

그렇다면 고종은 왜 김옥균을 포경사 겸 동남제도개척사에 앉혔을까? 그가 일본을 잘 안다고 생각했기 때문이다. 일본의 도움이 필요한 업무에서 김옥균이 가교 역할을 하리라 기대한 것이다. 그러나 김옥균은 일본의 속셈을 제대로 간파하지 못했다. 일본은 개화에 대한 김옥균의 신념을 부추겨 조선 침략의 앞잡이로 삼으려 했다. 그 불순한 의도는 갑신정변으로 구체화되었다.

김옥균 일파는 서구식 근대화를 이루려면 일본처럼 입헌군주제로 가야 한다고 생각했다. 김옥균은 박영효와 함께 거사를 의논했다. 철종의 부마인 금릉위 박영효는 왕실 일원이었기에 이런 일의 간판으로 적격이었다. 서재필, 서광범 등 피 끓는 청년들도 행동대장으로 가담했다. 거사를 뒷받침할 무력은 일본 측과 조율했다.

하지만 그들은 아마추어였다. 성급하게 사람을 모으고 좌충우돌 움직이다 보니 거사 조짐이 조정에 포착되고 만 것이다. 어느 날 군부 영사 윤태준이 이종 조카 서재필과 밥을 먹다가 이 일을 거론했다. 깜짝 놀란 서재필은 수저를 놓고 달아났다. 조정에서 의심하고 있다는 사실을 안 이들은 거사를 앞당겨 10월 17일 우정국 개국 축하연을 겨냥했다. 우정국 초대 총판 홍영식은 개화당과 뜻을 함께했다.

김옥균과 박영효는 우정국 연회에 민씨 정권의 실세들을 대거 초청했다. 이 자리에서 그들을 도륙하고 궁궐로 치고 들어갈 계획이었다. 하지만 정변의 낌새를 눈치 챈 대신들이 거의 대부분 초청에 응하지 않았고, 전부터 개화당과 친밀하게 지내 온 민영익만 연회에 참석했다. 그렇다고 거사를 물릴 수는 없었다. 연회가 무르익을 무렵 바깥에서 갑자기 불길이 일었다. 민영익이 놀라 허둥대자 연회장에 숨어 있던 행동대원이 달려들어 칼을 휘둘렀다. 빗나간 칼이 민영익의 귀를 자르며 어깨에 박혔다. 민영익은 쓰러졌지만 목숨은 보전했다. 조선의 외무협판인 독일인 묄렌도르프가 부축해서 도망친 덕분이었다.

우정국에서 낭패를 본 박영효는 창덕궁으로 달려가 궁궐 주변에 불을 지르고 청나라 군대가 난을 일으켰다고 크게 외쳤다. 왕실 일원인 그는 안내를 받아 고종을 만났다. 같은 시각 김옥균은 일본공사관에 들어가 지원군을 요청했다. 사전에 논의한 대로 중대 병력이 준비돼 있었다. 그들은 박영효의 기별을 기다렸다.

박영효는 일단 창덕궁에서 빠져나가 경우궁(순조의 생모 수빈 박씨의 사당)으로 피하자고 고종을 다그쳤다. 정변을 성공시키려면 당분간 임금을 끼고 있어야 하고, 혹시 모를 반격도 물리쳐야 한다. 그러려면 좁은 경우궁이 유리했다. 창덕궁은 넓어서 일본군 중대 병력으로는 방어하기 어려웠다. 심약한 고종은 신변 위협을 느끼자 금릉위의 협박 반 설득 반 공세에 넘어갔다. 명성황후가 서두르지 말자고 했지만 소용없었다.

일본군을 부르자는 건의도 받아들여졌다. '일병래호日兵來護', 일본군이 와서 호위해 달라는 고종의 요청에 일본 공사 다케조에 신이치로는 출병을 명했다. 중대 병력이 달려가 경우궁을 에워쌌다. 어느덧 동녘 하늘로 붉은 해가 둥실 떠오르며 날이 밝았다.

10월 18일 아침, 김옥균과 박영효는 임금의 교지를 꾸며 조정 대신들에게 띄웠다. 민태호, 민영목, 조영하, 윤태준 등 정권 실세들과 군부 요인들을 불러들인 것이다. 경우궁으로 들어서던 대신들은 서재필과 왜학생도(일본을 배우게 하려고 조정에서 모집한 젊은이)들이 휘두른 칼에 살해되었다. 정변의 걸림돌들을 제거하자 개화당은 기고만장해졌다. 김옥균은 내시 류재현이 임금에게 올린 수라를 발로 걷어차며 이렇게 말했다고 한다.

"지금이 어느 때인데 편안하게 수라를 즐기느냐?"

이에 류재현은 김옥균을 꾸짖었다.

"너희는 조상 대대로 벼슬한 집안 출신이 아니더냐? 무엇이 부족하여 미친 짓을 저지르느냐?"

류재현의 말대로 개화당 인사들 가운데는 북촌의 노론 명문가 자제들이 많았다. 김옥균만 해도 19세기의 대표적 세도가인 안동 김씨였다. 대대로 나라의 녹을 먹고 임금의 은혜를 입은 자들이 반역에 나섰다는 질책이었다. 김옥균은 칼을 뽑아 내시를 베고 임금의 인장인 옥새를 박영효에게 건네며 즉위하라고 권했다. 우국거사가 정말 반역으로 치달은 순간이었다. 그것은 고종을 죽이겠다는 의미이기도 했다.

이를 뜯어말린 건 경기관찰사 심상훈이었다. 국왕 시해의 악명을 얻으려 하느냐며 달랬다. 그는 개화당에 합세한 척했지만 실은 고종과 명성황후를 호위하고 이들에게 개화당의 실상을 알려 주며 궁궐 밖과 내통해 반전을 도모했다. 심상훈은 국왕 부부의 마음을 움직여 거처를 다시 창덕궁으로 옮기고 청나라 군영에 구원 요청을 전하도록 하였다. 개화당이 범凡개화파 내각을 수립하는 동안 벌어진 일이었다.

10월 19일 새 내각은 고종의 이름으로 혁신정강 14개조를 발표했다. 청나라에 대한 조공을 폐지하고, 인민평등권을 제정하며, 토지에 매기는 세금을 개혁한다는 내용이었다. 그런데 혁신정강이 발표된 그날 오후 청나라 군대가 창덕궁으로 몰려왔다. 병력은 1,500명으로 일본군보다 열 배나 많았다. 그해 8월 청나라는 베트남의 종주권을 둘러싸고 프랑스와 전쟁이 벌어지자 조선에 주둔한 병력 3천여 명 중 절반을 빼 갔다. 그래서 김옥균과 박영효는 청나라 군대가 쉽게 움직이지 못할 거라 짐작했는데, 예상과 달리 청나라의 원세개는 구원 요청을 받자마자 즉각 출병했다.

일본군은 청나라 군대에 맞서 싸웠으나 중과부적이었다. 게다가 창덕궁 바깥을 수비하던 조선군 1천여 명마저 청군에 합류했다. 이는 고종의 뜻이었다. 다케조에 신이치로 공사는 어쩔 수 없이 원세개에게 화의를 제안했다. 자신들이 물러날 테니 퇴로를 열어 달라고 청한 것이다. 원세개로서도 대세가 정해진 상황에서 군이 일본군과 사생결단할 이유가 없었다. 일본군이 철수하면서 궁궐은 청나라 군대의 수중에 들어갔다.

개화당의 운명은 어찌 되었을까? 김옥균, 박영효, 서재필, 서광범 등은 일본군이 후퇴하자 정변이 실패했음을 깨닫고 함께 달아났다. 그러나 고종

곁을 지키고 있던 홍영식과 박영교(박영효의 형)는 임금에게 청군을 물리라고 청하다가 궁궐 수비대에 목숨을 잃었다. 두 사람은 마지막까지 개화의 신념에 충실했지만, 동료를 버린 도망자들은 목숨 부지하느라 바빴다.

'3일 천하'로 허무하게 막을 내린 갑신정변은, 자주독립과 근대화를 목표로 한 최초의 거사로 평가받는다. 혁신정강 14개조에는 그러한 목표가 잘 담겨 있다. 그러나 갑신정변의 이면에는 조선 침략을 염두에 둔 일본의 정지 작업이 어른거린다. 일본은 강화도조약을 체결한 이래 조선과 청나라의 사대 관계를 단절하고, 조선 내 기득권층의 힘과 부를 허물려고 했다. 개화당이 주장한 (청나라에 대한) 자주독립과 (일본식의) 근대화는 이러한 일본의 의도와 부합했다. 갑신정변 전후 개화당 인사들이 보여 준 친일 행각을 감안하면 더욱 명확해진다. 갑신정변을 개화당 대 사대당, 개혁파 대 수구파 구도로 보는 것은 '친일' 개화당을 미화하려 한 식민사학의 시각이다. 당시 조선 민중은 그렇게 생각하지 않았다.

한성 백성들은 개화당을 '왜당 역적'이라고 부르며 그 잔당들을 살육했다. 일본공사관도 분노한 백성들에 의해 불탔다. 다케조에 신이치로 공사와 정변의 주모자들은 인천에서 배를 타고 일본으로 도주했다. 행동대로 나선 왜학생도들도 인천으로, 부산으로 달아나기 바빴다. 미처 몸을 피하지 못한 자들은 관원들에게 붙잡혀 처형당했다.

역적의 가족들도 화를 피하지 못했다. 부모형제와 처자식들은 감옥에 끌려가거나 자살로 내몰렸다. 그들이 살던 집은 헐어서 연못을 만들었고 재산은 몰수했다. 김옥균, 박영효, 서재필, 서광범 등 주모자급의 문중에서는 이름에 쓰는 항렬을 고치기도 했다. 하지만 정작 일본으로 도주한 주모자들을 송환해서 처벌하지는 못했다. "정치범이 망명하면 보호해 준다"는 만국공법(국제법)의 조항을 들어 일본 정부가 송환을 거부한 것이다.

명성황후가 서구 열강과의 외교에 힘을 쏟은 것도 이때부터다. 그녀는 갑신정변을 배후에서 조종한 것이 일본이라고 확신하고, 일본을 견제하기 위해 서양 세력과 손잡아야 한다고 판단했다. 물론 서구 열강이라고 위험하지 않은 것은 아니지만, 가까이 있는 일본보다는 멀리 떨어진 서양이 덜 위험하다고 보았다. '수원綏遠', 즉 먼 나라와 편하게 지내는 외교 책략이다. 이 책략을 주도한 인물은 고종이 아니라 명성황후였다. 당시 왕실 주치의의 아내였던 릴리어스 언더우드는 왕비가 조선의 국익을 위해 일본에 반대했다고 말했다.

"왕비는 섬세한 감각을 지닌 유능한 외교관이었다. 그녀는 세계 강대국과 그 정부에 대해 잘 알고 있었다. 일본을 반대했으며 조선의 국익을 위해 헌신했다. 아시아의 그 어떤 왕후보다 수준 높은 여인이었다."

_ 릴리어스 언더우드, 〈조선견문록〉

이후 명성황후는 서양 각국과 수교하는 데 앞장섰다. 조선은 1884년 영국-독일, 1885년 러시아, 1886년 이탈리아, 1887년 프랑스와 통상조약을 체결했다. 미국과는 이에 앞서 1882년에 조약을 맺은 바 있다. 왕비는 유능한 외교관이었고 서구 사람들에게 인기도 높았다.

명성황후는 국정의 조언자로서 위상을 높여 나갔다. 그러나 왕비를 둘러싼 정치 환경은 녹록지 않았다. 유림과 백성들은 부패한 민씨 정권에

넌덜머리를 냈으며, 1885년에는 중국 보정부에 억류되어 있던 흥선대원군이 귀국길에 올랐다. 명성황후가 서양 세력과 손잡으려 하자 이를 견제하려고 청나라가 풀어 준 것이다. 조선 주둔 청군 지휘관 원세개는 대원군의 후원자를 자처하고 나섰다.

그동안 민씨 정권은 임금의 아버지가 이국 땅에 억류되어 있는데도 적극적인 구명 노력을 하지 않았다. 기청사祈請使라 하여 사신을 파견하긴 했지만, 그를 용서해 달라는 요청은 꺼내지 않았다. 세상 사람들은 오히려 석방을 막으려고 보낸 것 아니냐며 수군거렸다. 마침내 흥선대원군이 돌아오자 민심은 급속도로 그에게 쏠렸다. 사대부들이 그를 만나러 몰려들었으며, 백성들 역시 멀리서 절하고 기뻐했다.

본격적인 외세의 침략이 예고된 가운데 명성황후와 흥선대원군의 갈등은 격화되었고 온 나라에 만연한 부정부패는 개선 조짐이 보이지 않았다. 망국이 점차 현실로 다가오고 있는 이 파국의 순간, 시대 흐름을 타고 마지막 구원의 방주가 떠오른다. 인간해방을 부르짖는 백성들의 피맺힌 함성, '동학東學'이었다.

인간해방의 열망, 동학농민전쟁

동학은 1860년 최제우가 창시했으나 그 정신적 뿌리는 18세기에 유입된 '서학西學'(서양의 과학, 사상, 종교 등)과 닿아 있다. 정약용 등 남인 사대부들의 학문적 관심사에서 출발한 서학은 천주교를 중심으로 하층민, 부녀자에게 확산되어 갔다. 인간은 하나님 앞에서 누구나 평등하다는 천주교 교리는 유교 질서에 치여 억압받는 조선 민중들 사이에서 폭넓은 공감을 불러일으켰다.

그러나 서학은 유교국가의 근간을 뒤흔드는 '사학邪學'이라 하여 모진 핍박을 받았다. 신유박해(1801), 기해박해(1839), 병인박해(1866)를 거치며 수많은 천주교도들이 목숨을 잃었다. 특히 병인박해 때는 선교사 9명과 신도 8천여 명이 학살당했다. 살아남은 사람들도 쫓겨 다니다가 깊은 산골짜기에 몸을 숨겨야 했다. 이 때문에 서학은 어쩔 수 없이 위축되었지만, '근대적 개인'의 각성이라는 촛불은 꺼지지 않았다.

서학이 싹틔운 인간해방의 열망은 역설적이게도 동학이 이어받으면서 무성하게 자라났다. 동학東學은 명칭부터 서학西學과 대립되는 것이었으나, 인간의 존엄성을 높이려 한다는 점에서는 닮은꼴이었다. 동학 창시자 최제우는 '시천주侍天主'를 교리의 근본으로 삼았다. 즉, (사람의 내면에) 하느님을 모신다는 것이다. 그들의 기도문은 이러했다.

"내 안에 하느님을 모시고, 하느님의 조화에 따라 살기로 정하였나이다. 영원히 잊지 않겠사오니, 모든 것을 알게 해 주옵소서."

사람은 저마다 안에 하느님을 모시고 있으니, 모든 사람이 하느님처럼 고귀한 존재다. 동학의 교리는 사회적으로 차별받는 하층민에게 빠른 속도로 퍼져 나갔다. 최제우가 경주에서 동학을 창시한 것이 1860년인데 2년 만에 교도 수가 3천여 명에 이르렀다. 그러나 최제우는 '삿된 도를 퍼뜨려 세상을 어지럽힌 죄(左道亂正之律)'로 체포되어, 1864년 4월 대구에서 처형당했다.

교주가 목숨을 잃는 등 탄압을 받긴 했지만 동학의 불길은 더욱 거세게 타올랐다. 여기에는 당시 시대 흐름도 한몫했다. 세도정치와 삼정의 문란으로 극심한 고통을 겪던 조선 민중은 19세기 중반 이후 농민항쟁에 나섰다. 1862년에는 전라도 38곳, 경상도 19곳, 충청도 11곳에서 민란이 일어났다(임술농민항쟁). 탐관오리의 가렴주구에 시달리던 농민들은 향회를 열어 통문을 돌리고 봉기했다. 그들의 요구는 대개 부당한 세금과 환곡을 바로 잡으라는 것이었는데, 그 근저에는 유교 질서가 강요하는 인간 이하의 삶을 더 이상 참지 않겠다는 각오가 깔려 있었다. 민중은 개돼지가 아니라는 자각이 농민항쟁으로 표출된 것이다.

동학은 바로 그 인간해방의 열망을 동력 삼아 조선 전역으로 뻗어 나갔다. 2대 교주 최시형은 '인내천人乃天'(사람이 곧 하늘)을 내세우며 교단을 정비하고 포교를 독려했다. 동학은 1880년대에 영남을 넘어 호남, 충청, 경기 지역으로 조직을 확대해 나갔다. 지역마다 포包와 접接을 두어 교도들을 조직했는데 그 기세가 치열했다.

1880년대 후반에는 호남에서 독자적인 움직임이 나타났다. 이 지역에서 가난한 농민들이 대거 동학에 가세하면서 전봉준, 서인주 등 호남의 동학 지도자들은 포교 활동보다 사회개혁에 관심을 기울였다. 가렴주구 근절, 탐관오리 징치, 외국 상인 추방 등 빈농의 요구에 부합하는 활동들을 펼친 것이다. 결국 동학은 교단의 영향권에 있는 '북접'과 호남을 중심으로 한 '남접'으로 나뉘어졌다.

조정에서는 동학 세력이 커지자 대책 마련에 부심했다. 유교 풍속이 무너진 때문이라며 향약鄕約(향촌 사람들끼리 서로 도우며 살자는 약속)과 향음주鄕飮酒(향촌 사대부와 하층민이 함께 하는 화합의 잔치)의 시행을 다그쳤다. 그러나 행사를 위해 집집마다 돈을 걷고 음식을 장만하다 보니 오히려 향촌 사람들에게 민폐가 되었다. 게다가 농사일에 지장까지 초래하면서 백성들이 괴로워했다.

권력자들은 백성들이 정말로 원하는 게 무엇인지 감을 잡지 못했다. 부정부패로 썩어 가는 나라를 바로잡는 게 급선무였지만 도무지 개선의 조짐이 보이지 않았다. 뇌물 주고 벼슬 산 탐관오리들이 온 나라에 깔려 있어 백성들의 곡소리가 끊이지 않았다. 이런 나라에서 민심이 동학으로 쏠리는 것은 당연한 일이었다.

동학은 백성들의 열망을 등에 업고 정치적인 목소리를 높이기 시작했다. 1892년 공주, 삼례, 보은에서 동학의 교조신원敎祖伸寃 집회가 열렸다. 교도들은 억울하게 죽은 최제우의 한을 풀어 주고 탐관오리들의 가렴주구를 중단하라고 요구했다. 이듬해 2월에는 서울에 올라와 광화문에서 상소를 했다. 이후 북접의 교단 지도부는 고종의 전교를 받고 해산했지만, 남접은 삼남 지역에서 집회를 이어 갔다.

이때부터 남접을 중심으로 '척왜양창의斥倭洋倡義', 곧 일본과 서양 세력을 몰아내기 위해 의병을 일으키자는 구호가 터져 나왔다. 동학은 그렇게 '반봉건 반외세'의 길목으로 접어들었다. 최시형, 손병희 등 교단 지도부는 아직 때가 아니라며 만류했다. 그들은 남접 지도자 전봉준을 위험인물로 지목하고 조직에 대한 통제를 강화했다. 그러나 걷잡을 수 없이 팽창한 민중의 분노는 출구를 찾고 있었다.

전봉준은 1894년 1월 고부군수 조병갑의 학정에 시달리던 농민들에게 우두머리로 추대되어 봉기를 이끌었다. 고부(지금의 전라북도 정읍시 고부면)는 전라도에서도 손꼽히는 곡창지대로, 탐관오리들이 한몫 잡으려고 부임하는 곳이기도 했다. 당대 권세가 조두순의 일족이었던 고부군수 조병갑은 가렴주구에 혈안이 되어 시쳇말로 눈에 뵈는 게 없었다. 조병갑의 악랄한 쥐어짜기는 당시 탐관오리들의 폐단을 압축적으로 보여 준다.

조병갑은 이미 보가 있는데도 그 아래 새로운 보를 쌓아 물세로 700석을 뜯어내고, 면세를 약속하고 황무지를 개간시킨 다음 강제로 세금을 거두었으며, 아버지의 비각을 세운다면서 1천여 냥을 징수하는가 하면, 화목하지 않다는 황당한 죄목으로 주민 재산을 강탈했다. 또 농민들에게는 최상품 정백미를 걷으면서 조정에는 나쁜 쌀을 바쳐 그 차액을 횡령했다.

조병갑 같은 탐관오리 가운데는 권세가에게 뇌물을 주고 매관매직한 자들이 많았다. 그들이 지방관이 되어 가렴주구를 일삼는 이유는 간단하다. 본전을 회수하는 것은 물론 향후 더 높은 벼슬을 사기 위해서다. 고종과 명성황후, 민씨 정권이 조장한 부정부패가 백성들을 쥐어짜게 만든 것이다.

고부 농민들은 처음에 진정서를 제출하려고 했다. 그것은 19세기에 번진 '등소운동'의 일환이었다. 등소等訴는 향회를 열고 여론을 수렴해 관아에 하소연하는 것이다. 1893년 12월 그 진정서를 작성한 이가 바로 전봉준이었다. 전봉준이 진정서를 들고 농민 40여 명과 함께 고부관아로 찾아갔으나 조병갑은 콧방귀만 뀌었다. 이렇게 되면 힘으로 응징하는 수밖에 없다. 전봉준은 통문을 돌려 수백 명의 농민들을 규합했다. 그들이 고부관아를 습격한 것은 1894년 1월이었다. 조병갑은 담을 뛰어넘어 도망갔고, 전봉준은 일약 농민군 지도자가 되었다. 농민들은 5척 단구의 몸이 녹두처럼 생겼다고 하여 그를 '녹두장군'이라고 불렀다.

전봉준과 농민군은 무기를 탈취한 뒤 백성을 못살게 군 관리들을 잡아들여 문초했다. 또 창고에 가득 쌓인 곡식은 주민들에게 돌려주고, 원한에 사무친 새로운 보도 허물었다. 농민들의 울분을 조금이나마 풀어 주고자 한 것이다. 한편 이 소식을 들은 조정에서는 우선 조병갑을 파면하고, 장흥부사 이용태를 안핵사按覈使로 파견했다. 안핵사의 임무는 민심을 달래고 사태를 수습하는 것인데 이용태는 오히려 상황을 악화시켰다. 그는 봉기에 가담한 농민과 동학교도를 구금하고 죽이려 했다. 이에 전봉준은 김개남, 손화중 등 남접 지도자들과 의논하여 대규모 거병에 나섰다. 동학은 각 지역에 사발통문을 보내 의병 궐기에 동참할 것을 호소했다.

"이는 만백성을 도탄에서 구하고 나라를 반석 위에 올리고자 함이다. 안으로는 탐욕에 눈이 멀어 학정을 일삼는 관리를 베고, 밖으로는 총칼을 앞세워 횡포를 부리는 외적을 쫓아내려 한다. 망설이지 말고 모두 궐기하라."

의병은 3월에 무장을 출발하여 고부군 북쪽의 언덕 백산에 집결했다. 무려 8천여 명의 농민군이 모였다. 동학이 드디어 농민들과 하나가 된 것이다. 이 자리에서 전봉준은 거사의 대의를 다음과 같이 천명했다.

"우리는 충성을 다해 세상을 구제하고 백성을 편안하게 할 것이다. 왜적과 오랑캐를 쫓아내고 권세가와 귀족들을 몰아내어 성스러운 도를 밝힐 것이다. 이제 의병을 서울로 몰아 간다. 사람을 함부로 죽이거나 재물을 손상시키지 말라." _ 국사편찬위원회, 〈동학란기록〉 '전봉준공초'

동학농민군은 하얀 옷에 죽창을 들고 파죽지세로 진격했다. 보국안민輔國安民(나라를 보필하고 백성을 편안케 함) 깃발을 펄럭이며 위풍당당하게 나아갔다. 농민군은 용감하게 싸웠다. 4월 7일에는 황토현(정읍 부근)에서 전라감영군을 맞아 대승을 거두었고, 이어 4월 27일 호남의 보루 전주성을 함락시켰다.

전주는 조선의 발원지로 태조 이성계 화상이 모셔진 곳이었다. 발등에 불이 떨어진 민씨 정권은 황급히 강화도 등지에서 차출한 정예 부대를 파견했다. 관군을 이끌고 전주로 향한 장수들 중에는 초토사 홍계훈도 있었다. '왕비의 남자' 홍계훈은 무리하게 공성전을 펴는 대신 화의를 청하며 농민군을 회유했다.

농민들도 농번기를 앞둔 처지라 기약 없이 싸움에 매달릴 수는 없었다. 게다가 정세도 급변하고 있었다. 청나라 군대가 조선의 구원 요청을 받고 아산만에 상륙했고, 일본군 역시 거류민 보호를 구실로 인천에 입항했다. 이는 동학농민군이 원하는 바가 아니었다. 전봉준은 어쩔 수 없이 화의를 받아들였다.(전주화약) '탐관오리를 처벌하고 폐정弊政을 개혁하며, 이를 이행하기 위해 농민 자치기구인 집강소를 설치한다'는 조건이었다.

동학농민군이 5월 7일 전주성에서 철수하면서 1차 봉기가 막을 내렸다. 그들이 이런 결정을 내린 데는 외세의 개입이 크게 작용했다. 내란에 외국 군대를 끌어들이는 것은 있을 수도 없고, 있어서도 안 되는 일이었다. 전봉준은 이를 알았지만 명성황후는 그렇지 못했다.

동학농민군이 관군을 격파하고 전주성을 함락시키자, 명성황후는 청나라에 구원병을 청하라고 대신들을 닦달했다. 청군이 조선 땅에 발을 디디면 일본군도 들어오게 된다며 주저하자 왕비는 이렇게 호통을 쳤다고 한다.

"못난 놈들! 내 차라리 왜놈의 포로가 될지언정 다시는 임오년의 일을 당하지 않겠다. 내가 패하면 너희들도 망할 것이니 여러 말 하지 마라."

국왕 부부는 민심이나 전황을 제대로 파악하지 못하고 있었다. 민영준을 비롯한 조정 대신들은 난을 키웠다는 죄를 받을까 봐 두 사람의 눈과 귀를 막았다. '폭도들이 이미 금강을 건넜다'는 소문이 떠돌면서 장안 백성들은 뿔뿔이 피난을 떠났지만, 그들은 민심이 안정돼 있다고 거짓말했다. 동학농민군과의 협상도 있는 그대로 알리지 않았는데, 결과적으로 그것이 조선을 망치는 악수로 이어졌다.

외세와 백성 가운데 누구와 손잡을 것인가

명성황후는 위기에 직면하자 조급해졌다. 게다가 화의에 대처하는 농민군의 분위기조차 제대로 보고받지 못했다. 결국 청나라 북양대신 이홍장에게 구원 요청을 띄우도록 했고, 그리하여 1894년 5월 청군 2천여 명이 아산만에 상륙했다. 하지만 청나라가 그곳에서 머뭇거리는 사이 한 발 앞서 움직인 것은 일본이었다. 인천에 입항한 일본군은 신속히 한성으로 행군했다. 1만여 명의 대부대였다.

5월 12일 숭례문에 도달한 일본군은 남산에 진을 치고 대포를 설치해 조정과 백성들에게 공포를 심어 줬다. 일본 공사 오토리 게이스케는 고종을 만나 일본식 개혁을 강요했다. 옛 제도와 관습에 얽매이면 열강 사이에서 자립할 수 없다는 명분을 내세웠지만, 그것은 엄연히 총칼을 앞세운 내정 간섭이었다. 난은 진정되었으나 이를 빌미로 들어온 왜인들이 국권을 좌지 우지하려 드니, 여우를 피하려다가 호랑이를 끌어들인 셈이었다. 이렇게 되 자 청나라도 가만 있을 수 없었다. 북양대신 이홍장은 대규모 원정군을 편 성해 조선 땅에 들여보냈다. 바야흐로 청일전쟁의 막이 올라가고 있었다.

일본은 청군이 몰려오기 전에 조선의 내정을 확고히 틀어쥐고자 했다. 6월 21일 남산의 일본군이 별안간 경복궁에 들이닥쳤다. 뒤늦게 조선군이 총을 쏘며 막았지만 이미 국왕 부부는 일본군의 수중에 들어가 버렸다. 오 토리 공사는 임금의 교지를 받아 궁궐 밖에서 대기하던 조선군을 해산시 켰다. 궁궐을 장악한 일본군은 약탈자로 돌변하여 종묘의 제기를 포함해 갖가지 보물들을 본국으로 싣고 갔다.

청나라의 대규모 원정군이 조선에 모습을 드러낸 것은 6월 22일이었다. 해군은 아산만 밖에 이르렀고, 육군도 의주와 평양으로 행군했다. 하지만 그들은 일본군의 상대가 되지 않았다. 이튿날 청나라 함대가 아산 앞바다 에서 일본 군함의 습격을 받고 궤멸되었다. 5월에 파견된 청군 2천여 명도 성환(천안 부근)에 진을 치고 있다가 일본군 1만여 명에게 포위 공격을 당 해 처참하게 패하고 북쪽으로 달아났다.

청일전쟁에서 기선을 제압한 일본은 조선의 내정을 마음대로 요리했다. 군국기무처를 설치해 '갑오개혁'을 밀어붙인 것도 그들의 작품이었다. 민 씨 정권의 실세들은 대부분 도주했고 김홍집 등 개화파 대신들이 전면에 나섰다. 신분제는 폐지되었고, 왕권은 축소되었다. 청나라에 대한 사대 관계도 끊어졌다. 노비문서 소각과 세금 부담 완화 등 동학의 폐정 개혁 요구도 일부 받아들여졌다.

하지만 부정부패와 탐관오리 문제는 해결의 기미가 보이지 않았다. 1894년 7월 안효제가 진령군을 죽이라고 상소했으나 승정원에서는 임금에게 올리지 않고 기각했다. 진령군은 국정을 농단한 비선 실세이자 부정부패의 고리였지만, 그 처벌은 잠시 옥살이를 시키고 재산 일부를 압수하는 데 그쳤다. 부정부패의 공범들이 정관계 요로에 포진하고 있었기 때문이다. 민씨 정권 실세 민영준도 임금을 속이고 백성을 못살게 굴었다며 일벌백계하려 했지만 실행에 옮기지 못했다. 권세가와 탐관오리가 빼앗은 재산도 실태를 조사해 돌려주겠다고 했으나 유야무야되었다. 백성의 분을 풀어 주지 못하는 개혁이 민심을 얻을 리 없다. 갑오개혁은 조선 최초의 근대적 개혁이었지만 알맹이 없는 빈껍데기였고, 게다가 그 본질은 일본의 내정간섭이었다.

외세의 침탈로 나라가 흔들리는 데다 부정부패 척결마저 제자리걸음을 면치 못하자 동학은 또다시 봉기의 횃불을 들었다. 1894년 9월 전봉준과 남접의 통문을 받은 농민들이 삼례로 모여들었다. 손병희 등 북접 지도부도 우여곡절 끝에 교도들을 이끌고 항쟁에 합류했다. 10만여 명의 동학농민군은 한성을 향해 진군했다. '보국안민' 깃발이 들판을 가득 메웠고 '반외세 반봉건'의 함성이 천지를 울렸다. 하지만 이 '구국의 행진'이 상대해야 할 적은 관군만이 아니었다. 최신식 무기와 강력한 전투력을 갖춘 일본군이 개화파 조정의 요청을 받고 농민군을 토벌하기 위해 남하했다. 동학농민군은 11월 8일 우금치(공주 부근)에서 적과 맞서 싸웠다. 농민들은 총탄을 피한다는 부적을 몸에 지니고 대나무를 엮어 만든 장태를 굴리며 용감하게 돌격했다. 그러나 미제 개틀링 기관총으로 무장한 일본군의 화력 앞에 농민군의 화승총과 죽창은 무용지물이었다.

동학농민군은 큰 타격을 입고 후퇴를 거듭했다. 우금치에 이어 11월 27일 태인에서도 패하자, 전봉준은 자신을 따르던 주력군에 해산을 명했다. 더이상의 인명 피해를 막기 위한 고육책이었을 터였다. 하지만 농민들에게는 돌아갈 곳이 없었다. 제 안에 하느님을 모시고 있다고 믿는, 그래서 개돼지가 아니라 사람임을 자각한 그들이 다시 노예의 삶을 택할 수는 없었다. 지도부와 헤어진 농민군은 남쪽으로 내려가서 다시 한 번 전열을 정비했다.

남도에서 재결집한 동학농민군은 도합 3만여 명에 이르렀다. 농민군은 12월 5일 장흥부 장녕성을 함락시켰다. 이때 말을 타고 나타나 농민들을 지휘한 것은 여성 지도자 이소사였다. 사기가 오른 동학농민군은 강진현과 병영성까지 손에 넣으며 남도를 휩쓸었다. 병영성은 호남과 제주의 육군을 총괄하는 전라도 병마절도사 지휘부였다. 농민군의 기세가 그만큼 대단했다. 그러나 그들의 분투는 남도로 날아든 비보로 인해 무뎌졌다.

농민들을 충격에 빠뜨린 것은 다름 아닌 '녹두장군' 전봉준의 체포 소식이었다. 그는 은밀히 김개남을 만나러 가다가 옛 부하 김경천의 밀고로 순창의 한 주막에서 붙잡혔다. 전봉준은 담양에서 2박 3일간 심문을 받은 뒤한성으로 압송되어 일본 영사관 감옥에 갇혔다. 김개남, 손화중 등 다른 남접 지도자들도 차례로 잡혀 들어갔다. 김개남은 체포 직후 처형당했고, 손화중 등은 한성으로 끌려갔다. 전봉준과 함께 재판을 받게 된 것이다.

지도부를 잃은 농민군은 분루를 삼키며 최후의 결전을 준비했다. 12월

10일 일본군과 관군 연합토벌대가 나주를 거쳐 장흥으로 남진했다. 농민 군은 12월 14일 석대들에서 토벌대와 장렬한 전투를 벌였다. 기관총이 총 탄을 퍼붓고 신형 대포가 불을 뿜는 토벌대의 사정권 안으로 농민들은 이 틀에 걸쳐 정면 돌파를 감행했다. 탐진강이 농민군의 피로 붉게 물들었다. 그들의 비장한 죽음과 더불어 동학농민전쟁은 막을 내렸다.

이듬해 3월 29일 한성의 법무아문 권설재판소에서 전봉준, 손화중, 최경 선 등 동학농민군 지도자들에 대한 선고 재판이 열렸다. 선고를 맡은 이는 10여 년 전 갑신정변 주역 중 한 사람이었던 법무아문 대신 서광범이었다.

"〈대전회통〉의 '변란죄' 조항을 적용해 피고 전봉준을 사형에 처하노라."

우리나라에서 근대 사법제도가 시행된 후 최초로 내려진 사형선고였다. 전봉준은 흔들림 없이 의연한 모습으로 최후진술을 남겼다.

"어차피 한 번 죽는 삶, 굳이 아까울 것도 없다. 그러나 나는 바른 길을 걷다가 죽는 사람인데 대역죄를 적용한 것은 천고의 유감이다."

당시 일본 〈시사신보〉 특파원은 전봉준이 시종일관 침착하고 대담했다 고 증언했다. 교수형은 이튿날 새벽에 집행되었다. 그는 절명시 한 수를 남기고 세상을 훌훌 등졌다. 향년 41세였다.

때 만나서는 천지도 내 편이더니	時來天地皆同力
운 다하니 영웅도 할 수 없구나	運去英雄不自謀
백성 사랑 올바른 길이 무슨 허물이더냐	愛民正義我無失
나라 위한 일편단심 그 누가 알리	爲國丹心誰有知

_전봉준, '운명殞命'

동학농민항쟁은 망국으로 치닫는 조선의 마지막 동아줄이었다. 사람은 누구나 존엄하고 평등하다는 근대적 각성은 엄연한 시대 흐름이었다. 그러나 명성황후는 외세를 끌어들임으로써 나라와 백성을 벼랑 끝으로 몰아갔다. 전봉준과 동학농민군이 2차 봉기에 나선 것은 이 때문이다. 그들은 위정자들을 향해 외세와 백성 가운데 누구의 손을 잡을 것인지 물었다.

"조선 사람과 싸우자는 것이 아닌데 이렇게 '골육상잔骨肉相殘'하다니 어찌 애달프지 않으리오. 같이 '척왜斥倭'(일본을 배척함)하여 조선이 왜국이 되지 않도록 마음을 모으고 힘을 합칩시다."

_ 국사편찬위원회, 〈동학란기록〉 '전봉준공초'

일본군과 함께 토벌에 나선 관군에게 전봉준이 피 토하는 심정으로 전한 호소다.

왜
'여우'였을까

1894년 조선 땅에서 벌어진 청나라와 일본의 전쟁은 예상과 달리 싱겁게 끝났다. 조선에서 주도권을 쥔 일본군은 평양전투와 황해해전 승리로 청군을 한반도에서 몰아냈고, 이듬해에는 산동반도로 진출해 청나라의 주력 해군인 북양함대를 몽땅 침몰시켰다. 일본은 계속해서 북경과 천진을 압박했는데 여차하면 대륙 전체를 집어삼킬 기세였다.

청일전쟁은 결국 일본군의 압승으로 끝났다. 1895년 4월 17일 일본은 미국의 중재로 청나라와 시모노세키조약을 체결했다. 이토 히로부미와 이홍장이 합의한 조약의 내용은 다음과 같다. ① 청국은 조선국이 완전한 자주독립국임을 인정한다. ② 청국은 요동반도와 대만 등을 일본에 할양한다. ③ 청국은 일본에 배상금 2억 냥을 지불한다. 이로써 일본은 조선에 대한 배타적 영향력을 인정받고 대륙 진출의 교두보를 확보하였다.

이렇게 되자 서구 열강들이 욱일승천하는 일본을 견제하고 나섰다. 러시아와 프랑스와 독일은 요동반도를 청나라에 반환하라고 일본 정부에 요구했다(삼국간섭). 그들은 요동반도 할양이 극동의 평화를 위협한다는 이유를 내세웠지만, 실은 자국의 국익을 관철하기 위해 압력을 행사한 것이다. 특히 러시아는 고베에 군함을 파견해 무력시위를 벌이기도 했다. 힘의 논리에서 밀린 일본은 결국 돈을 받고 요동반도를 토해 냈다.

이러한 국제 정세의 변화는 명성황후에게 영감을 줬다. 일본군의 경복궁 무단점거 이후 국왕 부부는 사실상 통치권을 잃은 상태였다. 왕비는 러시아를 끌어들여 일본의 내정간섭을 물리치고 권력을 회복하고자 했다. 왕비와 손잡은 러시아가 목소리를 높이면서, 일본은 조선 땅에서도 밀리는 형세였다. 갑오개혁을 주도해 온 군국기무처도 이범진, 이윤용 등 친러파가 약진하기 시작했다.

일본으로서는 엎친 데 덮친 격으로 친일파 박영효가 국왕 부부를 암살하려다가 체포되는 사건이 벌어졌다(윤5월 14일). 박영효는 이튿날 일본으로 망명했지만 메이지 정부의 입장은 더욱 난처해졌다. 조선에서의 입지가 좁아진 일본은 어쩔 수 없이 임금의 결재권을 인정해 줬다. 고종과 명성황후가 다시 권력 일선에 복귀한 것이다.

1895년 8월 20일(음력)에 벌어진 명성황후 시해 사건은 이처럼 불리한 흐름을 되돌리려고 일본이 국가적으로 기획한 만행이었다. 메이지 정부의 실세였던 이노우에 가오루 공사는 왕비 시해와 증거인멸 작전을 세운 다음 본국으로 돌아가 승인을 받는다. 그의 뒤를 이어 일본공사에 부임한 미우라 고로는 외교관이 아닌 군인 출신으로 '여우 사냥'에 최적화된 인물이었다.

그날 새벽, 그들은 흥선대원군을 납치하고 조선인 훈련대를 끌어들여 자신들의 천인공노할 범죄를 내란으로 가장했다. 흥선대원군은 정치적으로 명성황후의 대척점에 서 있었고, 일본이 조직한 조선인 훈련대는 강제 해산을 앞둔 상황이었다. 정황상 왕비 시해의 동기가 없지 않았으니 혐의를 덮어씌우는 데 안성맞춤이었다. 실제로 당시 군국기무처 실세였던 김윤식은 일본 측 주장에 동조하기도 했다.

하지만 완벽해 보였던 일본의 범죄 은폐 시도는 현장 목격자가 나옴으로써 무산되고 말았다. 서양관에 숨어 왕비 시해의 전모를 지켜본 러시아인 사바틴은 이 사실을 자국 공사관에 알렸다. 러시아, 독일, 미국 등 서양 사절들이 만행을 규탄하며 외교 문제로 삼자 일본은 궁지에 몰렸다. 결국 미우라 고로 공사를 포함해 아다치 겐조(한성신보 사장), 시바시로(작가) 등이 재판을 받기 위해 본국으로 소환되었다.

히로시마에서 열린 재판은 그러나 범죄자들에게 면죄부를 주는 절차에 불과했다. 재판부는 피고들이 경복궁에 난입한 것은 사실이지만 왕비를 시해했다는 직접 증거가 없다며 무죄를 선고했다. 영어에서 풀려난 범죄자들은 천황의 격려를 받고 국민적 영웅으로 떠올랐다. 아다치 겐조는 후일 하마구치 내각에서 내무대신을 역임하며 군부에 적극 동조했고, 시바시로 역시 유명 작가로 명성을 떨치면서 여러 차례 의원을 지냈다.

명성황후 사후 고종은 1896년 궁궐을 떠나 러시아공사관으로 거처를 옮겼다(아관파천). 이는 친러파 이범진과 이윤용 등이 권력을 잡기 위해 꾸민 정치공작이었다. 러시아를 등에 업은 고종은 친일 내각을 타파하고 대한제국 수립(1897)에 매진했다. 국모 시해의 분노를 동력 삼아 나라의 위상을 높이고자 한 것이다. 그러나 황제가 된 고종은 개혁 입법을 외면하고 황권 강화에 몰두했다. 당시 백성들은 만민공동회를 열어 근대적인 의회 개설을 요구했지만, 그는 꿈쩍도 하지 않았다. 고립된 황제의 권력은 열강들에게는 손쉬운 먹잇감이었다. 1905년 러일전쟁에서 승리한 일본은 한반도에 대한 실질적 지배권을 확보하고 대한제국 병탄 작업에 착수했다.

외세를 외세로 돌려 막으며 황권을 강화하려 한 고종의 구상은 착각이었다. 1905년 을사늑약(외교권 박탈)부터 1910년 경술국치(국권 상실)에 이르기까지 황제가 할 수 있는 일은 아무것도 없었다. 마침내 대한제국은 일본에게 국권을 빼앗겼고, 이로써 500여 년간 이어져 온 조선은 완전히 망했다.

조선을 병탄하는 데 성공한 일본은 자신들의 침략을 정당화하고 조선인의 분노를 무마하기 위해 교묘한 망국 논리를 내놓았다. 그 가운데 하나가 바로 명성황후에 대한 폄훼였다. 그들은 '민비'가 외척을 끌어들여 나라를 망쳤다며 비난의 화살을 그녀에게 돌렸다. "암탉이 울면 나라가 망한다"는 논리였다. 명성황후는 일본의 만행에 목숨을 잃은 것도 모자라 망국의 원흉으로, 경멸의 대상으로 전락하며 두 번 죽음을 당했다.

이러한 역사 왜곡에 앞장선 인물 중 한 사람이 기쿠치 겐조이다. 그는 일제강점기에 이 땅에서 언론인 겸 역사학자로 활동했는데 명성황후의 국고 탕진과 권력 남용, 부정부패를 집중적으로 다뤘다. 실상 기쿠치 겐조는 명성황후 시해 사건에 가담한 범죄자였는데도 그의 주장은 여과 없이 여론에 스며들어 기정사실화되었다. 이처럼 일본이 침략을 정당화하려고 깔아놓은 망국의 논리가 통용되면서 명성황후 사건의 진상에 접근하는 길은 오랜 시간 철저히 차단되었다.

역사적 진실은 균형 잡힌 시각을 확보해야 비로소 실마리를 얻게 된다. 명성황후도 공功과 과過를 엄밀히 따져 시시비비를 가려야 하며, 그래야만 일본의 농간에 가려진 조선의 망국을 올바로 이해할 수 있다.

1897년 명성황후의 국장을 치르면서 고종은 왕비를 '국정의 조언자'였다고 회고했다. 고종의 우유부단한 성품을 고려했을 때 국정의 최종 결재는 임금이 했지만, 판단과 일처리는 왕비가 담당했을 가능성이 크다. 그런 의미에서 그녀에 대한 서양인들의 평가는 참고할 만하다.

"왕후는 가냘픈 미인으로 매혹적이고 사랑스러운 여인이었다. 눈은 차고 날카로워서 훌륭한 지성의 소유자라는 것을 알 수 있었다. 명석하고 야심차며 책략에 능했다." _ **이사벨라 비숍**, 〈조선과 그 이웃 나라들〉

"우아하고 근엄하다. 순수하면서도 뛰어난 기지와 매력을 지닌 분으로 서양의 기준에서 볼 때에도 완벽한 귀부인이다. (정치적으로는) 반대 세력의 허를 잘 찔렀다."

_ 릴리어스 언더우드, 〈조선견문록〉

서양인들은 명성황후의 자질이나 매력뿐 아니라 정치적 역량을 높이 평가했다. 반대 세력의 허를 잘 찌르는 똑똑한 책략가였다는 것이다. 그녀의 외교적 대응은 때로 저들을 곤경에 빠뜨리기도 했다. 침략 야욕을 날로 노골화하는 일본에게 조선 왕비는 최대 걸림돌이었다. 명성황후 시해 사건은, 제국주의 열강의 침략이 가속화되는 시대에 그녀의 외교 전략이 조선의 버팀목 역할을 했음을 반증한다.

물론 그렇다고 이 '책략가' 왕비를 무조건 비호할 수만은 없다. 조선의 망국에 그녀가 끼친 해악이 적지 않다. 안으로 썩은 나라가 외적에게 국권을 빼앗기는 것은 예정된 수순이다. 《매천야록》의 저자 황현은 1910년 경술국치를 당하자 지식인으로서 책임을 느끼고 자결로 생을 마감했다. 그의 책 속 한 구절이 눈에 밟힌다.

"나라는 반드시 스스로 그르치고 난 다음에 남들이 들이친다(國必自伐
而後人伐之)."

_ 황현,《매천야록梅泉野錄》

조선은 유교국가였다. 유교국가는 '수신제가치국평천하修身齊家治國平天下'의 원리로 운영된다. 나 자신을 닦고 집안을 가지런히 하여 나라를 다스리고 천하를 평정한다는 말이다. 명성황후는 책략가로서 국정과 외교를 주관했지만, 자신과 집안을 올바로 단속하지 못했다. 그런 의미에서 조선의 망국은 역설적으로 유교국가다운 결말이었다.

"오늘날 중국이 어디에 있는가?"

"오늘날 중국中國이 어디에 있는가? 저리 돌리면 미국이 중국이 되고, 이리 돌리면 조선이 중국이 된다. 어떤 나라든 가운데 오면 중국이 되는데 오늘날 어디에 중국이 있는가?"

청나라에서 들여온 지구의를 돌려가면서, 박규수는 중국이 어디에 있는지 물었다. 후학들에게 고리타분한 사대사상 대신 자주적 근대국가의 꿈을 심어주려 한 것이다. 그가 말하고자 한 바는 '동도서기東道西器', 즉 동양의 정신과 서양의 기기를 융합해 근대화를 이룩하자는 것이었다.

박규수는 《열하일기》를 쓴 박지원의 손자로 할아버지의 북학北學(청나라의 선진 문물을 배우려 한 학문 흐름)을 개화사상으로 발전시킨 인물이다. 어려서부터 박학다식했던 박규수는 스무 살 무렵 대리청정 중인 효명세자와 만났다. 세자는 두 살 많은 그를 자주 궁궐로 불러들여 학문을 강론하고 조선의 미래를 이야기했다.

효명세자는 세도정치를 타파하고 백성을 구하겠다는 개혁 의지가 강했다. 특히 북학의 이용후생利用厚生(편리하게 쓰고 풍요롭게 사는 것) 정신에서 그 실마리를 찾고자 했다. 그러나 1830년 효명세자는 갑작스럽게 요절하였고, 충격에 빠진 박규수는 과거 공부를 그만두고 은둔에 들어갔다.

박규수가 조정에 출사한 것은 18년 후의 일이었다. 당시 조선은 세도가와 결탁한 탐관오리의 횡포로 세금 문란이 극에 달해 있었다. 그는 암행어사로 나가 환곡의 폐단을 낱낱이 파헤쳤으며, 1862년 삼남농민항쟁이 들불처럼 번졌을 때에는 안핵사로서 성난 민심을 달랬다. 박규수는 탐관오리 처벌과 세금 개혁을 추진했지만, 민란이 소강 국면에 접어들자 외면당했다.

박규수의 입지는 1863년 고종이 즉위하면서 탄탄해졌다. 고종은 사후 익종으로 추숭된 효명세자의 양자 신분을 얻어 왕위에 올랐다. 자연스레 과거 효명세자가 총애했던 박규수가 주목받기 시작했다. 그는 도승지, 대사헌, 이조참판 등 요직을 역임하고 1866년 평안도관찰사가 되었다.

1866년은 조선 최대의 천주교 탄압 사건인 병인박해가 일어난 해였다. 천주교도 학살의 광풍이 거세게 불었지만 박규수의 관내에서는 희생자가 나오지 않았다. 박지원의 손자답게 그는 서구 문물에 관대한 입장을 보였다. 백성의 삶에 보탬이 된다면 청나라의 것이든, 서양 오랑캐의 것이든 문제 삼지 않았다.

단, 무분별하게 서구 열강의 요구를 받아들이는 일은 경계했다. 미국의 제너럴셔먼호가 대동강을 거슬러 올라와 통상을 요구하면서 관리를 납치하고 대포를 쏘는 등 난폭하게 행동하자, 박규수는 화공으로 배를 불사르고 선원들을 몰살시키기도 했다. 이후 흥선대원군이 강력하게 쇄국정책을 펼치면서 나라의 문호를 개방해 서양의 부국강병 원리를 배워야 한다는 박규수의 소신은 빛을 보지 못했다. 1874년 우의정에서 물러난 그는 후진 양성에 나섰다. 서울 북촌에 자리 잡은 그이의 사랑방에는 시대의 변화를 감지한 젊은이들이 모여들었다.

박규수의 가르침을 받은 청년들은 구한말 개화 세력의 두 축이 되었다. 김옥균, 서재필을 비롯한 급진파는 1884년 갑신정변을 일으켰고 김윤식·어윤중 등 온건파는 1894년 갑오개혁의 주역이 되었다. 하지만 그들은 일본에 치우쳐 망국의 빌미를 제공하기도 했다. 북학을 계승해 백성의 살길을 열려던 박규수의 꿈도 자주성의 퇴색과 함께 허공에 흩어졌다.

홍경래는 죽지 않았다

역사에서 반란은 대개 실패로 끝난다. 당연하다. 성공한 반란은 승자의 기록에서 창업으로 추켜세워진다. 그렇다면 반란으로 남은 반란은 패자의 볼품없는 유산일 뿐일까?

1811년 12월 평안도 가산 다복동에서는 1천여 명의 무장 병력이 집결하여 봉기의 횃불을 올렸다. 이윽고 단상에 오른 이는 평안도 토박이 홍경래였다.

> "조정에서는 썩은 땅과 다름없이 평안도를 버렸고, 권세가에서는 종들조차 우리를 평안도 놈이라 일컬었다."

홍경래의 일침은 병사들의 마음을 흔들었다. 지역 차별은 홍경래가 반란을 일으킨 주요한 명분이었다. 그는 평안도 용강 태생으로 일찍이 과거 시험에 뜻을 두고 성리학을 공부했다. 그러나 서북 지방 출신에게 과거의 문턱은 높았다. 《택리지》에서는 평안도를 이렇게 묘사하고 있다. "평안도는 300년 이래로 높은 벼슬을 한 사람이 없었다. 혹 과거에 급제한 자가 있다고 해도 벼슬은 현감에 지나지 않았다. 서울 양반은 서북인과 혼인하거나 벗하기를 꺼린다."

평안도는 조선 건국 초기부터 유교문화의 변방으로 멸시를 받았는데, 19세기 들어 세도정치가 본격화되며 푸대접이 극심해졌다. 과거에 급제하고 엘리트 코스를 밟는 관원들은 대부분 한양의 세도가문 출신이었다. 홍경래 같은 평안도 사람에게 돌아갈 자리는 없었다.

과거 시험에 낙방한 홍경래는 지역차별과 세도정치에 분노했다. 그는 풍수를 호구지책 삼아 각지를 유랑하며 민심을 살피고 반란의 포부를 키웠다. 우군칙, 이희저, 김창시, 김사용 등 조력자들도 만났다. 그들의 면면을 살펴보면 이 반란의 또 다른 성격이 드러난다.

당시 평안도는 중국 무역과 광산 채굴 등이 성행하면서 상공업이 발달하고 부가 쌓였다. 홍경래의 조력자들 가운데는 지역 태생의 향반, 향리, 상인들이 많았다. 이들은 무역과 광산에 관여하며 힘을 키우려 했지만, 한양 세도가문의 대리인들이 서북 지방의 상공업과 부를 장악하고 있었다. 이에 불만을 품은 평안도의 토착 세력은 홍경래와 손잡았다.

홍경래의 난은 애초 지역 차별 철폐와 세도정치 타파를 명분으로 내걸었지만, 그 이면에는 향반, 향리, 상인 등 토착 세력의 이해관계가 깔려 있었다. 홍경래는 반란 초기에 가산, 박천, 곽산, 정주, 선천 등지를 손쉽게 점령했다. 이 또한 지역 유력자들의 내응 덕분이었다. 그러나 관군이 반격에 나서면서 홍경래 군은 참패를 거듭했다. 1812년 1월 홍경래 등 지도부가 정주성에서 농성에 들어가자 주판알을 굴리던 토착 세력은 관군 편으로 돌아섰다.

그때 홍경래에게 원군이 나타났다. 가난한 농민들이었다. 관군은 홍경래 군을 격파하면서 인근의 마을들을 습격했다. 민가에 불을 지르고 주민들을 닥치는 대로 죽였다. 반군의 씨를 말리는 초토화 전술이었다. 모든 걸 잃은 농민들이 의탁할 곳은 정주성뿐이었다.

홍경래는 살길을 찾아온 농민들을 받아들였다. 그가 10년간 준비한 거사는 허무하게 막을 내렸지만, 새로이 농민항쟁이 불붙은 것이다. 농민군은 압도적으로 우세한 관군에 맞서 3개월이나 버텼다. 솥을 부숴 탄환을 만들고 누룩가루로 연명하면서도 굴복하지 않았다.

4월 19일 북장대에서 굉음이 울리며 성벽이 무너졌다. 관군이 땅굴을 파서 매설한 폭약이 터진 것이다. 군사들이 물밀 듯이 밀려들면서 항쟁은 마침표를 찍었다. 홍경래는 사살당했고 1,917명의 장정들이 처형되었다. 여자와 아이들을 빼고 전부 죽임을 당한 것이다.

홍경래의 최후에 대해선 설이 분분하다. 정주성에서 목숨을 잃은 건 가짜고, 진짜는 도망쳐서 후일을 도모한다는 소문이 떠돌았다. 그는 세도정치와 삼정의 문란에 신음하는 백성들의 마음속에 살아남아 삼남농민항쟁(1862), 동학농민항쟁(1894)으로 부활했다. 승자의 치적은 기록에 남지만, 패자의 분루 憤淚는 가슴으로 전해진다. 역사는 승자의 전유물이 아니다.

조선을 새롭게 하라

2017년 7월 15일 초판 1쇄 발행

지은이 ㅣ 권경률
펴낸이 ㅣ 노경인 · 김주영

펴낸곳 ㅣ 도서출판 앨피
출판등록 ㅣ 2004년 11월 23일 제2011-000087호
주소 ㅣ 우)07275 서울시 영등포구 영등포로 5길 19(37-1 동아프라임밸리) 1202-1호
전화 ㅣ 02-336-2776 팩스 ㅣ 0505-115-0525
전자우편 ㅣ lpbook12@naver.com
블로그 ㅣ blog.naver.com/lpbook12

ISBN 978-89-87430-15-5 03900